基于系统设计的美国新学校变革

JiYu XiTong SheJi De MeiGuo XinXueXiao BianGe

方 向 著

ZHEJIANG UNIVERSITY PRESS
浙江大学出版社

图书在版编目（CIP）数据

　基于系统设计的美国新学校变革 / 方向著. —杭州：
浙江大学出版社，2022.1
　ISBN 978-7-308-22254-9

　Ⅰ．①基… Ⅱ．①方… Ⅲ．①学校教育－教育改革－
研究－美国 Ⅳ．①G571.21

中国版本图书馆 CIP 数据核字（2022）第 004814 号

基于系统设计的美国新学校变革

方　向　著

责任编辑	武晓华	
责任校对	刘宁瑶	
封面设计	杭州林智广告有限公司	
出版发行	浙江大学出版社	
	（杭州市天目山路 148 号　邮政编码 310007）	
	（网址：http://www.zjupress.com）	
排　　版	杭州好友排版工作室	
印　　刷	杭州钱江彩色印务有限公司	
开　　本	710mm×1000mm　1/16	
印　　张	14.5	
字　　数	253 千	
版 印 次	2022 年 1 月第 1 版　2022 年 1 月第 1 次印刷	
书　　号	ISBN 978-7-308-22254-9	
定　　价	56.00 元	

序　言

努力推进新学校系统的变革

方向博士的新著《基于系统设计的美国新学校变革》即将出版，我为之特别高兴，写几句话表示祝贺。

教学设计这一个研究领域有微观、中观和宏观之别。宏观教学设计研究尤其关注整个社会的发展对教学产生的影响，推进新学校系统的变革。在这方面，美国的教学设计专家巴纳锡、赖格卢特和达菲等人三四十年来一直致力于后工业时代（有时候称"信息社会"，有时候称"知识社会"等）的基本特征对教育发展与改革的影响。尤其要指出的是，在 2005 年左右，赖格卢特和达菲联手开展学校系统整体改革的试验，分别称之为"迈向卓越之旅"和"稳步取胜之道"，统称为"学校系统变革草案"，这是"教育传播与技术未来变革创意"的一个部分。

2003 年 4 月，我在美国印第安纳大学访问学习时，曾经同赖格卢特教授作过一次访谈。赖格卢特当时就说道，"我以往的许多工作是有关教学设计理论，特别是精细加工理论，它涉及课程内容的选择和排序。但是，我目前的研究重点转到了教育的系统变革"。赖格卢特指出："我认为最重要的一点是，教师和教育工作者必须认识到，不同的学习者有不同的学习需要和学习速度。但遗憾的是，无论在美国还是中国，人们所采取的思路仍然是工业时代的产物，用固定不变的速度（时间）教所有学生相同的内容。时间固定、结果不定，最终导致我们培养的学生能力参差不齐、品质良莠难分。这样的做法不是为了培养人，而是服务于选拔人的需要。如果我们想把原来以选拔人为目标的教育体制改造成为真正以培养人为目标的教育体制，就应该将焦点放在学习者身上，允许学习者根据自己所需要的花费的时间来达到相同的结果。这是教育范式的转变，从师本中心、教学时间为主轴转向以生本中心、最终结果为宗旨。"

赖格卢特、巴纳锡和达菲等人孜孜不倦探索的"新学校系统变革"或者"重塑学校"，改变了什么呢？工业革命的教育范式有几个象征性的东西——年级、分数、课程、教室和课时几乎都被改变了，工业革命教育范式的根基可以说被动摇了。怎么想的，怎么做的呢？概括起来就是以"范式"变革为主线，提出新的愿景，满足新的需求，抓住问题关键，梳理核心理念，坚持生本中心，聚焦核心素养，发挥主体能量，运用系统方法，拓展整体视野，协同各方努力，贵在坚持不懈。

我们不妨列出几条新学校系统变革的关键特征：

①学校教育的底色从"补齐短板"转向"找寻长板"；

②学校教育的宗旨从"关注筛选"转向"聚焦学习"；

③学校教育的组织从"年级升迁"转向"成绩达标"；

④学校教育的焦点从"师本教学"转向"生本学习"；

⑤学校教育的方式从"标准教学"转向"量身定制"；

⑥学校教育的评估从"常模测验"转向"标准衡量"；

⑦学校教育的样态从"千人一面"转向"多样才能"；

⑧学校教育的结构从"被动服从"转向"主动创新"；

⑨学校教育的重心从"个人单干"转向"协同努力"；

⑩学校教育的结果从"学而生厌"转向"愉快学习"；

⑪学校教育的层级从"学校建制"转向"合伙团队"；

⑫学校教育的教师从"讲坛圣贤"转向"协力指导"；

…………

方向在攻读博士学位期间，到美国宾夕法尼亚州立大学访问交流六个月，得到了艾丽森·A.卡尔-切尔曼教授和赖格卢特教授的具体指导，所以，她掌握了美国新学校系统变革的大量资料,有亲身体验和实际印象。经过细致梳理和归纳,用心思考和搭建框架,本书从美国新学校系统变革的兴起、组织系统、教学系统、技术保障系统和实践案例等几个主要部分来予以阐述,为读者提供了有关美国新学校系统变革的理性思考、生动实践和具体图景。

本书是一项有关宏观教学设计领域研究的重要学术研究成果,值得在推进我国素质教育、深化全面发展教育实践和落实高质量育人举措中予以借鉴和思考。对我们每一个教师来说,重塑学校,勇踏破冰之旅将义无反顾;对我们每一位读者来说,开卷有益,迈向系统变革应充满信心。

战释力

前　言

　　历史给了我们思考美国新学校变革的起点。自从贺拉斯·曼引进并建立了公立学校系统之后,学校教育随着社会革新一直处在变动之中。尤其是到了19世纪末20世纪初,工业化、城市化给美国经济带来迅速增长的同时,也产生了诸多社会问题,进而引发了进步主义运动。在教育领域,霍尔等人的儿童研究运动、桑代克心理学的发展都给当时沉闷的学校教育注入新的活力,帕克的昆西教学法、约翰逊的有机教育学校、沃特的葛雷制、帕克赫斯特的道尔顿制、华虚朋的文纳特卡计划、克伯屈的设计教学法等,都试图从儿童中心角度出发,重视儿童兴趣,将学校课程与社会生活相联系,以变革学科中心、忽视儿童主体发展、强调知识背诵的传统学校教育。尤其是实用主义集大成者、现代教育学创始人之一的杜威,他认为传统的学校教育存在诸多弊端,必须从学校布局、课程、教材、教法、管理五个方面进行变革,要将儿童置于发展的中心。进步教育运动打破了传统学校的僵化与形式化,强调了教学要遵循儿童发展的规律并增加课程教学的活动性,引起了美国教育历史第一次颠覆性的变革,"学生中心"或"儿童中心"由此而来。

　　美国现代意义上的学校变革始于20世纪80年代,《国家在危机中》报告指出当前学校存在着诸多严重问题,再次激起了人们对学校教育的研究热情,政府也正式介入教育领域,与学校、学者一起试图打开这个问题种种的潘多拉盒。然而,80年代中期之前的变革几乎都停留在对原有系统的不断修补上,尽管投入了大量的人力物力,但改革的效果不明显。"学校重建"运动呼之欲出,学校重建者认为学校系统以一种错误的方式组合在一起,是时候重新设计了。学校重建体现在两个方面:变革学校的组织方式,提出家长可以自由选择

1

学校;改变公立学校管理和问责模式,实施学校本位的管理及其相应的问责体系。无论是学校选择还是学校本位的管理方式,都试图将更广泛的利益相关者纳入变革,试图从学校的组织和管理方式上打破传统的学校模式。尽管学校重建运动没有从根本上解决学校存在的问题,但它引起了广泛的关注,影响了人们对学校变革的观念。

进入 21 世纪后,一方面,美国联邦政府加强了对教育的干预,标准化运动与问责制更趋完善。《一个都不能少》、"力争上游"以及"州共同核心课程标准(common core state standards,CCSS)"的标准体系建立,以确保所有儿童有公平、公正和重要的机会获得高质量的教育。另一方面,不同于工业时代的"标准化""独裁式""服从性",信息时代需要满足个性需求的"定制化"与"多样化",在团队中讲求"合作"与"共同决策",在工作过程中"自主履责""主动创新"等。对学生来说,需要发展创造力、批判性思维、问题解决、使用高新技术、参与小组活动等能力以应对这些变化。因此,学校也需要改变原来工业时代作为生产知识、技能、资格和学历等所谓"有价值的东西"场所的工厂式学校模式。并且,网络技术打破了原来学校办学模式的局限,给学校传统教育带来了挑战,使学校学习环境跨越时空成为可能,不再孤立于自然与社会环境之外。学习者可以打破教室的禁锢,在线网络课程的普及也为学习者提供了丰富的资源,个性化学习、分享学习、终身学习,共同解决更多的全球性问题就成为了可能。

同时,随着全球化经济的发展,各国之间越来越相互依赖。劳动力市场的转型、不断变化的政治动态、日益复杂的社会分工,尽管这些环境因素表面上看来都很相似,但是各国的文化、历史、经济、制度及政治上的现实让每个国家都沿着其独特的道路进行教育变革。有些国家将教育系统变革聚焦于教育平等与公平,以减轻多年种族隔离和压迫的症状;有些国家集中于教育标准化和外部问责制,以此作为驱动力来提高自身的国际竞争力;还有些国家从集权化和注重基础(阅读和数学)转向整体教育,以帮助学生适应全球化的知识经济。

尽管立足点不同，但在这些变革过程中，仍然有一些共同的基本策略：明确清晰而又鼓舞人心的教育图景，强大的领导力，持续的资源投资，利益相关者的参与，对变革持有积极的态度。在全球化学校变革的背景下，教育家们逐渐达成了一种共识：教育改革若要取得实质性的突破，不能再局限于对原有教育系统的小修小补，而是要从整体上进行设计转型变革。

系统设计者，着眼于整个社会环境对教育系统的影响，随着社会的发展重新定义教育的目的与社会功能，并根据新的教育目的与功能设计新的图景，进而具体描述以供教育实践者、改革者及其他有关人员参照并实践。查尔斯·赖格卢特（Charles M. Reigeluth）教授是当代国际著名的教学设计专家，也是美国学校系统变革领军人物。20 世纪 90 年代初，他便开始投身于学校系统变革的研究之路。受系统设计专家贝拉·巴纳锡（Bela H. Banathy）的影响，1992 年，他在《教育技术》上发表了《系统变革的急迫性》和《新教育系统的愿景》两篇论文，初步勾勒了重塑学校的愿景。2001 年到 2012 年，他扎根于印第安纳波利斯迪凯特学区进行试验改革，即"迈向卓越之旅"。2007 年，赖格卢特与另一位系统变革专家弗朗西斯·达菲（Fracis·Duffy）联合在美国教育传播与技术协会（AECT）主持 FutureMinds 项目，成立了"系统变革部"，共同致力于在全美范围内指导学校系统整体变革的实践。随后，印第安纳大学成立了学校范式变革团队，二十余年来有一大批博士、中小学教师跟着该团队在美国不同地区做相关研究，以此验证并进一步完善教育系统变革理论。2014 年 4 月，全美教育协会（NEC）的 20 位领导在华盛顿与赖格卢特教授会面，充分肯定了团队的范式变革工作并表示支持，赖格卢特及团队也就成为了基于系统设计的新学校变革代表。

基于系统设计的学校变革知识大致分为两种类型：一种是结果的知识，另一种是途径的知识。有关范式变革结果的知识，就是要勾勒出信息时代下学习者中心范式的模样；有关范式转换途径的知识，就是要探索如何帮助学校系统转变为新的范式。由此，本书力求从系统论视角把握学校教育系统的理论与实践,并将之置于信息时代这一宏观社会背景中和美国当前学校系统变革的实践中,主要解决基于系统设计的新学校范式"是什么"及"该如何变"两个问题,以期为新时代学校发展探求新的路径,为更多的教育政策制定者和变革实践者提供思考的框架。在写法上,本书先将当前的学校系统与学习者中心范式的学校系统进行对比,以此描绘了基于系统设计的学校范式"是什么";其次,再将印第安纳州布卢明顿项目学校的学校系统、印第安纳波利斯迪卡特大都会学区的范式变革过程进行展示,用以说明新学校范式"该如何变"。

基于系统设计的新学校范式"是什么",即适应信息时代需求的学习者中心学校范式。其中,以个性化学习和项目式学习为主的学习者中心教学,与以掌握标准的学习进度和标准参照评价为主的学习者中心评价,是新范式的两块基石。在学习者中心教学中,个性化学习是指学习者有权设定自己的学习目标,在学习过程中反思以达到这些目标,并能随时进行课外学习而不局限于课堂内。个性化学习要根据每位学生需求定制结构化项目,通过一系列项目的完成促进学习者不断进步。尽管项目内容不同,但是大都关注来自真实世界的问题。为了弥补传统项目学习中存在的不足,新范式中还采取项目空间与教学空间相结合的方式。在项目空间中,学生参与真实世界的跨学科项目以完成他们的学习目标;在教学空间中,学习者通过自定步调、基于计算机、教学工具(如导师、教育游戏、模拟等)以帮助他们弥补知识的差距。学生可以灵活地来回于项目空间和教学空间之间。当在项目空间遇到问题时,就可以进入教学空间进行深入学习。一旦掌握了解决项目问题所需的知识或技能后,就可以进入项目空间以继续完成任务。

在学习者中心评价中,学生的学习进度不是以时间常量的年级升迁制,而是采用成绩达标制。成绩达标制是个性化学习的前提,它以成绩达标为学业进度标准,学生只要达到了当前学习主题或技能的标准,就可以继续进行新的学习,至于学生学了多长时间、怎么学,都不作为评价依据。因此,原先按照年龄推进的年级升迁制就不再适用,取而代之的是混龄编班形式。它按照学生身心发展的特点分为四个阶段:婴幼儿阶段(0~3岁)、低发展阶段(3~9岁)、中发展阶段(9~15岁)和高发展阶段(15~18岁),每个阶段学习者可以进行混龄编班。新学校设计成"车轮状",中心地带是共享的教育设计,而每根车轮轴上将规划成不同的"合伙团队"(主要供低龄段学生使用)和"学习中心"(主要为高龄段学生使用)。并且,学校与社区进一步融合,社区成员既可以为"学习中心"和"合伙团队"提供教学支持,又可以成为其需要进一步发展某项技能的学习者。各利益相关者共享决策,真正成为学习型学校。

此外,基于云计算的个性化综合教育系统(PIES)为学习者中心范式的实现提供了技术支撑。它是一个多功能的学习管理系统,用于帮助导师持续记录每位学生的学习情况、制定个性化的学习合约、提供项目学习的教学支持、管理项目及开发新的项目,还可以及时地评价学生的学习情况并提供反馈。PIES是一个基于云计算的系统,用户(学生、家长、教师、行政人员、及社区成员)通过网页浏览器访问系统信息。此外,它还有交流和合作功能、行政功能、自我评估和改善功能。这些功能都展现在PIES云的各个模块中,并与主要的五个数据库相连:标准清单数据库、学生档案数据库、小组成员选择数据库、项目数据库、教学模块数据库。各利益相关者在这个系统中相互支持与合作,保障个性化学习和项目式学习,实现标准参照评价的成绩达标制。

基于系统设计的新学校范式"怎么变",系统设计就是明确新系统特征的过程。巴纳锡运用系统思维指出了设计新系统的八个步骤,并进一步提出了教育系统设计的框架。用这个设计框架分析,未来的教育系统必定要关注学习维度,并能在最大范围内实现与各种优势资源整合。在此基础上,赖格卢特设计了"教育转型指导系统"(guidance system for transforming education),达菲提出了"迈向卓越"(step-up-to-excellence)。这些变革方法既有相似之处,也有不同之处,但目的一致,即变革工业时代的学校系统使之适应信息时代的需求。随后,这两种方法结合,成为《学校系统变革草案》(school system transformation protocol),即基于系统设计的学校变革方法,主要阶段为:激起变革的愿望;形成新的思维模式;愿景开发;新系统实施、运行和维持。经过30多年的理论发展和实践创新,新学校范式在根本上动摇了自夸美纽斯时代起三百多年传统学校模式的根基,它从"关注筛选"转变到"关注学习",从学习时间常量的"年级升迁制"转变到学习结果常量的"成绩达标制"。具体来说,学校组织由"标准校舍"转向了"合伙团队与学习中心",班级编制由"同龄分班"转向了"混龄小组",课程由"分科设置"转向了"整合 21 世纪技能",教学由"讲座式"转向了"定制式",评价由"常模参照"转向了"标准参照"。

最后,还需要说明的一点是,新学校系统变革将教育聚焦于学习者个人及学习本身,即学习者中心范式。之所以用"学习者中心"而非"学生中心",是因为新范式的学习者不仅包括在学校内的学生、儿童,还指学校以外各个层次的学习者,他们将共同成为新学校教育系统的使用者和获益人。此外,根据学习者中心心理学原则,"学习者中心"一方面描述了个体在学习中的参与过程,不同的个体有不同的特征,并且学习情境也是不同的;另一方面,"学习者中心"又关注学习,注重应用有关学习的知识。由此,以学习者中心范式为目标的学校系统变革意味着学习者及其学习的表现和过程是所有变革策略和进程的焦点。教育系统的各个方面,学校组织、管理、教学、评价、技术等,都围绕着学习者及其学习进行,其最终目标是促进每一位学习者不断学习。因此,学习者中心范式没有固定的教学模式,适用于支持不同的学习及学习者。这是一个创新的过程,会面临着各种挑战和两难困境,但是我们相信,只要秉着坚定的信念和不断的问题解决实践,转型变革一定会有成功的希望。

目　　录

引　言……………………………………………………………… 1

第一章　新学校系统变革的兴起………………………………… 4

　第一节　新学校系统变革的概况………………………………… 4

　　一、教育系统的运行模式 …………………………………… 4

　　二、新学校教育系统变革的特征与分类 …………………… 8

　　三、新学校教育系统变革的原因分析 ……………………… 13

　第二节　新学校系统变革的理论基础 ………………………… 20

　　一、教育系统设计理论 ……………………………………… 21

　　二、范式转型理论 …………………………………………… 27

　　三、复杂系统理论作为方法论基础 ………………………… 33

　第三节　新学校系统发展的愿景与方法 ……………………… 38

　　一、新学校系统愿景:学习者中心范式 …………………… 38

　　二、新学校系统变革路径:教育系统变革草案 …………… 45

　　三、教育系统变革的方法与原则 …………………………… 53

第二章　新学校的组织系统 …………………………………… 61

　第一节　新教学的组织模式 …………………………………… 61

　　一、年级组织:"年级升迁制"转向"成绩达标制" ………… 61

　　二、班级编制:"同龄分班"转向"混龄小组" ……………… 64

第二节 新学校的建构模式 ······························· 67

一、新学校建设:"标准校舍"转向"合伙团队与学习中心"········· 67

二、新学校管理:"科层体制"转向"共享决策制"············· 72

第三节 学习型学校文化与功能 ························· 78

一、新学校功能:"规训机构"转向"学习合作社"············· 78

二、新学校文化:"控制型文化"转向"学习型文化"··········· 80

第三章 新学校的教学系统 ····························· 86

第一节 教什么:"分科课程"转向"21世纪课程"·············· 86

一、分科课程的设置 ······························· 86

二、21世纪课程设置 ······························· 88

第二节 怎么教:"讲座式教学"转向"定制式教学"············ 95

一、传统教学的问题 ······························· 95

二、教学内容:学习合约 ····························· 97

三、教学方法:项目指导 ························· 101

四、教学支持:项目空间和教学空间 ················· 104

第三节 教得如何:"常模参照"转向"标准参照"··········· 107

一、传统的评价方式:常模参照与分数 ··············· 107

二、新范式的评价方式:标准参照与报告单 ············· 111

三、标准而非标准化 ··························· 114

第四章 新学校的技术保障系统 ····················· 120

第一节 技术对教育的影响 ························· 120

一、目前学校应用技术的状况 ··················· 120

二、学习管理系统 ··························· 122

三、个性化综合教育系统愿景 ··················· 126

第二节　个性化综合教育系统的功能实现 ……………………… 127

一、记录学习进度 ……………………………………………… 127

二、制订学习计划 ……………………………………………… 129

三、为学生学习进行教学 ……………………………………… 134

四、评价学生的学习 …………………………………………… 138

五、PIES 其他功能 …………………………………………… 140

第三节　基于云计算的个性化综合教育系统设计 ……………… 143

一、基于云计算的系统构架 …………………………………… 143

二、系统的用户体验设计 ……………………………………… 145

第五章　新学校系统变革的实践案例 …………………………… 151

第一节　单个学校系统:布卢明顿项目学校 …………………… 151

一、教学:基于项目和 P3 课程 ……………………………… 151

二、评价:促进学生进步 ……………………………………… 153

三、技术:与教学无缝融合 …………………………………… 154

第二节　K-12 学区系统:州学院学区系统 …………………… 156

一、"为学生终身成功做准备"的学校服务系统 ……………… 156

二、核心课程与项目指导结合的教学体系 …………………… 160

三、多样化的评价体系 ………………………………………… 164

四、提供丰富课程资源的技术体系 …………………………… 167

第三节　学区变革实践:大都会学区"迈向卓越之旅" ………… 169

一、变革的框架 ………………………………………………… 169

二、变革的过程 ………………………………………………… 171

三、变革的启示 ………………………………………………… 174

第六章　结论与展望 ……………………………………………… 178

第一节　新学校系统变革的特色 ………………………………… 178

一、动摇传统工厂式学校的根基 …………………………… 178

二、体现聚焦学习者及其学习的学习者中心范式 ………… 180

三、构建信息时代 3.0 教育范式 …………………………… 180

第二节　实施学习者中心范式面临的挑战 ………………… 186

一、学生如何适应自导式的学习模式 ……………………… 186

二、导师如何判断学生达到了掌握标准 …………………… 187

三、导师应该如何应对新的教育范式 ……………………… 187

第三节　新学校系统变革展望 ……………………………… 188

一、变革的长期过程与即时效应 …………………………… 189

二、标准化和定制化教学 …………………………………… 190

三、学校选择和教育公平 …………………………………… 191

结　　语 ……………………………………………………… 193

参考文献 ……………………………………………………… 197

后　　记 ……………………………………………………… 213

引　言

拉塞尔在《美国教育杂志》第 2 卷中写道：任何教育制度，不管它建立的初期多么完美，它并不总能完全适应不断发展着的社会。21 世纪，计算机和互联网、全球化和信息化、人工智能、知识经济和知识型工作，这些事物的出现昭示着人类进入了一个新的历史时期。信息时代、后工业时代、知识社会，这些名称不同但内涵相似的术语已经得到广泛认可，成了 21 世纪的代名词。在这个背景下，社会大系统下的各个子系统（如交通、通信、工作环境）已经发生了巨大的变化。因此，一方面，教育——作为传承社会知识和价值观的子系统，要随着社会大系统的变化而变化；另一方面，教育系统只有不断变革才能满足新时代的需求。

在传统的教育模式中，教师是专家，是知识的主要来源，他们通过讲座式的授课方式将专业知识传递给学生。学生则通过听课、背诵、练习等方式获得并巩固知识。教室按照整齐的课桌椅划分，课程规定了学生该学什么、以什么顺序学。即使学生的能力参差不齐，他们也要以同样的方式在同样的时间和空间内接受同样的教学。教师对学习过程密切监督和控制，那些不能接受学校所传授知识的儿童，就被视为学校教育的"不适应者"，甚至被贴上"差生"的标签。学习通常是独自进行的，测试则成为将学生分等的主要方式。因此，学习也只是在既定时间框架中发生在学校内的一种活动，毕业似乎就意味着学习的终结。①

如今，计算机、互联网、移动设备的普及形成了"指尖知识"时代，人们只要动动手指就能随时随地获得所需的知识和信息，学校不再是获得知识的唯一场所。学校教育如果仍旧持续原有的教学模式，势必会引起学生的反感。并且，21 世纪需要的是知识性人才，问题解决能力、终身学习能力、信息技术能力才是学生必须具备的基本能力。传统教学模式脱离真实的社会情境，注重知识识记，主要培养适应机械大生产的劳动型工作者。这些反差都是当前学

---

① 郑燕祥.教育范式转变：效能保证[M].上海：上海教育出版社，2006：33.

1

校问题层出不穷的根源所在。当学校教育不能满足社会需求时,会有两种结果:要么消亡,要么变革。在历史的发展中,确实有部分学者倡议学校消亡论,如伊里奇,当然更多的还是希望以变革来改善现有的教育系统,以满足新时代的需要。那么传统的学校教育系统该如何变革?新时代的学校教育系统又该是怎么样的?无数次变革的实践证明,学校教育系统只有从整体上进行转换,才能有成功的希望。

本书从美国学校教育系统变革的大背景出发,重点论述了信息时代下赖格卢特学习者中心范式"是什么"及"该如何变"两个方面。在新范式下,工业时代教育范式的象征性概念——年级、分数、课程、班级、教室、课时、教师、学生等几乎都改变了,这就从根本上动摇了自夸美纽斯时代起三百多年传统学校模式的根基。新的教育范式从"关注筛选"转变到"关注学习",从达尔文"适者生存"转变到"人人成才",从学习时间是常量、学习结果是变量的基于"年级升迁"的学校模式转变到学习结果是常量、学习时间是变量的基于"成绩达标"的学习者中心范式。①

那么如何实现这一范式呢?20 世纪 90 年代系统设计专家巴纳锡(Bela H. Banathy)将系统理论和设计理论用于教育领域,明确了教育系统的分析方法、教育系统的设计框架和过程。赖格卢特则在巴纳锡系统设计理论基础上,描述了符合信息时代特征的学习中心范式愿景,在这个愿景的指导下,他进一步阐明了系统理论与复杂科学对于系统变革的理论指导,并在实践的基础上提出了系统变革的方法,即"教育转型的指导系统",后与达菲"迈向卓越"的变革方法结合为"学校系统变革草案",该草案成为目前学校教育系统变革过程中最主要的方法论支持。另一位系统变革专家达菲主要致力于变革领导的研究,他提出的思维转换模型旨在改变人们有关教育的观念,而教育观念的改变则是保证教育系统变革成功的关键一步。

在理论研究的基础上,本书还从学校、学区和国家三个层面分析了当前美国学校教育系统变革的实践案例。通过理论与实践的结合,以期更清晰地呈现出信息时代下新学校教育系统的特征,为教育政策制定者和变革实践者提供思考框架。本书所涉及的教育系统主要是指学校教育系统,是指 K-12 基础教育阶段的学校教育变革,包括学前班至高中(年满 5 周岁开始)。另外,本

---

① 盛群力,余诗诗,许凯.面向时代需求实现范式转变——赖格卢特论信息时代视角下的教学理论演进[J].当代教师教育,2010(1):47-51.

书用"学习者中心"来代替"学生中心",因为新范式的学习者不仅包括校内的
学生,还包括学校以外各个层次的学习者,有学龄前的婴幼儿,也有毕业后的
成年人。他们将共同成为新学校教育系统的使用者和获益人。并且,"学习者
中心"聚焦于学习者及其学习,既关注学习者,还重视有效的学习,而"学生中
心"则缺乏"学习"这一维度。

　　目前,中国还处在近代型教育体制向现代型教育体制转换的早期阶段。
学校本位的教育系统变革是 21 世纪中国基础教育变革的必然走向。因为无
论是在观念方面还是实践方面,当前学校系统基本上还处在近代工业社会学
校形态的束缚之中,若不转换,无法从根本上适应当代社会的需要。然而,我
国不仅地域辽阔、差异显著,而且人口和教育基数过大,要实现教育的转型性
变革确实是一个难题。因而,反思传统的学校教育,借鉴国外相关的经验,构
建新的学校教育范式,已成为历史赋予当代教育研究者和实践者的重要使命。

第一章 新学校系统变革的兴起

教育是一个复杂、多层次、开放的系统。从宏观上看,教育系统受所在国家和地方政府法律及教育政策的影响;从微观角度看,教育系统还包括各个利益相关者之间的相互关系、学校的组织、课程的设置、教与学的展开、评价的安排等;从系统论的角度分析,教育系统和其他社会子系统一样,与社会大系统呈现出高度的同构性。

第一节 新学校系统变革的概况

学校是致力于教与学的机构组织,学校的最终目标是帮助学生学习,事实上这也是学校存在的根本。圣吉把学习系统分为三个层次:教室、学校及学区,每个层次都是一个学习型系统。其中,教室是最核心的学习系统。在这里,教师和学生聚在一起为着共同的目标——学习而努力。家长虽然没有直接参与教室里的学习,但他们的影响无时无刻不存在着。在学校系统中,参与者扩大到了督学、校长、行政人员,他们的使命是确保教室能为所有学生提供质与量并存的学习经验。学区系统是复杂的系统,它包含了更广泛的社区成员和终身学习者。学校只在特定的时间为特定年龄段的学生提供学习服务,而其余的学习都发生在校外,因此学区所在的社区及其成员都对学习有着影响。

一、教育系统的运行模式

教育系统变革不同于片段零散的变革,它是一种转型性的变革,也就是说,经过系统变革后产生的新学校系统在目标、结构、功能、课程、教学、行政等各个方面都与原有的系统大不相同。真正意义上的系统变革需要在认识到教育系统内部、不同教育系统之间、教育系统与外部环境之间相互联系相互依存的基础上进行。要了解教育系统如何变革,最好先清楚教育系统是如何运行

4

的。巴兰坦认为教育是一个开放的系统,这个开放的系统通过教育组织、环境、输入、输出、反馈循环的系统循环模式运行,如图 1-1 所示。

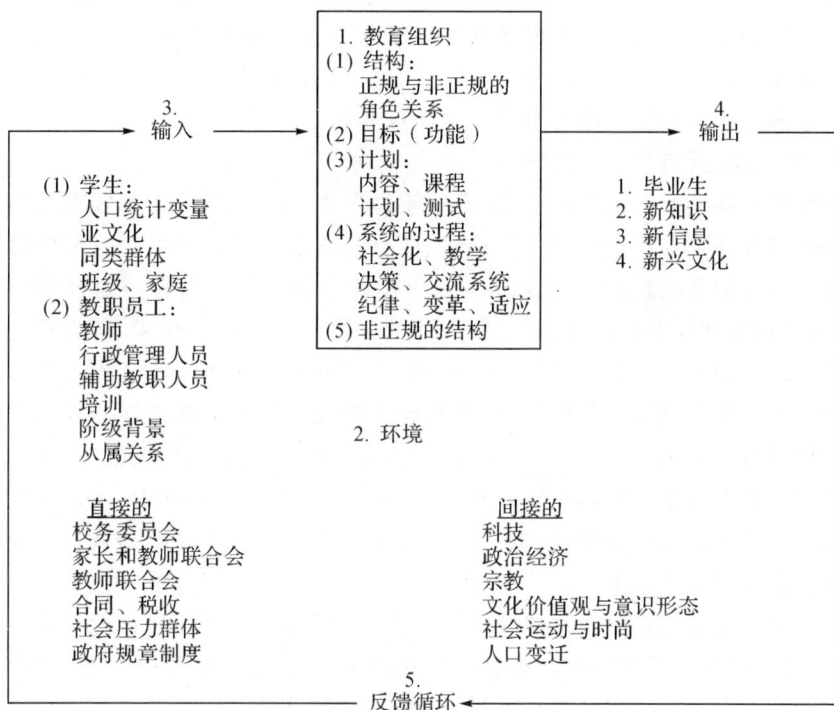

图 1-1　教育的系统模式 ①

其中教育组织是指学校,结构是指各个利益相关者所处的位置及相应的责任,而目标、计划和过程则是学校系统的运行过程,包括功能、课程、教学、评价、管理、文化等方面。组织的结构让它成为一个鲜活的实体,而系统的运行过程则使得组织充满活力。此外,捕捉学校中非正规的关系——谁和谁一起午餐、谁旷课、谁给教师起绰号——与正规的角色和结构一样,也可以从侧面体现学校的状态。

学校组织与环境之间存在着互动。环境包括围绕组织并以某种方式影响

① 巴兰坦.教育社会学:一种系统分析法[M].朱志勇,等译.南京:江苏教育出版社,2005:15.

组织的一切事物,它会随着时间的推移而有所不同。在教育系统中,环境包括直接相关的校务委员会、家长和教师联合会、政府规章制度等,及起间接作用的科技、政治经济、人口变迁等。最终,组织与环境之间通过输入和输出发生互动。输入是指学校组织接纳来自外部环境的信息、原始资料、学生、教职工、资金和新观念。在输入过程中,学校组织可以根据需求进行控制,如对教师、教科书的选择。输出是指由组织加工而成的物质产品和非物质观念,如教学成果、毕业生、新信息及新科技。

在整个系统的运行过程中,反馈循环是关键部分,它体现了学校系统的动态循环过程,即不断地变化以适应环境变化和需求。学校组织的输出也需要与预期目标和环境反馈进行比较。当学校培养的毕业生没有达到预期的目标,或者达不到社会环境的需求时,当前的学校系统就需要变革,需要新的行动方案。反馈有助于学校调整教育目标、教学方式以达到学校系统与外部系统的平衡。正是因为有了反馈,整个系统才得以循环并不断发展。从系统运行的模式可以得出,学校教育系统的结构和运行过程都是可以调控的,这就使得学校教育系统变革成功存在可能性。而且,当环境发生变化时,反馈过程就会向教育系统提出新的要求,也就是说,教育系统本身必须不断地调整以满足不断变化的新环境需求。

功能主义理论把教育系统看作构成整个社会系统完整而又彼此依赖的一部分,并为社会的延续承担着某些必要的功能。[①] 在不同的社会系统,教育的目的和政策会有所不同,相应的,学生也就会有不同的学习经历。反过来,学生在接受教育过程中所形成的信仰和价值观则会进一步强化或发展社会的信仰和价值观,其所习得的知识和技能将用以促进社会生产不断向前发展。教育系统如果要成功地满足社会和个体的需求,就必须与社会的其他系统维持在一个共同发展的水平上。冲突理论家认为教育系统内已经产生革新的既定策略很少,但是,革新确实通过破坏系统而产生,系统中可能经常存在着冲突。[②] 应该说,功能主义理论和冲突理论都从教育社会学的视角出发,从理论的高度认为教育系统需要不断变革以适应新的社会系统需求。巴纳锡则从社会系统论角度出发,提出教育系统要随着社会大系统的变革而变革,并将系统设计理论应用于教育系统的设计。

---

① 巴兰坦.教育社会学:一种系统分析法[M].朱志勇,等译.南京:江苏教育出版社,2005:20.

② 巴兰坦,教育社会学:一种系统分析法[M].朱志勇,等译.南京:江苏教育出版社,2005:345.

以上理论的发展为教育系统变革的实践研究提供了强有力的支撑。因此,当现有的教育变革不能解决学校出现的问题时,教育系统变革理论很快就得到了教育变革家们的认同与支持。美国著名的教学设计专家赖格卢特从20世纪90年代转向了宏观教学设计领域,在巴纳锡教育系统设计理论的基础上发展了教育系统变革理论。他认为宏观教育设计就是教育系统变革前先设计一个新的蓝图,即教育系统设计。教育系统设计分为产品设计和过程设计。产品设计是指未来理想教育系统应该是什么样的,与现有的系统有哪些根本的区别;过程设计关注的是如何设计或者如何帮助已有的教育系统进行转换,这就需要通过调查得出有哪些因素阻碍了系统变革、哪些活动能引导变革取得成功。教育系统设计提供了有关教育系统变革的知识基础,有助于促进变革长期持续地进行,最重要的是能改善变革的机会以满足社会系统和学习者个体的需求,这也是系统变革顺利展开的前提。①

教育系统变革着重于实践层面,是指在系统哲学、系统理论和设计理论的基础上实施变革并促进变革成功,还要确保新系统能持续长远地运行从而满足当前所服务的社会系统和个人的需求。② 为了更好地理解教育系统变革,斯夸尔(Squire)和赖格卢特将教育系统的变革分成了四类。③

• 州级系统变革:在州范围内,对测试、课程纲要、教师资格认定、教材采用、经费政策等方面进行变革,这些变革协调一致以相互支持。这些变革反映了政策制定者对待系统变革的态度和观念。

• 学区级系统变革:在整个学区内进行课程或项目的变革。从这些变革可以看出 K-12 教育工作者是如何考虑系统变革的。

• 校级系统变革:在单个学校内进行变革。适用基于单个学校而提出改进建议。

• 生态化系统变革:在清楚地认识到系统内部、系统与系统之间以及系统与外部环境之间相互联系、相互依存的基础上进行变革。认同这种观点的变革领导者认识到系统中某一部分的变革需要该系统的其他部分也进行变

---

① REIGELUTH C M. Educational Systems Design. In: KOVALCHIK A, DAWSON K (Eds.), Education and Technology: An Edcyclopedia[M]. Santa Barbara, CA: ABC-Clio, 2004: 239-247.

② REIGELUTH C M. Educational Systems Design. In: KOVALCHIK A, DAWSON K. (Fils.), Education and Technology: An Encyclopedia[M]. Santa Barbara, CA: ABC-Clio, 2004: 239-247.

③ SQUIRE K D, REIGELUTH C M. The Many Faces of Systemic Change[J]. Educational Horizons, 2000,78(3): 145-154.

革,这一定义体现了"系统思维"的思想。

前三个定义应用了系统变革的部分原理,但它们并不是真正的系统变革,第四个定义才是真正的系统变革,即所谓的转型变革或范式变革。这样的转型变革将:①

· 通过变革选择的基本假设和学校的行为、过程及产品来改变组织文化;

· 无处不在,深刻地影响整个教育系统;

· 有意进行;

· 随着时间推移而发生。

除了这四个特征以外,达菲又增加了两点:

· 创建一个能持续为自己追寻理想未来的学校系统;

· 创建一个与当前的学校系统有着本质区别的未来系统,也就是说,系统必须转型为一种截然不同的范式。

总之,无论从哪个维度分析,教育系统首先是可以进行变革的,而且也必须变革才能适应新的社会和学习者的发展。本书主要从系统论的视角,运用系统的方法,着眼于教育系统中学校校舍、体制、管理、课程、教学、评价、技术等各个子系统的整体转型变革,最终将源自于工业时代的学校工厂范式转换为信息时代下真正注重学习者及其学习的学习者中心范式。

二、新学校教育系统变革的特征与分类

1. 教育系统变革的特征

首先,教育系统变革比一般片段零散的变革更具彻底性。片段零散的变革又称为渐进式变革,是指通过改革措施试图纠正现有教育系统存在的缺陷,但系统的基本组成部分几乎不变。它只关注系统的某个具体部分,而忽略变革的部分与系统内其余部分的关系。拉里·库班(Larry Cuban)又将之称为"渐进式变革"(incremental reforms),即通过纠正政策和实践中的不足以强化已有的系统。② 传统的教育变革都停留在保持现有教育系统基本完整的同

---

① ECKEL P, HILL B, GREEN M. En Route to Transformation. On Change: An Occasional Paper Series of the ACE Project on Leadership and Institutional Transformation [M]. Washington, DC: American Council on Education, 1998.

② CUBAN L. How Teachers Taught: Constancy and Change in American Classroom 1880—1990[M]. 2nd ed. New York: Teachers College Press, 1993: 3.

时,对某些具体的部分或方面进行修补或者增加。这样的变革就是在不破坏教室、学校和学区的基本组织特征前提下,采取相关措施使该系统更有效。

系统变革则是一种转型性的变革,变革前后的两个教育系统之间有很大的差别,不仅课程、教学、评价会受到影响,而且学校的日常事务、课程表、物理面貌可能都要发生变化。在变革的过程中,要考虑哪些是正确的知识,学校以什么方式组织,学校内部个体的权利怎么分配,以及将这三者结合创建一个新的教育系统。相对于浅层变革,库班把教育系统变革称为"深层变革",即教育系统在目标、结构和功能方面都发生了变化,都需要重新设计。因此,教育变革通常也是一种设计性的变革,是一个创造性的过程,是一个长期的过程,这就不仅仅需要各个利益相关者的共同合作和公众的大力支持,更要转换他们原有的思维,接受新的对教育的理解。可以用两组研究问题来体现这两者的差别(见表1-1)。

表 1-1　有关片段零散的变革与系统变革的研究问题

片段零散的变革	系统变革
· 教育出现了什么问题?如何做才能改善学生和教师的表现? · 如何增加教学时间? · 如何才能提高学生的创新、批判思维? · 怎样才能获得家长与社区的支持与参与?	· 现在所处的这个时代有哪些特征?这些特征对教育会有什么影响? · 教育可以从当前的社会中获得什么机会和资源来进一步发展? · 应该设计一个怎么样的教育愿景来满足社会发展的需要? · 怎样才能实现这个新的教育系统?

上面两组问题都是在进行教育变革之前需要反思或探究的。第一组针对的是现有系统,教学、学生与教师、课程、家长与社区是该系统中的一部分内容,哪一部分出现问题就集中于哪一部分改革。第二组是要根据社会的发展特征来设计并实现一个新系统,要站在整个社会大系统的高度上思考教育系统。主张教育系统变革者认为,教育这个子系统将随着社会大系统的转型而变革,并且教育系统本身又由不同的子系统构成,如课程系统、教学系统、行政系统等,各个子系统相互交织,任何一个子系统的变革都会影响其他子系统。而教育系统变革意味着教育的基本组织和结构,包括时间、人力及技术等方面都进行整体的转换,更具有彻底性。

其次,教育系统变革是一个复杂的过程。教育的对象是人,参与教育活动的也是人,这就使教育系统比一般的生产系统更具复杂性,而教育系统变革,也更为繁杂。教育系统变革是里特尔和韦伯所说的典型的"刁难性问题"(wicked problem),它有着不完整的、矛盾的并不断变化的要求,只有通过解决或部分解决才能得到明确。① 对这样的问题,很难有固定的解决办法。因为当试图去解决这样的问题时,又会暴露出或产生其他的问题。艾柯夫又把这类问题称为"困境"(messes):系统中每个问题又与其他问题相互作用,某个问题只是一系列相互作用的问题的一部分,这样的系统就被称为"困境"。② 要解决这样"刁难性问题"或"困境",没有唯一的方式和最好的实践方式。任何一种有效的解决措施,必须与具体的问题特征相联系。因此,教育系统变革没有固定的模式,它需要根据已有的情况具体分析而解决。

再次,教育系统变革具有不确定性。它所需的花费、变革能带来的益处及变革所需的时间,都是不确定的。第一,教育系统很庞大,学校受多个层次部门的领导和管理,每一个部门都有可能减少或转移用于变革的开支。第二,从变革开始到预期的变革效果出现,会有一个周期,这个周期会根据变革实施情况不同而不同。如果某部分的变革还需要其他一些变革进行互补,那时间又会出现滞后。如为了采用新的教学方法或者贯彻一种新的教育理念,需要进行教师培训,至于需要多长的培训时间就无法明确,这就增加了总体变革时间的不确定性。第三,变革所涉及的各个利益相关者(学生、教师、家长、行政人员等)众多,教育系统所包含的范围(课程、教学、行政、学校建筑等)广,都给系统变革带来了不确定因素。即使变革获得成功,它能在多大范围内、多大程度上、多长时间段内影响教育系统,也是无法预料的。

最后,一旦教育系统变革取得成功,那么它的影响范围将会非常广。因为每个人或多或少都经历了教育,学龄前教育、义务教育、高等教育、职业教育等,并且终身学习理念、信息技术和互联网的发展增加了不同层次的人群接受各种非正式教育的机会。除了学校外,各种学业或职业培训机构也逐渐成为教育不可或缺的补充。从小范围看,教育决定着学习者个体未来的职业收入和生活状况;从大范围看,教育影响着整个社会的政治、经济与文化。知识社

---

① RITTEL H W J, WEBBER M M. Dilemmas in a General Theory of Planning [J]. Policy Sciences, 1973(4): 155-169.

② ACKOFF R L. Redesigning the Future: A Systems Approach to Societal Problems[M]. New York: Wiley & Sons, 1974: 20-21.

会、信息社会的到来,劳动力市场对知识和技能的需求变化,这些都需要通过变革教育系统以培养适应变化的年轻人。就目前情况看,教育系统变革的影响范围已经扩大到其他更多的国家,教育全球化的过程终会影响每个人的教育成长经历以至其后的工作和生活状态。

总之,当前学校教育的问题只有通过系统的、彻底的教育系统变革才能真正得到改善。而正因为系统变革的复杂性和不确定性,所以教育系统变革没有统一的变革方式和过程。然而当前有很多学校变革似乎有"一刀切"(one-size-fits-all)倾向,认为学校变革有一个通用模式,但实践证明,这样的"一刀切"会招致失败。如,重建学校联盟下有 20 个学校系统曾模仿阿拉斯加楚加奇学区成功的变革范式,但最终只有三个学区取得了成功。究其原因就是不同的学区有不同的特征和问题,一味地复制模仿不是最佳的策略。也正因为教育系统的影响范围广,就更需要各个利益相关者和其他公众一起相互合作、共同支持并促进转型走向成功。

2. 教育系统变革的分类

教育系统变革可分为自上而下和自下而上的变革(如图 1-2 所示)。自上而下的变革又被称为"由外而内"的变革,是指通过遵循州和联邦政府法令、学校委员会指示或者校长要求来管理学校的变革。

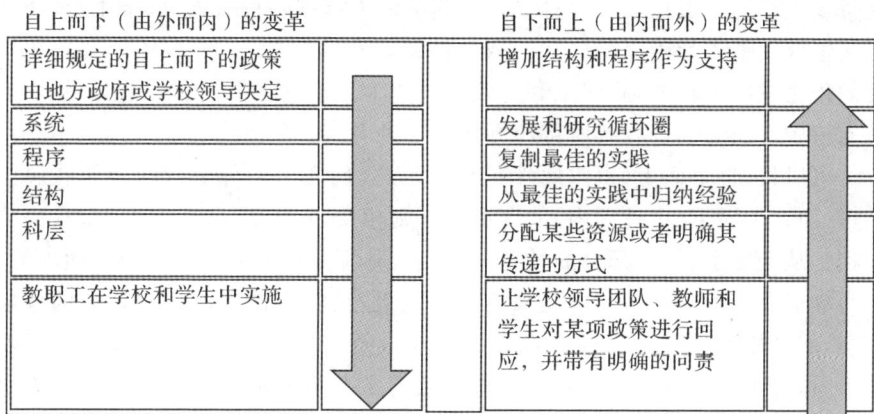

自上而下(由外而内)的变革		自下而上(由内而外)的变革	
详细规定的自上而下的政策由地方政府或学校领导决定		增加结构和程序作为支持	
系统		发展和研究循环圈	
程序		复制最佳的实践	
结构		从最佳的实践中归纳经验	
科层		分配某些资源或者明确其传递的方式	
教职工在学校和学生中实施		让学校领导团队、教师和学生对某项政策进行回应,并带有明确的问责	

图 1-2　两种不同变革方法①

———————————

① CROSSLEY D. Sustainable School Transformation:An Inside-Out School Led Approach [M]. London:Bloomsbury publishing PLC,2013:3.

　　这类变革需要更多地控制变革过程或事件，设置清晰的目标和有限的权力分配，限制其他参与者制定决策的能力。处在科层体制较上端的参与者有一定的决策权，但仅仅是停留在实行变革管理者的命令。如在得克萨斯州，州级官员决定教育变革的本质和方向，然后由各个地方学校具体执行。一般来说，只要在规定内变革，学校就可以尝试各种方式和策略；如果学校违反了规定或结果不佳，那么州官员就会介入。在自上而下的变革中，利益相关者通常由那些真正掌握变革权力的官员赋权，但是这样的权力很有限，只有在具体的情况下才能用。

　　这样的变革方式由地方政府或学校领导决定并管理政策的实施，在实施的过程中，有些人会支持实施，而另一些则表示服从。因此，变革更多的是建立在担心和压力的文化氛围中，变革的目的就是快速地修复现有系统中的不足。并且，这样的变革方式基于这样的假设，同一变革方式可以复制到不同学区和不同学校水平的变革中（而不是真正聚焦在个体学习者及其学习需求上）。这样就很容易形成"一刀切"模式，最终导致变革的失败。

　　自下而上的变革又被称为"由内而外"的变革，在这样的变革中，所有利益相关者都共享真正的决策制定权，包括教育变革的发起和实施。学生、家长和其他社区成员都能参与变革的过程，在大部分情况下，他们的地位是平等的。支持该策略的学者认为与教育过程最相关的人（教师、行政人员、学生）最清楚应该怎样变革才能确保高质量的教育结果。在这样的变革中，各个利益相关者的角色发生了转变，教职工和行政人员成为变革过程中积极的参与者，而地方支持中心、私人顾问、政府部门则成了协助者。

　　可以说，自下而上（由内而外）的变革方式代表了一种平行的合作性决策结构，而自上而下（由外而内）的变革策略则相反，它代表了垂直的独裁式决策结构。从历史上看，大部分的教育变革或改革都是自上而下或是由外而内的，因为提倡者认为该策略实施起来容易且收效速度快，也更能代表社会的分层本质，能利用除教育学者外来自私人和政治部门的专业技术和知识。[①] 从功能上看，自上而下或由外而内的变革方式对那些表现极差的学校系统来说更为有效，因为它能在短时间内看到变革的效果，从而增强变革参与者们继续变革的信心。但是，如果教育系统变革要真正获得成功并持续进行下去，自下而

---

① HORN R A. Understanding Educational Reform：A Reference Handbook［M］. Santa Barbara：ABC-CLIA, Inc.，2002：114.

上或由内而外的变革方式才是最佳的。因为教育变革只有真正从最直接相关者(教师、学生)的需求出发,他们才会从内心认同变革,才会真正投入变革的过程中。因此,赖格卢特在教育系统变革中,强调从学生的需求出发,强调各个利益相关者共同参与、共享决策,以获得最广泛最直接的支持。

三、新学校教育系统变革的原因分析

托夫勒根据"浪潮"的概念描述了三种社会类型,每一次浪潮都将旧的社会和文化推到一边。① 第一次浪潮出现在农业革命取代采集狩猎时代。农耕时代的美国学校教育范式聚焦于学习阅读、写作和算术,用于记录种植、收成、赋税和物物交换情况。而更高一级的教育很少,即使有也只是服务于社会精英阶层。第二次浪潮是工业革命时期(主要指 17 世纪后期到 20 世纪中期)。这时的学校教育已经是大众化的公立教育,大规模的工厂式学校系统多采用基于班级的教与学,垄断了绝大多数学龄儿童的教与学。如今正处于第三次浪潮中,信息技术的发展极大地改变着人们的学习和生活方式,新学习理论的出现更合理地为教育者们呈现了人是如何学习的。然而,当前学校系统大多数还停留在工业时代的状况,这是当前学校问题层出的根源所在。如果不从根本上改变现有的学校范式,就不能彻底地解决学校问题。

1. 时代变迁的应然需求

在采集狩猎时代,教育年轻人是整个部落的责任,教育的主要任务是提高他们幸存的概率,此时的教育形式是父母或部落年长者将重要的生存技能传授给下一代,其最有效的方法是一起狩猎以获取食物,一起抵御各种危险,一起努力度过寒冬。父母还会教他们如何与其他家庭或家族成员相处。这就是采集狩猎时代教育的本质核心——教给下一代生存并成长的技能。到了农业时代,出现了一批专门的商人和手工业者,如农场主、铁匠、鞋匠、裁缝等。年轻一代为了更好地生活,需要学会某一门手艺,学徒制也因此兴起。学徒制强调的是从做中学,没有规定学徒掌握技能的时间,他们以自己的步调学习,接受个性化的指导和任务。

伴随着商人和手工业者出现的还有精英统治阶层。与商人和手工业者不同的是,精英阶层接受理论、美学、修辞学的学习,并需要德高望重的指导者进行教授。在古希腊,有钱人家的男孩会学习阅读、写作、唱歌、乐器弹奏。随着

---

① TOFFLER A. The Third Wave [M]. New York: Bantam Books, 1980: 46.

社会结构和资源变得越来越复杂,正规或有意识教导和学习的需求也日益增加,进而出现了专门的教师,并逐渐形成了早期的学校教育,这时的学校教育是在单间校舍里进行的个别辅导教学。学校教育的目的是为了适应农场、作坊的工作和生活,孩子们需要掌握基本的数学与阅读技能。学校没有年级划分,没有课程,也没有标准化考试,年纪大一些的孩子经常帮助年幼的孩子。几千年来,学徒制和单间校舍模式成了社会原始经济发展的支柱,也使得社会生存的基本技能得以代代相传。但是它有一个最大的缺陷:不能满足快速增长的教育需求。

工业革命对劳动者素质提出了新的要求,传统的学徒制在大工业时代失去了存在的价值而逐渐淡出历史舞台,此时,家庭、社会已没有能力承担培养新型劳动者的重任。此外,人口激增必然带来受教育人口的激增,而迅速的城市化又使人口大量积聚于有限的城市内,人口的集中使教育的方式发生了显著变化。[1] 工业时代的工厂系统恰恰为创建更有序统一的学校提供了模式,工业化促进了社会效率运动、分化。此时,工厂劳动取代了农场劳动成了最普遍的谋生方式,雇主真正所需的是让学校教育培养出大量能适应工厂劳动的学生,并筛选出很少一部分准备继续接受高等教育的学生使之成为经理和专家。大部分工人在流水线上工作,一遍又一遍地重复着不需要动脑的任务。因此,准时、守秩序、不质疑权威,这是工厂型经济模式的基本要求。读、写、算的基本技能是成为工人的必备条件之一,因而也就成了学校教育的主要内容。

工业时代又称为"机器时代",因而机器时代的思维就成了当时组织和管理的基础:世界是由具体的部分组成,只要分析不同的部分,就可以预测并控制这个世界,如同控制机器一般。事实上,学校就是建立在这样的思维模式上的:把学校系统分成具体的阶段,即年级。把学生按照年龄分成不同的年级,每个人都会一级一级地向前推进。每一个阶段都有一个监管者,即教师。20~40人一班的学生按照时间表上课,并参加考试。整个学校有统一的作息时间,如铃声和严格的日常时间表。每位教师根据学校委员会和标准化课程进行教学,就像是让整个流水线正常运行。

工业时代的教育体制符合当时的社会需求,它非常高效率地将学生进行分类,哪些人适合做体力劳动,哪些人更适合从事管理岗位或者做专业工作。学校是实现教育的最好场所,逐渐地,学校就变成了生产知识、技能、资格和学

---

① 褚宏启.教育现代化的路径:现代教育导论[M].北京:教育科学出版社,2013:381.

历等所谓"有价值的东西"场所。而社会和劳动场所在承认这种有价值的东西的同时，也以这些价值作为判断和取舍劳动力的标准，于是学校就越来越成了专门"生产有价值的东西"的机构，人们也越来越依附于它。学校实现了对教育的垄断，最终构筑了制度化价值的神话。①

如今，随着信息时代的进一步深入，以往的手工劳动逐渐被知识工作取代，知识竞争、人才竞争成为世界各国的发展主题。在"扁平"的世界里，面对全球化的趋势，劳动市场所需求的知识和技能种类越来越多样化。根据考夫曼基金会的一份报告，从 1977 年到 2005 年，现有的公司每年平均减少 100 多万份工作；同时，每年平均有 300 万份工作由新公司创造出来。② 因此，谁也无法确切地预测未来学校的学生会从事什么样工作，更加不能妄言现有的学校一定能够教给学生未来工作所需的技能。从工业时代迈向了信息时代，交通、通信、商业、工作环境范式都有了很大的变化。赖格卢特对比了两个时代的关键性特征（见表 1-2）。

表 1-2 两个时代标志性特征对比 ③

工业时代	信息时代
标准化	定制化
统一性	多样性
对立关系	合作关系
科层组织	团队组织
独裁领导	共享领导
中央控制	自主履责
被动服从	主动创新/自我指导
专业服务	自助服务
门类化（劳动分工）	整体化（任务统筹）

工业时代标准化、独裁式、服从性的关键性特征都将被信息时代满足个性需求的"定制化"与"多样化"所取代，在团队中讲求"合作"与"共同决策"，在工作

① 钱民辉.论美国学校教育制度的实质[J].北京大学学报(哲学社会科学)，2001(2)：127-138.

② 赵勇.就业？创业？从美国教改的迷失看世界教育的趋势[M].周珊珊，等译.北京：教育科学出版社，2014：42.

③ REIGELUTH C M, Jennifer R K. Reinventing School: It's Time to Break the Mold [M]. New York: Rowman & Littlefield Education, 2013: 25.

15

过程中"自主履责""主动创新",强调的是"整体化"任务,并且在终身学习型社会的背景下还要学会"自我指导"与"自我服务",这些变化都对教育需求提出了新的作用。对学生来说,需要发展创新意识、创造力、批判性思维以及问题解决、使用高新技术、参与小组活动等能力,并养成有助于个人成长的好习惯。要做到这些,教育系统只有根据不同的个体进行量身定制式的培养,才会更好地满足每位学生自身发展的需求及其所在社会的需求。然而当前大多数的学校仍属于工业时代的学校工厂模式,每位学生在同样的时间学习同样的内容甚至还提出了同样要求,在同样的时间升学或者毕业。在这样的学校模式下,要因人而异、因材施教,要培养学生的系统思维、问题解决能力、多元技能发展、合作和创新精神谈何容易。因此,学校教育范式转型是可能的,也是必须的。

2. 当前学校状态的实然诉求

当系统处在"危机"状态时,变革最容易发生。不同的教育系统,危机的含义会不同。对于基础教育来说,最能引起变革的危机是教育的结果或学生的表现不尽如人意,如毕业率、就业率情况以及相关学者的研究报告和结论,这些一目了然的数据直接影响着变革的开始、变革的范围。

早在20世纪六七十年代,就有一群激进分子批判美国的公立学校系统,在他们看来,非学校教育(deschooling)是唯一的选择。约翰·霍特指出,试图让教育更有效只会导致它更差,任何所谓的帮助都甚至让它更糟糕,教育系统不可能被改变,不可能变明智并人性化地实施,因为它的目标既不明智也不人道。[①] 伊凡·伊里奇也回避变革,因为他判断不管采取什么措施学校都不可能得到挽救,他坚持称即使在教育实践中运用创新和试验也只是带来表面上的变化,因为他觉得不仅现实的学校很糟糕,而且学校教育也一样糟糕。[②]

1984年,古德莱德主持了美国教育史上规模最大、最复杂的调查研究之一——学校教育研究。该研究深入探讨学校的各个领域,通过对一批特意挑选的学校所进行的严谨而持续性的观察、记录、比较和评估,在2.7万多人提供的数据基础上得出了结论:"学校的问题已经到了岌岌可危的地步,以至于很多学校可能会走向倒闭。我们的整个公共教育系统濒临崩溃也是很可能的。"[③]该报告还找出了形成学校教育种种弱点的原因,并提出了彻底改革学

---

① HOLT J. Instead of Education [M]. New York: Delta Books, 1976:4.

② ILLICH I. Deschooling Society[M]. New York: Harper and Row, 1971.

③ 古德莱德. 一个称作学校的地方(修订版)[M]. 苏智欣,译. 上海:华东师范大学出版社,2013:序.

校的建议,而不是在原有学校的基础上进行小修小补。

琳达同样指出:"尽管在历史上来说,学习的权利比以往任何时候都要重要,但致力于把所有学生教育成具有高水平智慧、实践和社交能力的学校还是少之又少。尽管在我们国家的历史上,已经有不少这样的学校出现了,但是这些学校都生存在整个教育系统的边缘,从来没能广泛地流传开来以让大多数的年轻人进入。"①在过去的三十年里,教育者们一直在努力,对新技术和政策用于教育改革不断提出要求。"从十九世纪六十年代开始,我们天真地以为把大量的资金投入到大范围的国家课程改革、启动新学校、实施个性化教学等就可以了……(事实上)我们却一直没有真正改变教育的状况,我们的期望与实际的实施情况还相距甚远。"②

2004 年,联合国教科文组织在一项公报中指出:众多的青年人无法获得在 21 世纪中生存的必不可少的知识、能力和才智,因此要求教育更加适应现代社会的呼声越来越高,这一年龄群体的教育质量问题,今天已经是各国乃至国际范围内教育工作的重中之重。③ 一项有关辍学的研究发现,47%的学生认为辍学的原因是"对课堂不感兴趣"。在这项调查中,70%的学生自信自己能顺利毕业,但却没有足够的动机努力学习。④

"学校在风雨飘摇中。学校的焦虑,犹如身处地震的危机感。谁都会感受到它的余震,预感到这种危机是崩溃的前兆。况且,这种撼动不是表面的、一时性的现象,而是长期的地壳变动的结构性结果。在这一点上,学校的危机类似于地震。不同的是,地震是不可避免的自然现象,而学校的危机却是起因于人为制度和文化的问题,是可以凭借人们的睿智与实践加以克服的问题。"⑤面对危机,各国的政策制定者和教育工作者不得不考虑:如何使教育改革有效地培养年轻一代的公民和领导者。富兰说,连续的社会和教育改革浪潮始终存在着根本性的缺陷,现在是大胆尝试并探索更好道路的时候了。

---

① DARLING-HAMMOND L. Reframing the School Reform Agenda：Developing Capacity for School Transformation[C]. In E. Clinchy (Ed.), Transforming Public Education：A New Course for America's Future. New York：Teachers College Press, 1997：1.

② FULLAN M. Managing Change[M]. Toronto：University of Toronto,1993：1.

③ 周满生. 世界基础教育:面临的挑战、趋势和优先事项——解读联合国教科文组织第 47 届国际教育大会"主文件"及"公报与建议"[J]. 教育研究,2004(11):3-8.

④ BRIDGELANDILLICH J M, DILULIO J J Jr, MORISON K B. The Silent Epidemic：Perspectives of High School Dropouts[M]. Washington, DC：Civic Enterprise, 2006：3-4.

⑤ 佐藤学. 课程与教师[M]. 钟启泉,译. 北京:教育科学出版社,2003,67.

3. 新学习理论和信息技术的支持

时代的变迁要求我们重新思考知识的本质,获得有关学习更好的理解。学习理论的发展促使人们重新思考应该教什么、怎么教、怎么评价学习。20世纪前半期,教育研究主要受行为主义的影响。该学习理论强调以一种线性的连续的方式通过实践和重复积累事实和技能。个体的学习被视为外部刺激的反应结果。强化理论假设行为(如学习)可以通过奖励和惩罚来控制。能力,包括智力,被认为是遗传的和静止的。行为主义学习理论为传统工厂式的教育范式提供了基础,目前大部分的教育实践和政策依然受行为主义观点的影响。如,事实知识和技能仍旧是最主要的课程框架,并成为测试的主要内容。学生常用的学习方式就是机械记忆、重复训练。每个学生都以同样的方式学习,接受同样的教学时间、同样的教学方法和内容。教师认为学生有好差之分,奖励和惩罚不仅体现在教师教学和学校纪律管理上,也体现在教育政策上。

大约从20世纪60年代开始,有关学习的研究出现了两次重要的变革,一是认知建构理论,二是社会文化理论。认知建构理论关注个人认知的发展,关注复杂的概念化过程,如高阶思维、意义理解。该理论认为学习者通过带着某些背景知识进入新学习情境,教师在帮助学生获得新知识的时候必须建立在学生最初的理解上。认知理论重新定义了知识的本质,改变了有关人是如何学习的理解。社会文化理论则强调社会文化因素对人类认知能力发展的作用,它认为人的发展是通过他们在不断变化的社会文化交往活动中进行的。参与社会活动不但发展了人的能力,而且能在社区中得到身份认同,并成为其中一员。这就从社会交往和文化的角度扩展了有关学习的观点,学习需要在各种真实的社会活动和交往中进行。

从20世纪70年代开始,大量研究依托现代信息技术改进学习环境和学习组织方式,丰富学习资源的可能性,通过脑科学研究揭示人的高级认知机制,从社会学、人类学、心理学、教育学、技术学等视角对人的学习进行全方位深入研究,在关注人的学习本质特点基础上提出建构主义学习、情境学习、基于问题的学习、基于脑的学习、认知学徒制等新的学习理论成果,以及其相关的课程与教学设计的新范型。[①] 当课程与教学范式发生变化时,评价也就变了,必然也会需要一个新的学校保障系统和教学环境,这样,整个学校系统就完全发生了变化。

---

① 高文.学习创新与课程教学改革[M].广州:广东教育出版社,2007:1.

无论是哪种学习理论,都会涉及三大问题:谁学、学什么、怎么学。传统的学习理论与新的学习理论在这三个方面有着很大的区别,见表1-3。

表1-3 传统学习理论与新学习理论的差别

成分	传统学习理论	新学习理论
谁学	能力是固定的,学生有聪明和不聪明之分	所有学生都能通过合适的教学发挥自己的潜能
学什么	基本事实"什么"	高级概念结构:"怎么样""为什么""何时使用"
怎么学	知识和技能是通过教师传递而积累的过程	在情境中积极建构的过程

传统学校教育假设学生的能力是天生的,因此只有聪明的学生才能学得更好,学生通过教师讲座式的教学接受其所传递的知识和技能,而新的学习理论认为只要给予学习者合适的教学时间和方式,他们最后都能取得成功。传统的学习理论关注人的基本知识和技能,而新学习理论强调教学还要关注知识"怎么样""为什么"及"何时使用"。传统的学习理论认为学习是教师在学校里通过传递而实现的,而新的学习理论则要求教师了解学生所在的家庭文化和社区环境,学生的背景知识、技能和兴趣,这样教学方式也就发生了改变。教学过程中需要设置不同的情境以促使学习者对知识的建构和迁移,知识的建构旨在让学生形成一个知识结构,而不是简单的信息堆积,知识的迁移是指学生能在不同的情境中应用所学的知识和技能,因而需要将传统机械式记忆式转变的学习方式转变为问题解决等学习方式。这样,在新学习理论的发展与支持下,传统的教育模式将逐渐退出其主导地位,取而代之的是新的教育理论和教育模式。

另外,信息技术的发展极大地改变了传统的教学方式。库班(Cuban)认为技术创新经常用于改变教师中心模式……从20世纪早期开始,很多技术创新就开始投入到教育领域供教师使用以促进课堂教学变革。[①] 进入信息时代后,计算机和互联网成了新的知识传播媒体,这样就重新定义了我们与文本、时间、空间的关系。文本不再是单一线性的流向,学习者可以在真实的生活世界里,使用移动设备和网络,随时随地获取所需的信息。同时,新的学习环境,

---

① CUBAN L. Inside the Black Box of Classroom Practice: Change Without Reform in American Education [M]. Cambridge, MA: Harvard Education Press, 2013: 6-7.

如学校教育中 1∶1 的计算机使用、翻转课堂、在线课程等扩大了学生使用技术工具的机会,也为学习提供了丰富的资源。

目前各种在线课程、网络教育已经逐渐普及。2007 年可汗成立了非营利性的"可汗学院"网站,用视频讲解不同科目不同主题的内容,并提供在线练习、自我评估及进度跟踪等学习工具,其本质是应用技术优化传统的教学过程。MOOC(massive open online course)是一种大规模的开放在线课程,为了增强知识传播,一些具有分享和协作精神的个人或组织会将各种课程开放地发布于互联网上。[①] 学习者通过社会化的参与式学习建构个人的知识体系,具有个性化的意义。而在翻转课堂中,教育者赋予学习者更多的自由,它将知识传授的过程放在课堂之外,学习者可以选择最适合自己的方式接受新知识。总之,在线课程利用 Web2.0 理念,将 Web2.0 技术如电子邮件、博客、Facebook、Wiki 等作为学习者讨论和建构学习内容的技术工具,他们在友好的氛围中合作、分享,也可以根据兴趣自发组织学习圈,随时随地学习。这样,学习者不仅仅成了知识的消费者,而且成了知识的开发者和创建者。

总之,网络技术打破了原来学校办学模式的局限,给学校传统教育带来了挑战,也使学校学习环境跨越时空成为可能,学生的学习不再孤立于自然与社会环境之外,他们能与当地的、全国的、全世界的人们分享学习,也有助于创造性地解决更多的全球性问题。网络课程则促使静态的教学资源转向动态的生成式网络课程,学生从消极的知识接受者转向积极的知识生产者,从而形成一种超越时空的新型学习方式。这些都为改变传统的教师中心模式、建构信息时代的学校范式提供了有力的支持。

第二节　新学校系统变革的理论基础

每一次教育变革,都建立在相应的理论基础上。对理论把握得越准确,变革就越不会偏离方向。经过三十多年的理论发展,教育系统变革已经建立相对成熟的知识库。该知识库大致分为两种类型:一种是结果的知识,另一种是途径的知识。有关范式变革结果的知识,就是要勾勒出信息时代下学习者中心范式的模样;有关范式转换途径的知识,就是要探索如何帮助学校系统转变

---

① 王永固,张庆.MOOC:特征与学习机制[J].教育研究,2004(9):112-120.

为新的范式。如今,以巴纳锡、达菲、赖格卢特为代表的教育系统变革已经成为美国众多学校变革流派中有影响力的一支,在 AECT 的倡议下,赖格卢特和达菲展开了 FutureMinds 项目,旨在为全美范围内有志于变革学校现状的学校及领导人提供指导和帮助,也已经有很多学校和学区认同该理念,积极投入到新范式的构建中。

一、教育系统设计理论

教育变革始于对现有教育体系的分析,明确该体系中存在的教育问题并据此探寻解决方法以不断改进。系统设计者,着眼于整个社会环境对教育系统的影响,随着社会的发展重新定义教育的目的与社会功能,并根据新的教育目的与功能设计新的图景,进而具体描述以供教育实践者、改革者及其他有关人员参照并实践。贝拉·巴纳锡(Bela Banathy)在社会系统设计领域有着很大的影响力,他提出了有关系统思维、设计文化、设计对话、探究式系统设计的理念,并进一步将这些理论应用到设计实践中。他的著作涵盖了从最微观的教学系统到教育系统设计再到整个社会系统的设计。20 世纪 80 年代,呼吁学校需要从整体上重建,巴纳锡将系统理论应用在教育领域,深入探讨了新的教育系统该如何设计。

1. 系统设计地图

系统设计是明确新系统特征的过程,在系统设计中需要用到系统思维。系统思维包含更广泛的视野,即对我们所做的事有影响,与其他系统相互影响。系统是不断变化的,能增强我们预测行动结果的能力。要真正理解系统各个组成部分的本质,只有通过探求它们在整个系统中的功能及与其他部分的作用。在整个设计的过程中,系统思维有助于理解整个情境,要考虑设计对于情境的影响以及情境对教学系统的影响,还要认识到部分之间的相互联系和相互作用,以及某个部分的变化会引起其他部分的变化。

巴纳锡运用系统思维提出了内部系统的一个分析工具——系统镜头(system lens),即通过三个镜头研究已有的系统,每一个镜头映射系统运行及结构的不同部分。[①] 第一个是功能——结构镜头,集中于探究一段时间内系

---

① BANATHY B H, JENKS C L. The Transformation of Education by Design: An Orientation Guide for Educational Decision Makers [J]. Far West Laboratory for Educational Research and Development, 1990: 8.

统的各个方面,包括系统的目标、功能、组织及其融合方式,帮助我们理解系统的所有组成部分和成分,并提供了一幅"静止的图景"。第二个是过程——行为镜头,集中于探究系统的始末,包括系统如何接受、寻找、评价和使用信息的,如何转换为有用的信息和资源,如何运行才能达成其目的;如何评价其表现;如何调整并变革,当然,如果需要,则根据探究的结果彻底转换成新的系统。相对来说,它帮助我们理解系统的关系、功能和过程,是一幅"动态的图景"。第三个是系统——环境镜头,集中于教育系统所在的社区或更大的社会环境,以明确教育系统和社会系统之间的关系和相互作用,帮助我们理解系统与超系统及同级系统之间的关系,以评价教育系统与其所在环境之间的适恰性。

运用动态系统分析工具分析原有系统后,就可以着手设计新的系统。设计是基于观念、期望以及未来愿景的基础上描绘出合乎规范的"地图"。巴纳锡的优化系统设计就是一幅设计之旅的地图,如图 1-3。

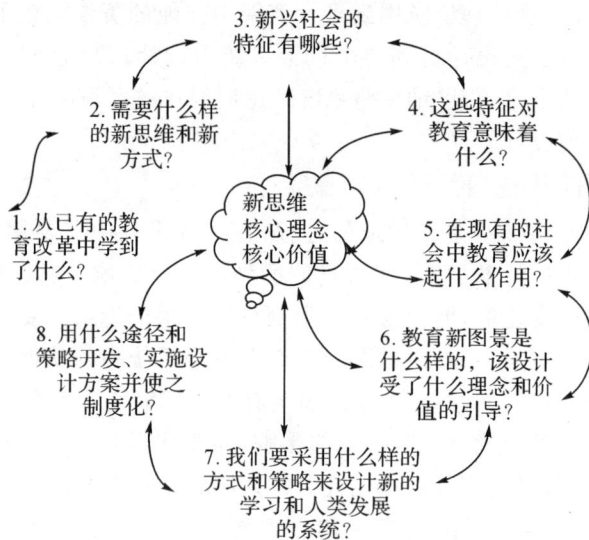

图 1-3　巴纳锡的设计之旅地图[1]

① BANATHY B H. Systems Design of Education: A Journey to Create the Future[M]. New Jersey: Educational Technology Publications, Inc., 1991: 19.

　　整个设计的过程以八个诊断性问题为线索,由这八个问题得出的数据、信息和知识就构成了这幅设计地图。八个问题的答案是系统优化设计的关键,因此,具有不同心理模式和观念的人会产生不同的设计地图。这八个问题的答案就形成了设计之旅的地图。同时,在这些答案里,还包含着新的思维模式、新的变革核心理念及明确的系统核心价值的描述。地图中心的思维模式、核心理念和核心价值会随着旅程的不断推进而发展,并且各段旅途之间也进行着往复的交流和反馈。至此,开放性的设计之旅地图已经形成,接下去需要进一步通过五个领域的描绘来完善,见图1-4。

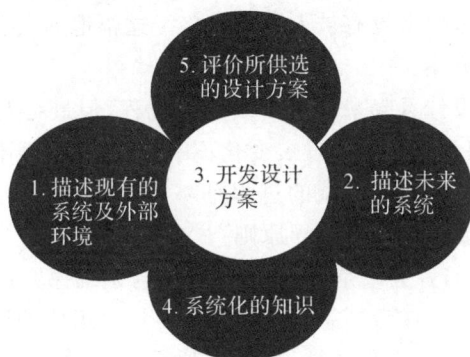

图1-4　优化系统设计①

　　(1)出发领域:描述现有学校系统的功能,尤其聚焦在它的优势和弱势上。同时,还要评价和描述该学区外部环境的基本特征。

　　(2)目标领域:是变革领导者通过一些预设活动而创建的未来教育系统。同时,变革领导者还要评估环境的趋势以预测能影响优化系统设计的挑战和机遇。

　　(3)设计方案空间:是这个设计之旅中最重要的部分。它的设计好坏将影响整个系统的转型变革成功与否。该地图的第一个元素就是要明确地表示出系统的目标(即它的任务)。确定系统的目标后,我们也可以通过回答一系列问题来使目标精细化,如"谁是我们服务的对象?""我们应该提供什么样的服务?""我们应该怎么样、何时、何地进行这些服务?"接下来就要确定该系统的

---

① DUFFY F M. Dream! Create! Sustain! Mastering the Art and Science of Transforming School Systems[M]. Washington D C: Rowman & Littlefield Education, 2010: 130.

核心功能,包括课程与教学、行政管理、教与学等。最后还要创建管理子系统,包括管理信息系统、教学管理系统、记录追踪系统等。

(4)勾画知识基础空间:要完成这幅地图至少需要四种知识基础。它们是:有关能发现系统外部环境中存在的挑战和机遇并能预测其给学校带来影响的知识;有关开发设计方案的知识;有关指导优化设计过程的学校系统的核心理念、价值观及主要思维模式的知识;有关设计过程及如何管理该过程的知识。

(5)评价所供选的设计方案:当设计优化系统方案时,肯定会预备几个选项,因此每个方案都需要接受测验和评估。在这个过程中,要保证那些能影响系统变革成功的关键要素没有被人为地忽略。这幅地图最后要确定一个能创建优化系统的最佳方案。

这五个领域的设计看起来是一个线性的过程,但最终实现的新系统并不是终点,设计者需要根据社会的发展变化不断持续变革,而不是脱离整个社会系统自我封闭起来。探究新系统的过程是一个持续的复杂的过程。当然,在设计的过程中还需要把握几个指导原则:①

· 设计中的参与者应该是系统内部的:参与系统探究过程中的人应该是那些直接受该系统影响或者新系统的使用者。这样组成的设计团队才能更好地理解自己的团队、更具有创造性、更积极地投入,这样就能确保设计和实施过程中的有效性。

· 设计是一个学习过程:参与设计的过程中,团队成员不断在学习,学习如何检查设计的目标、观念和运行模式,设计的过程也是一个不断发展新知识的过程,这些都是设计新系统的基础。

· 设计是一个实现理想的过程:必须明确设计目标是勾勒一幅理想的教育系统蓝图,这个蓝图就成了新系统实现的指南。

· 设计是一个持续不断的过程:当新系统投入使用的同时,其外部环境却仍旧在不断变化。因此,系统模式需要不断地改进。

· 设计的最终目的是为了实现人类的价值和平等:教育组织是为人服务的,因此要为当前和后代设计一个体现公平的系统。

有了理论的指导后,还需要配套的变革实践。在设计开始前,需要做好充分的准备。在设计前,变革学区要先成立一个设计团队启动设计项目,包括指

---

① BANATHY B H. Systems Design of Education: A Journey to Create the Future[M]. New Jersey: Educational Technology Publications, Inc., 1991: 174-175.

导本社区的成员并获得他们的支持,学习并实施设计并监督整个项目的运行。随着项目的推进,需要成立不同的团队,如设计领导小组、核心小组及分工小组;团队不断接受有关系统设计的学习,包括探明本社区成员对变革的态度、形成相关的知识基础,学习设计相关的过程、方法和技能。当然,对不同的参与者没有统一的标准。随着设计过程不断推进,设计小组、有任务分配的社区成员、学校人员和学生都应该加入,并逐渐明确理解和支持系统设计是整个过程中的重要因素。

2. 教育系统设计框架

巴纳锡的教育系统设计框架提供了一个全面的视角,它由三个维度组成,即关注焦点、边界范围、教育系统与其他组织及机构的关系模式,如图 1-5。关注焦点维度是整个框架最重要的维度,是整个系统设计的聚焦点。这一维度分为四个不同层次:学习、教学、行政与管理。

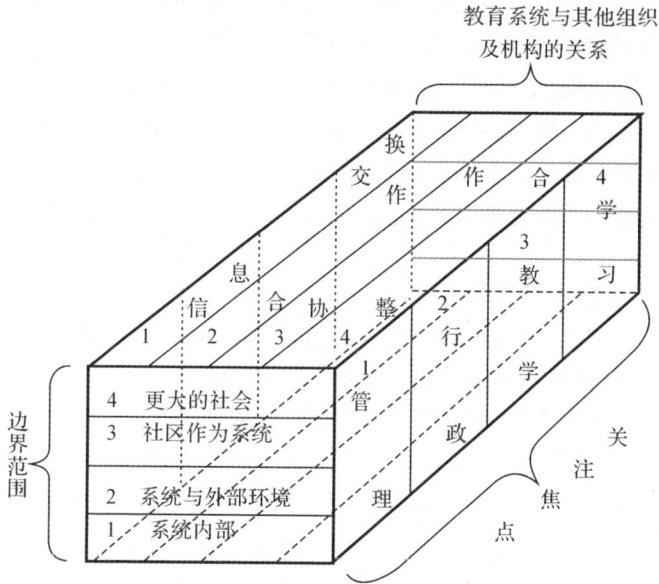

图 1-5　设计框架①

---

①　BANATHY B H. Systems Design of Education:A Journey to Create the Future[M]. New Jersey:Educational Technology Publications, Inc. , 1991:49.

设计时可以提问：所设计的系统聚焦于哪一个层次，或者最主要关注哪一个层次？如果关注的是学习，那么学习者就是设计的关键切入点，占据整个复杂教育系统的核心。系统的主要功能是为促进学习，因此需要围绕学习层次设计教学、行政和管理系统。如果教学层次是聚焦点，那么行政和管理就要为其提供政策和资源作为支持。教学系统规定教学内容和方法，学生只要回应就行了，这是传统教育系统最主要的设计方式。如果将行政作为聚焦点，那么就由行政部门设定教学目标、确定教学内容和方法，并提供使用这些资源的指导。如果将管理作为聚焦点，那么教育的目的将会显得教条，由最高的决策制定者出台政策和规章，并强化统一的课程和教学。第二个维度是建立探究的界限和范围：(1)探究的界限和范围限制在现有系统的范围内，这时可能探究的问题主要围绕管理、组织交流、教学效果、员工发展、学校氛围等，这是当前改革的主要方式，提高现有系统的有效性；(2)探究的界限和范围扩大到考虑环境中某一特定的问题，如辍学、吸毒等；(3)探究的界限和范围延伸到包含整个社区作为设计的范围，由各种社会系统、组织和机构提供资源、场地以供学习用；(4)最广范围和最宽的界限是将整个社会作为设计的空间，需要深刻理解主要的社会变革和转型，这不仅仅是为了回应这些巨大的变革和转型，更要创建一个全新的教育系统。

第三个维度是与教育系统连接的相互作用模式，也有四种：(1)系统和同一环境中其他系统间信息交换模式，在这个模式下，学校很少关注所在社区的状况，除非在关系到学校切身利益时，如招生、学校建设等，才与社区进行交流，并且社区也不关注学校的发展，除非对学校有需求，如开办培训班；(2)与外部系统合作模式，是指学校出于互补目的和其他社会组织机构相互沟通，分享某些资源，但仍保持自治性；(3)与外部系统协作模式，是指学校与其他社会组织机构进行深度合作，共享资源，放弃某些自主权以建立一些长期的合作关系；(4)与社区及更大范围内的其他社会系统相整合模式，这个是最高水平的系统关系，教育系统将会与所有能提供教育资源的社会组织机构整合成为一个前所未有的宏大的实体，促进终身学习和人类的发展。

巴纳锡通过审视现有的教育改革，认识到只在现有教育系统基础上进行的改革不能适应快速变化的社会，只有通过设计进行彻底转换才是解决现有教育问题的良方。他创建的这个设计框架就是系统设计的新方法，该框架明确了设计的关注范围和界限，探索重新设计系统的多种可能性。用这个设计框架分析，当前的教育系统大多只聚焦于教学和行政维度，学生的学习受到忽视，教育系统与外部关系也大多停留在第一层面，信息交流很少，不到必要时就没有交流,而教育改革也多是关注教育系统内部的问题,很少用系统思维来看待问题,这些都是当前教育问题存在的主要原因。因此,未来的教育系统必定要关注学习维度,并能在最大范围内实现与各种优势资源整合,成为促进人类学习和发展的有力保障,这也是在设计开始前就必须把握的主旨。

二、范式转型理论

在原有系统上的改革比设计并实现一个新的系统要简单得多,成本花费也少,这里就会出现一个是不是必要的问题:如果只是对现有系统进行修补,教育效果是不是可以得到本质上的改善? 在原有系统上进行修补与重新设计并实现一个系统,哪个更划算? 对此,可以应用布朗森的范式曲线进行分析,并应用达菲基于思维模式转换的范式转型理论进行实践。

1. 教育范式转型曲线

首次提出范式概念的是美国著名科学哲学家库恩,他将范式用于概括当时指导科学界的主要理论、核心价值、信念、假设、概念、原则和实践的特征。所谓范式,即"在科学实践活动中某些被公认的范例——包括定律、理论、应用以及仪器设备等——为某种科学研究传统的出现提供了模型……基于同一范式的研究群体要遵从同样的科学实践规则和标准"[1]。卡普拉则将范式定义为由某个共同体共同拥有的概念、价值观、观点和实践的集合,基于此形成有关现实的愿景是共同体自我组织的最佳方式。[2] 贝克提供了另一种范式的定义,为"一系列规则和章程(不管是成文还是未成文的)所起的作用"。[3] 根据这三个概念可以判断范式能为某个专业、学科或研究领域提供一个强有力的框架模型,以帮助从业者实现他们职业的现实意义,它能左右组织和个体的思维模式。

根据范式的概念,教育范式可以延伸为某一特定时期或特定范围内的教育模式,同一教育范式内的利益相关者有着共同的价值观、信念和对未来的愿景。从系统理论的角度来看,不同历史发展阶段有不同的社会范式,学校教育

---

① Kuhn T S. The Structure of Scientific Revolutions (1st ed.) [M]. Chicago: University of Chicago Press, 1962: 10.

② CAPRA F. The Web of Life: A New Scientific Understanding of Living Systems [M]. New York: Anchor Books, 1996: 6.

③ PARKER J. Paradigms: The Business of Discovering the Future [M]. New York: Harper Collins, 1992: 32.

是整个社会范式系统下的一个子系统。因此,不同的社会发展阶段,学校教育的范式也应该是不一样的。当一个稳定的范式出现问题却又不能提供解决问题的适当方式时,该范式就会变弱,从而出现范式转变。所谓教育的范式转变,不是一个原理或一种方法的改变,而是整套教育思维及实践在学习、教学、办学上都有根本的转变,是一种系统性的改变,不仅仅是教育结构技术的改变,也是教育文化信念的改变。[①] 如此,教育系统变革也可称之为教育范式变革,即从基本着手,逐步改变的不仅仅是教育系统及实践方式,还包括教育思维和理念。

范式是系统之所以成为系统的根源,系统的目标、结构、规则、时间延迟和各种参数,都受范式的直接影响。[②] 因此,系统变革又称为范式变革,布朗森最早把史密斯的系统业绩分析方法(S曲线)用于学校教育,从S曲线就可以清楚地看出教育系统范式发展到哪个层次。不同的时代背景会产生不同的教育范式。在采集狩猎时代,学校教育还未形成。"整个社会通过传递过程而存在,正和生物的生存一样,这种传递依靠年长者把工作、思考和情感的习惯传达给年轻人……随着社会结构和资源变得越来越复杂,正规的或有意识的教导和学习的需要也日益增加。"[③]

到了农业社会,便慢慢出现了早期的学校教育。这时的教育范式(如图1-6)最初是个别辅导教学或学徒制范式。起先,新系统的性能处于一个较

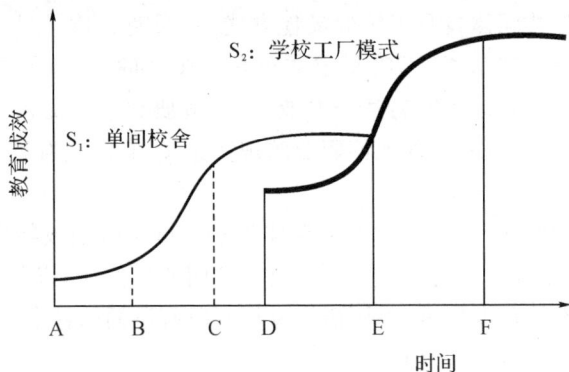

图1-6 两种教育范式转变的S曲线

① 郑燕祥.教育范式转变:效能保证[M].上海:上海教育出版社,2006:3.
② 梅多斯.系统之美:决策者的系统思考[M].邱昭良,译.杭州:浙江人民出版社,2012:228.
③ 杜威.民主主义与教育[M].王承绪,译.北京:人民教育出版社,1990:8.

低的水平(时间 A),随着其教学成效逐渐提高(从时间 A 到时间 B),人们发现这样的教育范式教会了学生基本的数学与阅读技能,从而更加适应农场的工作和生活。于是,从时间 B 到时间 C,学校教育的发展就非常迅速,出现一些如教会学校、文法学校之类只为少数人服务的学校。时间 C 之后,工业革命爆发,大机器生产逐渐取代了农场劳动。为了适应工厂劳动,越来越多的人涌入学校,加之民主意识的增强,学校开始向大众开放。如此,农业时代的单间校舍范式就不能再适应社会和学生的需求了,于是它的发展越来越慢,直至停滞不前。

在时间 D 上,以班级授课、教师权威、学生服从、按成绩分、标准化为特征的学校工厂模式逐渐形成(S_2),到时间 E(工业时代鼎盛时期)就基本上取代了农业时代范式。在以劳动工作为主的工业社会,教育主要是对学生进行分等,以选拔一小批管理领导类人才、分流出大部分适合大机器生产流水线的顺从听话的操作工人,这样就能很好地满足机器大生产的要求。图 1-6 中,沿着单条 S 曲线发展就称之为零散片段的变革或改革,从 S_1 到 S_2 称之为范式转变。同样地,在经历了时间 E 到时间 F 的快速发展期后,工业时代的教育范式已经接近它的发展上限,如美国是在 20 世纪五六十年代。早在 1972 年,埃德加·富尔在《学会生存——教育世界的今天和明天》中也指出:"有些社会正在开始拒绝制度化教育所产生的成果,这在历史上还是第一次。"[①]这其实也就是工厂模式的教育系统发出它已经到达上限的信号。

如今,随着科技的创新与发展,劳动工作逐渐由机器代替,大量以知识性工作为主的新兴产业产生,如电子商务、信息通信、生物工程等。当知识劳动代替了工厂劳动,逐渐成为当前社会的主要谋生方式时,机械化生产要求人们像机械零件那样工作的状况已经满足不了信息时代的生产要求,再加上技术的日新月异,主动性、创造性、问题解决能力、合作能力、终身学习已经成了当前培养人的基本目标。为了使工厂模式的学校系统性能超越其发展上限,如果继续在原有系统的基础上进行小修小补,则会出现 S_1 单间校舍范式时间 C 后的发展状况,即使投入更多的人力物力进行系统性能的改革,也不可能取得之前的成效。因为当前的学校模式已经达到发展的实际上限,也就是说,根据

---

① 联合国教科文组织国际教育发展委员会.学会生存——教育世界的今天和明天[M].华东师范大学比较教育研究所,译.北京:教育科学出版社,1996:147.

现有的设计哲学,它的功能发挥已经接近 97%~98%。①

加图研究所(Cato Institute)调查结果也证实了布朗森的调查结果,如图 1-7。

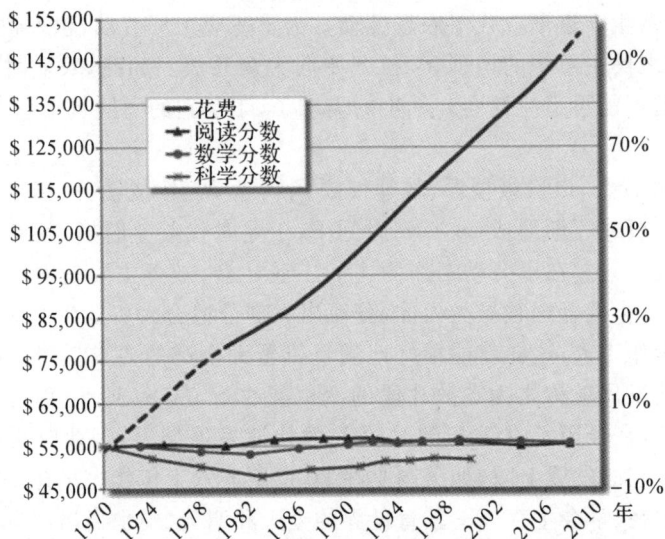

注:花费指物价消费调整为常数 2010 美元,高于或低于部分直接相抵消。图展示了 13 年中 K-12 学生均花费的总数。分数:国家教育进展评估(NAEP)长期趋势报告。

图 1-7 除去通货膨胀因素后完成 K-12 教育所需的费用及 17 岁学生的学业表现
(资料来源:加图研究所,编写人:教育自由中心主任,安德鲁·库尔森,《教育统计文摘》,2009 年,表 182。)

从图 1-7 中可以看出,每位学生完成 K-12 教育所需的花费直线上升,从 1970 年的约 5.5 万美元到 2010 年约 15 万美元,翻了近 3 倍,而且这个费用已经除去了通货膨胀因素。然而,与之形成明显对比的是学生在完成 K-12 教育时的学业表现一直处在平行的水平。数学、阅读科目的成绩没有明显的改变,而科学反而还略微下降。如果再算上这三十多年用于教育改革的投资,那么花费就更大了。也就是说,尽管教育投入、变革投入增多,但学生最终的

---

① BRANSON R K. Why the Schools Can't Improve:The Upper Limit Hypothesis [J]. Journal of Instructional Development,1987,10(4):15-26.

表现仍旧一样。因为现在的教育系统已经达到上限,教育必须转向另一个有着更高上限的不同范式,即信息时代教育范式。

2. 基于思维模式变革的范式转换模型

要实现范式转型,首先需要转变人的观念和心理模式。然而,这些是很难改变的。根据根基等人的研究,人们有内置的反对变化的"免疫系统",这个免疫系统是动态的并且能产生强大的抗拒变革的倾向。[①] 只有把这个免疫系统解锁或者修改了,人们才能释放新的能量以接受新事物并参与其中。达菲认为,目前控制教育领域的主要有四种范式:一是工业时代范式引导的教与学;二是工业时代学校系统机械的科层组织设计;三是危机导向的与外界环境的关系;四是非系统的、片段零散的变革。每一个范式都会建构一种相应的心智模型来指导思维和行动,为此他提出了聚焦于思维模式变革的范式转换模型(如图 1-8),这个模型由六个阶段构成:

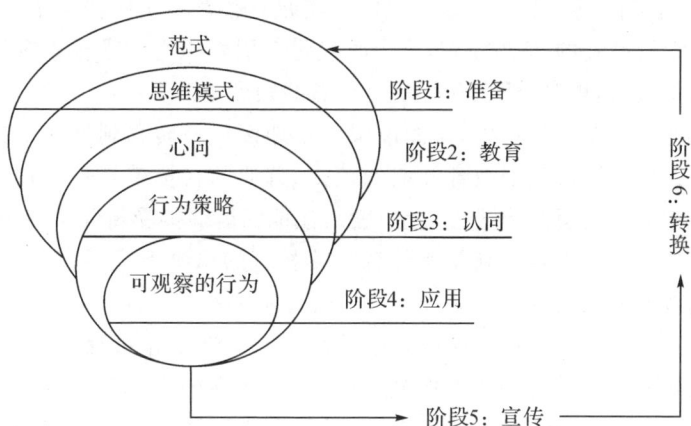

图 1-8　范式转换过程[②]

阶段 1:准备——创建简单、具体、令人信服的语言描述四个范式及其心智模型;使用加德纳的七个杠杆创建与心和头脑沟通的语言;设计并检验支持

---

① KEGAN R, LAHEY L L. How the Way We Talk Can Change the Way We Work: Seven Languages for Transformation[M]. San Francisco: Jossey-Bass Publishers, 2001:1.

② DUFFY F M. (n. d.). Dream! Create! Sustain! Mastering the Art and Science of Transforming School Systems[M]. Lanham, M D: Rowman & Littlefield Education, 2010: 78.

四个新范式的心智模型;设计新的心智模型,做到成本低效益高、易于使用并且不影响教育者的生活。

阶段 2:教育——教育的结果是帮助教育实践者打开思维以接受新的可能性,拓展思维方式是范式变革的起点,只有教育实践者接受了新的范式及其心智模型和思维方式,变革才真正开始。

阶段 3:认同——精心挑选有能力参与转型变革的学校,使他们认同新范式及其心智模型。设计小范围内实施的措施,确保取得成功。

阶段 4:应用——逐渐扩大阶段 1 和阶段 2 中创建的措施,在每个参与变革的学校内增加实施的项目以期在大范围内实现阶段 3 的目标。旧范式及其心智模型将被取代。

阶段 5:宣传——在更多的学校系统中重复上述过程,将转型成功学区中的教育者作为指导者,来宣传新范式及其心智模型。

阶段 6:转换——范式转型的目标是在原有教育系统中找一个临界点,通常是所有学校系统的 25% 左右,这个时候将会引发原有的学校系统迅速转换到新的范式,这是思维、信念和行动上突然的剧烈革命。

范式变革并非一件易事,比如说服整个地区成员转移到另一个新地区并不简单。如果要转换整个教育领域的范式,首要的目标就是转变社区中教育者和利益相关者的思维模式(或者态度),让他们能够接受新的思维、观念和做法。尽管教育变革中各个利益相关者有关教育的思维模式不容易转换,但它却是范式转型成功最关键的一步。范式转变主要有三条路径:[①]

路径 1——转换学区的核心工作过程和支持性工作过程。在学区中,核心工作就是教与学。支持性工作分为两种:学术性的和非学术性的。承担学术性支持工作的人员有教学技术专家、学校和学区的行政人员、教学督导、教育专家和学校图书管理员等。承担非学术支持性工作的人员包括食堂职工、门卫、校车司机等。支持性工作虽然也很重要,但是一个学校系统如果要提高其整体效能,必须将课堂的教与学提到最重要的位置进行变革。通过变革转换,不仅要提高学生的学习效能,促进教师知识、素养和技能的发展,而且还要有利于学校系统组织的学习,以发展并维持为学生提供高质量教育、为教职工提供满意的工作生活的能力。

---

① DUFFY F M. (n. d.). Dream! Create! Sustain! Mastering the Art and Science of Transforming School Systems[M]. Lanham, M D: Rowman & Littlefield Education, 2010: 28-30.

路径2——转换学区内部的社会基础结构。学区内部社会基础结构包括组织文化、组织设计、交流方式、权力和政策变动、奖励制度等。通过路径1变革核心工作过程和支持性工作过程，提高了学生、教职工和整个学校系统的学习，但这仍旧只是一种片段零散的变革方式。一个有着非常优秀的课程及教学方法的学区，很有可能它的内部社会基础结构不令人满意，教职工缺乏工作动力，满意度较低。在这样的结构中，即使有再好的课程设置、再有效的教学方法，教师都不会采用，职工缺乏责任感。因此，学区的转型变革还要关注学区的内部社会基础结构。只有两种变革路径同时进行，新的社会基础结构与新的工作过程才能相得益彰，共同促进学区系统变革成功。

路径3：转换学区与外部环境的关系。学区是一个开放的系统，在与环境的相互作用中获取所需的资源。外部环境包括学区所在的社区、社区以外更大的社会环境以及这些环境下的人事、文化、资源等。变革领导者如果要把学区转换为具有信息时代特征的学习者中心学校范式，就需要与学区外部的利益相关者建立积极的支持性关系。

有了三个主要范式转换图景及其相关心智模型，再加上思维转变的方法支持，个人、团队和整个学校系统相关人员就可以开始制定策略，他们应该怎么做，什么时候做，和谁一起合作等。而当个人、团队和整个学校系统实施各自策略时，就会转换为具体的可观察和感知的行动。理想情况下，这些行为与范式、心智模型一致，这样学校系统变革就能看到成功的希望。

三、复杂系统理论作为方法论基础

系统理论起源于硬科学，后来成为研究社会科学和人类学的强有力工具。教育系统变革的先驱巴纳锡，把系统定义为"一个相互联系着的构成整体的部分的集合体，各个部分联结在一起以促进信息、物质或能量的流通"①。大部分事物、公众、关系和过程都在系统中存在并运行，大部分系统与其他系统相互联系、相互作用，忽视系统理论会限制我们与其他事物、公众、关系或过程之间的相互联系。系统理论是一种哲学，它预示着有关自然及人类所在系统的行为。系统也可以作为一种方法论，尤其是系统科学的新发展——复杂科学的诞生，不仅论证了复杂系统自组织生成机制，而且可应用在社会生活、社会

---

① BANATHY B H (1992a). The Prime Imperative: Building a Design Culture. Educational Technology, 32(6), 33-35.

合作、解决共同的全球性问题中。① 赖格卢特将复杂系统的某些关键性特征——共同进化、失衡、干扰、转型、分形、奇异吸引子、自组织和动态复杂性——应用到教育系统变革过程中，使得教育系统变革过程更加科学。②

1. 共同进化

一个健康的系统，必须要与它所在的外部环境共同进化：当外部环境变化时，该系统也会跟着发生变革，并且外部环境也会进一步随着系统的变革而变化。维特利说：我们居住的世界会随着我们与它的相互作用而共同进化，这个世界不可能停止，而是不断地处于变化之中。③ 托夫勒(1980)已经明确了三个主要的社会进化浪潮，每一次浪潮都伴随着社会各个系统范式的根本性变革。随着信息时代的深入，社会正经历着一场巨变，教育系统也将通过类似的范式变革共同进化以达到教育和社会之间的不平衡。要探究教育系统是怎样共同进化的，先要了解两个问题：一是教育系统所在的环境是如何变化的，包括社会的教育需求、提供给教育者的工具和影响教育的其他社会因素；第二个问题是社会希望教育系统怎样变革以更好地反映其价值观，使得学校的价值观与社区的价值观更一致。总之，教育系统应该基于社会的价值观、信念和社会的教育需求而向前发展。

2. 失调

根据复杂理论和复杂科学，共同进化是通过失调促成的。"平衡"是一种条件，在这种条件下，不存在其他影响，结果就导致了一个静止的、平衡的或者不变的系统。系统可以处在一个平衡的状态，平衡状态下的系统很少发生变化或调整；系统也可以处在一个不平衡的状态，这种情况下该系统就达到了混沌的边缘。很多人会产生一种误解，认为失调是不好的。然而，维特利认为：追求组织平衡肯定是一条通向失败的路；在追求平衡的氛围中，我们会使自己迷失了追求生活的过程。要追求一个具有诱惑力的、开放的系统就要维持在一种非平衡的状态……它们与其所在的世界开放地相互交流，在这个过程中

---

① 齐磊磊. 系统科学、复杂性科学与复杂系统科学哲学[J]. 系统科学学报，2012(8)：7-11.

② REIGELUTH C M. Chaos Theory and the Sciences of Complexity: Foundations for Transforming Education[C]. In B. Despres-(Ed.), Systems Thinkers in Action: A Field Guide for Effective Change Leadership in Education. Lanham, MD: Rowman & Littlefield Education, 2007: 24-38.

③ WHEATLEY M J. Leadership and the New Science: Discovering Order in a Chaotic World [M]. San Francisco: Berrett-Koehler Publishers, 1999: 9.

获取对自己成长有利的东西。[①]

3. 干扰和转型

干扰是系统环境中发生的能引起系统不平衡的一种变化。随着社会进化到信息时代,出现了新的教育需求——终身学习。工作场所的快速变革和个人生涯中多种职业的现实要求人们成为终身学习者,因而学校就必须培养学生学习的意愿(热爱学习)和自导学习的技能。然而,工业时代遗留的学校系统却违背了这两点,也就是说,当前的学校系统与社会环境处在一个不平衡的状态。这就为系统转型奠定了基础,转型通过所谓的"形成"过程而发生,在这个过程中新的过程和结构出现并取代系统中旧的部分。转型是一种范式变革,最终会导致系统的整个结构发生变化。在转型变革中,当某个部分发生变革后,系统的其他部分也要随之变革,以与整个变革后的系统相容。因此,教育系统的转型变革要求转换系统的核心部分(教与学)、系统的社会基础结构(组织设计、组织文化、奖励系统、交流等)和系统与外部环境之间的关系。

4. 分形和奇异吸引子

转型大多受"奇异吸引子"影响,"奇异吸引子"某种程度上来说是一种分形。[②] 分形是一种大致或者分块化的几何图形,它们能分成不同的部分,每一部分(至少大概)都是整体的缩小版。也可以说,它是一种模式在系统的各个水平上重复发生,即所谓的"自相似性"(self-similarity),它能在更大或者更小范围上重复自己。赖格卢特认为,在教育系统中,分形就好比"核心理念"、价值观或观念,用于指导设计新的系统。这些重复发生的模式可以是关于系统结构的,也可以是关于变革行为的,他们深刻地影响着复杂的系统动态,同时也被复杂的系统所影响着。[③] 教育系统中有很多分形,如自上而下的控制理念。在学区层次上,通常学校委员会控制着督导,而督导又控制着校长;在学校层次上,校长控制教师;在教室层次上,教师控制学生。自上而下的控制是用以概括学校工厂模式特征中的分形,它本应该属于工业时代教育系统的特征,但至今却仍旧是主要的教育分形。

---

① WHEATLEY M J. Leadership and the New Science: Discovering Order in a Chaotic World [M]. San Francisco: Berrett-Koehler Publishers, 1999: 9.

② WHEATLEY M J. Leadership and the New Science: Discovering Order in a Chaotic World [M]. San Francisco: Berrett-Koehler Publishers, 1999: 122-123.

③ SENGE P M. The Fifth Discipline: The Art and Practice of the Learning Organization [M]. New York: Currency Doubleday, 1990.

奇异吸引子也是分形的一种，它能有力地影响转型变革中系统的过程和结构。它类似于道金斯的"模因"，与物理有机体中基因起类似作用，能以一种特殊方式组织系统。[1] 在新范式中，有关奇异吸引子或"模因"的典型例子是利益相关者的权力或者所有权，包括提供制定决策的自由、在制定决策并采取行动时的支持。在学区层次上，学校委员会和监督者赋予每个校长试验并采取新方式的权力，以更好地满足学生需求及制定其他重要决策（雇佣、预算等）。在学校层次上，校长赋予每个教师试验并采用新教学方法的权力，以更好地满足学生需求及参与学习政策制定和其他决策制定。在教室层面上，教师赋予每个学生决策的权力以决定如何最好地满足该生的需求。这种方式有利于培养决策能力及执行力。为了成为教育系统转型中的一个有效"奇异吸引子"，赖格卢特认为核心理念和价值观必须完全涵盖所有参与变革的利益相关者们的文化准则，一旦这种状态达到了，只需稍稍计划就可以进行转型。

5. 自组织

自组织系统具有适应性，它们能使自己不断进化，非常灵活。自组织有两个主要的特征：开放性和自我参考。[2] 开放性主要指所在的环境开放，系统必须积极地寻找来自环境的信息并且能在系统内广泛应用。这些新信息的变化可能会使系统由平衡走向不平衡，一个开放性的组织不会寻找让它自我感觉良好的信息，如验证过去或证实现在。它会有意去寻找那些威胁其稳定、不让它保持平衡的信息。[3] 但是系统必须远不止于从它的环境中获取信息并使这些信息在系统内循环，它必须与环境成为伙伴关系。维特利说：因为系统与环境的伙伴关系，系统从环境中不断发展其自治力及那些能使自己更加快速并机智地解决问题的能力。[4]

自组织系统的第二个特征是"自参考"能力，用于定位自组织性质的核心理念、价值观或观念。当环境变化并且系统也注意到它需要变革时，它总是以

① CAINE R N, CAINE G. Education on the Edge of Possibility [M]. Alexandria, VA: ASCD, 1997: 33.

② MCCARTHY M P. Agile Business for Fragile Times: Strategies for Enhancing Competitive Resiliency and Stakeholder Trust [M]. New York: McGraw-Hill, 2003: 84-97.

③ WHEATLEY M J. Leadership and the New Science: Discovering Order in a Chaotic World [M]. San Francisco: Berrett-Koehler Publishers, 1999: 83.

④ WHEATLEY M J. Leadership and the New Science: Discovering Order in a Chaotic World [M]. San Francisco: Berrett-Koehler Publishers, 1999: 84.

保持与自身一致的方式变革……变革从来都不是随机的；如果以一种离奇的新方式变革，系统不会起作用。[①] 只要有足够的自我参考指导，就能在系统危机出现之前发生变革，从而使系统更稳定和有序。一般情况下，共同进化通过自组织发生，但是复杂的系统动力学能有力地影响自组织和其他任何因此而导致的系统性转型变革。谢尔曼和舒尔茨描述为：当众多客体间集体发生相互作用时，非平衡的结构组织就自发出现了。[②]

6. 动态复杂性

根据彼得·圣吉的观点，社会系统包含着动态的复杂性："当同一个行为在短期和长期表现出明显不同的效果时，这就是动态的复杂性。当一个行为在本地产生一系列结果而在系统的另一处又产生不同的结果时，这就是动态的复杂性。当明显的干预产生不明显的结果时，这就是动态的复杂性。"[③]系统动力学影响着系统在所有不同层次行为的因果关系，它有助于理解教育系统某一部分的变革可能会如何影响其他部分和系统的输出，有助于理解教育系统某一部分的变革可能如何受系统的其他部分影响。圣吉"第五项修炼的11条法则"和"系统原型"是动态复杂性在一定程度上的体现，这些法则包括这样一些动态：[④]

- 你推得越用力，系统反推得越用力；
- 一种简单的出去方式通常是先进去；
- 治疗本身会比疾病更糟糕；
- 追求更快反而会更慢；
- 原因和结果在时空上并不紧密相关；
- 即使小变革也能产生很大的效果。

动态的复杂因果关系能控制行为的模式，解释为什么片段零散的解决办法行不通，并预测哪一类解决策略可以在系统转型中提供较高的杠杆作用。

总之，教育是一个复杂的系统，它需要与社会共同进化，这个过程会通过

---

① WHEATLEY M J. Leadership and the New Science：Discovering Order in a Chaotic World [M]. San Francisco：Berrett-Koehler Publishers，1999：85.

② SHERMAN H，Schultz. Open Boundaries [M]. New York：Perseus Books，1998：85.

③ SENGE P M. The Fifth Discipline：The Art and Practice of the Learning Organization [M]. New York：Currency Doubleday，1990：71.

④ SENGE P M. The Fifth Discipline：The Art and Practice of the Learning Organization [M]. New York：Currency Doubleday，1990：89.

系统的失调、干扰和转型开启,而认识到复杂系统的分形、自组织和动态复杂性特征则有助于转型过程的顺利展开。复杂的系统科学有助于理解和改进转型的过程,而转型过程本身也是一个复杂的系统,教育系统将用这个过程系统来使自己发生转型。①

第三节　新学校系统发展的愿景与方法

查尔斯·赖格卢特是教育系统变革的集大成者,他从 20 世纪 90 年代起就开始致力于改变现有教育系统存在的问题,经过 20 多年的理论与实践研究,已经形成了丰富的知识库。他认为有关教育系统变革的知识库有两类:一是有关系统是什么的知识,即关于学校、教学、评价、技术等方面的理想愿景;二是有关系统该如何变的知识,即系统变革的途径。

一、新学校系统愿景:学习者中心范式

1. 学习者中心的概念

"以学生为中心"或"儿童中心"由来已久,在美国教育历史舞台上,教育变革就像个钟摆,在学习者中心与内容中心之间摇摆。20 世纪早期,杜威等一些进步教育者们呼吁所有的教育应该以儿童为中心,并在进步教育运动中将这一理念付诸了实践。现代意义的学习者中心,根源于心理学,又给予信息技术和新学习理论以有力支持。1993 年,美国心理协会(APA)提出学习者中心的心理学原则,该协会成员认为心理学是一个有着 100 多年研究学习历史的科学领域,因此有责任为教育者和政策制定者清楚地呈现它所积累的并经过研究证实了的有关学习和学习者的知识基础。该原则最初为五个领域共 12 条心理学原则,后于 1997 年修订扩展为 14 条原则,分属于四个大类。

其中,认知和元认知因素是指学习者有哪些智力能力,并且这些能力是如何促进学习过程的;动机和情感因素涉及动机和情感在学习中所起的作用;发

---

① REIGELUTH C M. Chaos Theory and the Sciences of Complexity: Foundations For Transforming Education. In B. Despres (Ed.), Systems Thinkers in Action: A Field Guide for Effective Change Leadership in Education [M]. Lanham, MD: Rowman & Littlefield Education, 2007: 24-38.

展和社会因素是指学习者发展的各个不同方面对学习的影响及人际互动在学习和变革中的重要性；个体差异因素是指个体差异如何影响学习，教师、学生和行政人员要怎样适应学习的多样性，标准和评价如何才能最好地支持学习者的个体差异：四个领域围绕着"学习者"和"学习"，为设计学习者中心范式学校提供了一个框架。在这些原则开发之后的十余年时间里，仍有不同的研究出现，以确定这四个领域的有效性和实用性。

麦库姆（McComb）和米勒（Miller）根据学习者中心心理学原则呈现了对"学习者中心"的定义：一方面，"学习者中心"描述了个体在学习中的参与过程，不同的个体有不同的特征，并且学习情境也是不同的；另一方面，"学习者中心"又关注学习，注重应用有关学习的知识。[①] 也就是说，学习者为中心的教育有两个重要特点：聚焦个体学习者，包括他们的遗传基因、经历、观点、背景、天赋、兴趣、能力和需求；聚焦于学习，包括最合适的有关学习的知识，如学习是如何发生的，什么样的教学实践最能有效地提高学习动机、促进学习发生、达到最佳的学习成效。这两个教学聚焦影响了教育决策的过程，在基于学习者的教学中，学习者参与这些决策制定的过程，即使他们观点不同也一样受到尊重，成为学习过程的共同创造者。

学习者中心教育即学习者中心是心理学原则在教学实践上的反映。对于学生和教师来说，所有的学习都要能支持不同的学习者，并给予他们足够的时间反思，提供能提高学习、动机和学业成就的实践机会。当然，学习者中心教学没有固定的模式，但是不管哪种形式都会有以下几种特点：

· 个性化的、定制式的学习。学习者中心范式的教师对所有学习者都有很高的期待，并能留心每位学习者已有的知识、技能和态度。根据学习者的不同需求和学习风格，制订有意义且相关的目标，提供个性化的学习体验和支持。当然，也会考虑到不同的文化背景。学习者会以自己的步调积极地参与学习和工作。

· 社交及情感的支持。学习者中心的教师在开发智力的同时，也积极通过创建支持性的积极的环境，促进学习者社交及情感的发展，培养学习者热爱学习的习惯。

· 自我调整。学习者中心的教师扮演促进者的角色，而不是知识的传递

---

① MCCOMBS B L, WHISLER J S. The Learner-Centered Classroom and School: Strategies for Increasing Student Motivation and Achievement[M]. San Francisco: Jossey-Bass, 1997: 11.

者。他们通过减少过多的指导,让学生对自己的学习过程负责。鼓励学生不断参与,让学生认识自己的能力和优势,帮助他们开发元认知技能和学习策略。

• 合作的且真实的学习体验。学习者中心的教师为学习者提供真实的学习体验,以帮助学生发展真实世界的技能,如交流,合作、问题解决、做出决策的技能。教师鼓励相互合作,一起解决问题,一起学习新的知识。学习内容通常也是全球性的、跨学科的、交叉的。

• 学习评价。学习者中心的教师会针对不同的学生进行不同的评价。评价的目的不是为了产生分数,而是为了促进学习。他们持续监督个体学生的进步并做出反馈。教师还会培养学生的反思技能,进行自我评价和同伴评价。评价的内容与学生的学习目标是一致的,教师也尽可能地做出最真实的评价。

2. 学习者中心学校范式的核心理念

赖格卢特经过 20 多年的理论和实践研究,形成了成熟的学校系统变革样式。他认为现在的教育系统或者教育体制是工业时代的产物,主要关注的是"筛选分等"而不是"聚焦学习",如何从达尔文的"适者生存"到"人人成才",即发挥出每个人的潜能,是学校系统变革的关键。为此,他从范式原则、从范式派生的实践、在范式内学习结果出发,比较了当前还停留在工业时代的学校范式和适应信息时代的学校范式。如表 1-4 所示。他提炼出六个核心理念:重在成绩达标、生本中心教学、扩展课程视界(包括培养 21 世纪技能)、转换各自角色(包括教师、学生和技术的角色)、培育学校文化、组织/激励结构变革(包括组织的结构、选择、激励措施与决策体制)。[①] 这些理念为变革的实践指明了发展目标和方向——聚焦学习者及其学习的学习者中心教育范式。

---

① 赖格卢特,卡诺普.重塑学校:吹响破冰的号角[M].方向,盛群力,译.福州:福建教育出版社,2015:23-24.

表 1-4 教育范式变革样式①

	当前适应工业时代的学校范式	适应信息时代的学校范式
范式原则	• 标准化、一刀切的教学 • 专制的课堂氛围 • 学生根据所告知的学习 • 线性思维	• 个性化、量身定制的教学 • 民主的课堂氛围 • 学生从做中学 • 系统思维
从范式派生的实践	• 教师做给学生看 • 教师主导的学生学习 • 按年级分的班级 • 强调具体的学科 • 教学是内容导向的 • 用外部动机鼓励学生学习 • 基于年龄的分组 • 课堂中使用大组教学 • 有限的获取知识的渠道 • 有限的资源 • 教材/教学援助 • 按部就班的学生进度	• 教师和学生一起做 • 学生自导学习 • 混龄小组 • 跨学科课程 • 教学时过程/表现导向的 • 用内部动机创建有意义的学生参与 • 基于学生准备程度和兴趣分组 • 单人、小组及大组活动 • 丰富的获取知识的渠道 • 大量各种类型的资源 • 多媒体技术 • 根据学习情况定制学生学习进度
在范式内的学习结果	• 基于标准的、竞争性的评价 • 固定答案的测试 • 用机械记忆进行集中学习 • 学生缺乏学习的动机 • 学生依靠教师进行学习 • 服从的学习者	• 根据学习进度进行掌握性的评价 • 真实的测试 • 集中和分散学习 • 学生有学习的动机 • 学生独立或相互依赖进行学习(自我实现) • 参与式的终身的学习者

(1)"重在成绩达标"的理念是指学校要从时间固定而成绩参差不齐的模式中摆脱出来,走向因人而异、灵活多样的达标时间。学生只有达到标准,即熟练掌握目前的学习主题或技能时,才可以继续学习新的内容;在未达标之

---

① DUFFY F M. Dream! Create! Sustain! Mastering the Art and Science of Transforming School Systems[M]. Lanham, M D. Rowman & Littlefield Education,2010:236.

前,是不能强迫其继续学习新任务的。这样,学习结果就成了常量,教学时间则是变量。这样的学习进度也打破了机械的年级升迁制,使学校教育真正聚焦于学习,确保"不让一个学生掉队"。

为此,0~18 岁的学习者被分为 6 个发展阶段(大致 3 年为一阶段)。在0~3 岁的第一阶段,导师和家庭服务专家根据家长的要求,可以上门或在固定的育儿教室为其提供建议和资源,以帮助他们抚养孩子。在以后的不同阶段,导师会根据个体思维的发展情况选择不同的教学,学习场所也会不断变化。到了学龄期,导师会根据其发展水平混龄编组,一般一个小组内会出现同一发展水平内不同年龄段的学生,学生可以选择自己的导师,并且在一个完整的学生发展阶段里(约三四年),该导师是固定不变的,随着时间的延长,师生之间、生生之间不断相互了解,最终会形成一个融洽的关系网。

(2)"生本中心教学"的理念是指导师要为每位学生量身定制教学,其教学随着学生的学习内容和方法的不同而体现差异。导师可以根据教学要求关注学生还未掌握的内容,也可以根据学生的多元智能、兴趣、学习风格及其他不同特征和偏好来让学生自己选择项目或者为其定制个别辅导。这样最终定制的结果(包括完成目标的方法)会以"个人学习计划"或"学习合约"的形式呈现。家长、导师和学生定期见面,一是为下个阶段制订新的计划或合约,二是审查前一计划中学生的达标情况。

要真正实现量身定制学习,不是在固定课桌椅的教室和相同的课时里学习学科分类的课程,而是让学生参与任务。任务要精心设计,最好基于真实的情境,这样既能增加学生的学习兴趣,又能促进学习内容的迁移。一般情况下,对年幼的学习者来说,任务简单一些,可以在几天之内完成,而对年长的学生来说,就要选择需要几个星期甚至几个月完成的任务。在这过程中,可以由教师或技术系统为学生提供形成性评估以对学生进行指导或辅导。

(3)"扩展课程视界"的理念主要从信息时代的培养目标和课程设置出发,旨在促进学生全面而富有个性地发展。1991 年,美国劳工部发布了"达成必需技能秘书委员会"(SCANs)报告;2009 年,"21 世纪技能联盟"公布了《21 世纪学习框架》,逐步扩大了课程的范围。新范式下的课程把信息时代范式下的课程进行整体优化,其内容几乎涉及全部领域,包括情感、社交、身体、性格以及认知的发展,随着学生的需求、才能、兴趣及志向的差异,还赋予了其许多个性化的特色。

新范式尤其重视通过情感的发展来培养学生的个性,因为生活上的成功更多地依赖于个体的情感发展(情商或 EQ,包括自控、真诚、坚持和自我激励的能力),而不是智力的发展(智商或 IQ)。情感的发展可以为社会节省大量的财物,更可以减少药物滥用、青少年怀孕、校园暴力及其他社会问题。因此,教师在日常的教学中需要注意把握教育时机,一旦时机出现就要及时对学生进行情感和价值观的熏陶,这样的学习才具有个性色彩和真实性。并且,家长的教育要与学校的熏陶相一致,如此孩子的表现才更容易得到强化。比起单一的知识与技能,这更具现实意义。

(4)"转换各自角色"的理念主要是指教师、学生、家长和技术的角色变换。其中,教师要承担以下五个角色:"指导者"——帮助学生准备个人学习计划并关注其发展的各个方面;"设计者"——主要是设计项目或任务以使学生参与到学习中;"促进者"——主要是监督学生学习进展,增强其学习动机及指导学习;"学习者"——导师经常要和学生一起学习、向学生学习、为学生学习,学习有关学生的一切情况,学习怎样最大程度地满足学生的需求;学校的"拥有者"和"管理者"——导师之间是合作伙伴,要对学校的运作做出决定,包括经费预算和人事聘用。这样,教师的角色就得到了提升,成为真正的专业人员,而不是受人控制的工人。

学生将承担三个新的角色:"自主学习者"——学生要能进行自主学习,包括找出自己的最佳学习方式、学习策略和工具,以及如何才能改善自己的学习风格,这是培养终身学习能力的关键;"作为教师的学习者"——项目团队里的学生经常会相互教学,那些已经达标的学生会辅导其他还没有达标的学生,最终共同进步;"善于合作的学习者"——学会如何从同伴那里学习、如何与同伴一起学习。学习者主动参与合作学习,并在这个过程中相互学习,改变原来消极应付、独自学习的状态。而家长也需要参与到学校的教学中,他们要帮助孩子选择学习内容、制订学习计划,在学习过程中也要进行适当的监督和引导,他们还需要了解孩子所在学校的运作状况以便做出选择。除了专门的学习外,家长在和孩子做其他一些有意义的事情时,也可以进行具体的指导,如怎样从展览中获取所需的信息,怎样制订旅游计划等。在新范式中,家长与导师是真正的合作伙伴。

在新系统中,整个技术过程就称之为"个性化综合教育系统"(PIES——类似于 Moodle 的开放软件)。PIES 主要用于服务学生:记录学习进步,规划学习蓝图,提供学习指导,评估学习效果。这四个功能密不可分,追踪记录学习进程的工具会自动为制订学习计划的工具提供信息,而制订学习计划的工具又可以确定相应的教学工具。评估过程则融入教学工具的运用中,评估的数据又被追踪记录下来。根据所记录的信息又可以制订新的学习计划,这样就形成了不断循环的学习圈。学生、家长和导师都能很容易地查看到学生的项目进展报告、标准的达成情况及目前学习合约中还未达到的目标。除此之外,PIES 还有用于交流、记录每个学生和导师的基本情况等其他次要功能。在 Moodle 和"学习管理系统"(LMS)的应用基础上,PIES 的设计理念不断得到完善,并将运用于信息时代以学习者为中心的范式。

(5)"培育学校文化"的理念。新范式偏向小规模学校,在小规模的环境中,学生可以随时见到教职工,既可以督促自己以负责任的方式表现,当遇到麻烦时,也可以及时寻求帮助。在学习者为中心的文化中,学校环境是安全的、有组织的、丰富的。教师有明确的教学目标,积极创建一个激励并支持每位学生学习的环境。他们关爱学生,能为不同的学生创造学习机会,鼓励并支持持续学习和合适的行为。新范式有着良好的人际关系。每个学习团队都力争通过项目合作与学生、导师、家长及更大的社区形成密切联系。学生可以选择自己的导师,并且在一个完整的儿童发展阶段中,该导师原则上固定不变。在这期间,导师和学生慢慢地了解对方,逐渐形成相互关怀、共同信任与彼此支持的关系,也有利于学生建立更广泛的、更稳定的支持关系网。

新范式有一个愉快的学习氛围。在新范式下,学生基于真实的项目或任务进行学习,学校提供更多的场合用于学生展示他们学了什么、怎样学及如何表达。教师根据个体差异进行教学和评价,并将学习的内容与学生原有的学习、经验和兴趣相联系以增加课程的意义并与学习者更相关。教师与学生之间有更多的互动时间,整个学习的过程变得轻松愉快。在这样的学习氛围下,学生的内部动机被激发,能积极地参与学习,不仅培养了对学习的热爱之情,并且还能养成利于终身学习的自主学习技能。再加上新范式鼓励各个利益相关者共同制定决策,除了学校教师、行政人员外,越来越多的家长和其他社区参与学校事务,共同为学生提供支持性的服务。

(6)"组织/激励结构变革"的理念。在新范式下,赖格卢特重新设计了学校的布局形态——用"合伙团队"(cluster)与"学习中心"(learning center)代替学校,其所有权和经营权由导师(新范式下的教师与现在的教师角色不同,因此用"导师"以作区分)所有。处于较低发展水平的儿童,学习几乎都在合伙团队中进行。当学习者发展到较高水平(传统的意义上就是进入"高年级")或需要就某一领域进行专门学习时,便进入学习中心。合伙团队和学习中心的学生、家长及导师都有自己的选择权。学生或家长可以依据自己的喜好选择导师,也可以选择学习内容和学习方式。

导师也有很大的选择权,他们可以决定每年接收的人数(但不能选择具体招收哪些学生),也可以选择使用哪个合伙团队或学习中心、和哪些导师一起工作,可以随时尝试到另一个不同的合伙团队中进行教学,并选择任教学生和教学内容的专业领域。学区范围内还设立相配套的行政体系和治理机构,当地学区的学校董事会负责设置学区标准并监管其达成情况,裁定各个利益相关者之间出现的争议,维护弱势学生群体的权利。上级教育部门则设置州级标准并且也要监控其达标情况,并通过激励体制来修正达标过程中存在的不足,另外还负责管理合伙团队收入和支出的平衡。当导师变成学校的所有者和经营者,原有科层式的决策体制就发生了很大的改变,导师提高了教学和管理的积极性。

可见,基于核心理念的教育新范式在学校形态、班级编制、课程设置、教学内容、教学方法、评价方式、治理方式、技术支持与社会服务方面都与现有的学校范式大不相同。在这样的范式下,教师根据学生的学习进度实施"找寻长板"(适合学生的学习方式)与"补齐短板"(学生还未掌握的学习内容)相结合的教学,在保证学生对每一项学习内容都能达到掌握标准的同时,又不会浪费时间,从而实现真正意义上的"生本中心"。把短板学习法和长板学习法结合起来运用,体现了"两者兼顾"而不是"两者择一"的原则,保障了教育的公平与效率,也是真正贯彻了"坚持以人为本,推进素质教育"的战略主题。

二、新学校系统变革路径:教育系统变革草案

有了知识基础,便需要方法论。赖格卢特有"教育转型指导系统"(guidance system for transforming education),达菲有"迈向卓越"(step-up-to-excellence)。这些变革方法既有相似之处,也有不同之处,但目的一致,即变革工业时代的学校系统使之适应信息时代的需求。赖格卢特和达菲把两者相结合,最终形成《学校系统变革草案》(school system transformation protocol),并用于印第安纳波利斯迪凯特镇大都会学区的转型变革。俄亥俄州"公共教育转型对话"和"知识工作基金会"也是应用此草案进行了教育转型,逐渐成为转变美国学校系统的行动。

1. 编写目的

该草案是为了帮助那些促进变革发生的协助者们在教育系统中创建并维

持系统变革,并帮助他们从其他变革的失败和成功中获得经验,这样可能就避免了一些不必要的失误。草案聚焦于变革的整个过程,而不是具体的每个变革,因为只有各个学校或学区才能决定它所需要的变革。该草案还分享了其他变革过程中的经验所得,包括一些非常重要的理解、信念、技能、知识及其他影响学区范围、社区范围变革的事件。教育系统变革不是一个可以直接用的改革,它是一个综合的过程,是一系列有助于教育者进行系统变革的工具和结构。系统变革是变革的一种途径,它:

· 认识到教育系统各个部分之间的相互关系和相互作用,因此,系统某个部分的变革会伴随着其他部分的变革;

· 认识到教育系统及其所在的社区(包括家长、职工、社会服务机构、宗教组织等)之间的相互关系和相互作用,这样就赋予了所有利益相关者对整个变革努力的所有权。

2. 编写背景

《学校系统变革草案》的背景非常重要,为设计、开发和实施提供了基本原理。背景可以从四个主题进行描述:一是澄清系统变革的定义(第一节内容);二是明确学区如何作为一个复杂系统而起作用;三是确定学校系统转型过程中四个相互补充的范式变革;四是阐释学区作为首选变革单位的原因。

学区是一个复杂的系统。系统间的关系有比较紧密的,也有比较宽松的。有些学区中,学校的政策、课程、项目由中心办公室制定,而有些在制定决策的时候会相对较独立。联系越紧密的学区,系统变革的难度就越大。这也就解释了为什么有些学校付出了很大的努力变革,但最终仍旧回到原来的范式。教育系统变革要基于学区范围,而不仅仅只是学校范围。学区是作为一个复杂的、有机的、适应性的系统而发挥作用,认识到这一点,就能明白系统变革为什么是基于学区范围的。如果缺乏这个认识,变革的努力就不会持久而深入,而仍是停留在片段零散的、一个学校一次的方式。

所有复杂的系统都包括各个部分,即子系统,部分又包含着部分。教室是学校的一部分,学校是学校群组的一部分,学校群组是学校系统的一部分,学校系统是社区的一部分,社区是地方的一部分,地方是国家的一部分,而国家又是地球的一部分,地球是整个宇宙的一部分。要改进整个宇宙系统已超出了人类的能力范围,因而只能选择其中的一部分。埃默里认为要定位"系统的兴趣"作为管理转型过程的目标。为了明确系统的兴趣,需要围绕着相关的所有部门、项目等画一个圈,这些部门或项目必须每天紧密合作,为顾客提供产品或者服务。如果把改善教与学作为目的，这个圈就要围绕着传统意义上的学校系统，而圈外的所有东西则是学校系统的外部环境。

另外一个影响学校系统性能的现象是协同效应。系统的各个部分相互作用而产生的效果比这些部分孤立产生的效果要好得多，这就是协同效应。还有一种说法，即"整体要大于各个部分之和"。而当前很多用于改善学校教育的方法似乎都违背了这条原则，变成"整体等于各个部分之和"。教育改革往往忽略了整个系统而只关注其中的一部分，仅关注在单个学校和教室里改善教学，而忽略了学校、教室、学术的及非学术的支持性功能是如何相互联系以教育学生的。这些改革背后的假设是，只要足够的部分得到修复，那么整个学校系统的性能就会得到改善。基于学校的改革其背后的操作原理认为学校和教室在整个系统中应该是相对独立的。然而，根据复杂理论，当系统的某个部分与其他部分相连时，只有相连部分同时发生变革时，该变革才能成功。如果没有领会系统的这一重要原则，那么基于学校的改革也不会取得突破性的成效。

在某个学校和项目中实施变革，在同一个学校系统内的其他学校和项目也必须进行相应的变革。这是一条重要的原则，因为儿童的教育不只是他们在某个具体的年级或某个教育阶段所学的内容，这些学习会产生累积效应，低年段的学习会对高年段的学习产生影响。因此，在某个具体的年级或水平上的教育质量会直接影响到他们未来的学习。换句话说，如果错误发生在早期阶段（如小学阶段），并且没有得到纠正，那么这些错误积累到后期（中学阶段）会导致更大的问题出现。某些不良的学习习惯会导致较差的学习效果，久而久之，影响学生的学业进步。

学校和课堂不应该是相对独立的，因为儿童的教育需要学校系统的各个部分相互依赖。而基于学校的变革策略强化并维持了学校系统各个部分之间的脱节，缺乏协同效应。因而基于学校的变革往往不能改善整个学校系统的教与学状况，这样的变革只带来了暂时的成功（在得到改善的学校），而更多的是在同一系统中没有变化（在维持于平均绩效的学校），甚至一直失败。

复杂系统的一个特点是如果系统中某些部分进行了变革而其他部分没有，变革后的部分会和系统的其余部分不兼容。一旦这样不兼容的状态出现，未变革的部分会对变革后的部分施加压力迫使其恢复到变革前的状况。基于学校的变革也有这样的例子，如明尼苏达州圣保罗市的明日土星学校，先是克服了种种困难建立了聚焦学习和基于人人成功的教育范式[①]，但这种范式与学区的其他教育范式不能兼容，最终该校又回到了变革之前的状态。这些基于学校的变革尝试证明：范式转变需要在学区或更大范围内进行。

在系统转型变革中，变革领导者需要同时考虑四种相互联系的范式转换，这样才能使转型变革持续而深远。前三种范式转换通过达菲的三条"变革路径"达成，第四条是教育者应用系统化转型变革草案过程中而完成。

(1)范式转换1：转换系统的核心过程及其支持性过程。教育系统的核心过程——教与学——必须转换成另一种范式，即根据学习者的需求定制并聚焦于达成熟练掌握的水平，其他支持性过程必须进行转换，以最好地支持该核心过程。

(2)范式转换2：转换系统内部的社会基本结构。学校系统的社会基本结构（如组织文化、沟通实践、工作描述、奖励系统等）必须从命令与控制的组织转换为参与式的组织。

(3)范式转换3：转换系统与外部环境之间的关系。学校系统及其环境之间的关系必须从孤立的、危机导向的、被动的转换为合作性的、寻求机会的积极的范式。

(4)范式转换4：要转换教育系统，必须从片段零散的、一次一个学校的变革范式转换成系统转型变革范式。当教育者使用《学校系统变革草案》时该转换就发生了。

这四个范式转换必须同时展开，但基于学校系统的各个部分之间相互依赖，在教与学过程中的变革（范式转换1）应该为范式转换2和3确定变革的核心。范式转换1和2是互补性的变革，因为如果变革只发生在工作过程，没有涉及社会化的基本结构，那么这个策略性的错误会导致出现这样的情境：学校系统中的教与学模式是世界上最先进的，但这个模式中的教师没有动力、不满意，也没有技能，这样的教师就不可能以出色的方式使用这个最强大的新模式。范式转换3的变革需要取得外部政策的支持，如果没有政策支持，变革领导者不可能获得变革的人力、技术、资金资源。因此，组织必须与它的外部环境保持积极的、主动的关系。最后，第四种范式转换是用于把学校系统从片段零散的改革方式变为整体系统的转型。如果前三种范式转换都进行时，系统

---

① BENETT D A, KING D T. The Saturn School of Tomorrow [J]. Educational Leadership. 1991,48(8)：41.

化的转型变革方式也必然会毫无疑问展开。

3. 学区作为最佳的变革单位

转型变革的最终目标是将整个学校系统转变适合 21 世纪的范式,为实现这一目标,变革的单位应该是整个学区,而不是单个学校和教室。尽管变革是以学区为单位的,但一次性就改变整个学区不太现实。因而,变革需要从学区内的某个学校开始,然后再延伸到整个系统的转型。

为促进整个范式变革的顺利进行,必须要慎重选取第一所变革学校。这时可以应用"杠杆现形设计"(leveraged emergent design)原理,即围绕新范式的核心理念设计一些高杠杆作用的结构变革。在变革取得明显的成效后,再变革其他部分。[①] 这一原理要求变革领导寻找一个合适的变革学校,从该学校系统的一个或几个部分开始变革,变革后的新部分就会给系统中没有变革的部分施加压力,以此来对抗变革的阻力并防止新部分回到变革前的状态。从高杠杆作用的变革开始,整个系统变革的过程会更快和更容易。

4. 变革的阶段

作为变革的促进者,其主要任务是帮助学校系统更好地满足所有学生的需求。要完成该任务,最重要的是帮助学区开发一个理想的教育系统图景。创建一个新的图景,就是要让利益相关者从现有的系统摆脱出来,不再以之为基础。创建新图景的过程就是让参与者超越现有关于学校和教育变革的思维模式和假设,这为新系统的设计提供了一个安全又中立的空间。

然而,开发一个新的系统也不是件易事。第一个面临的挑战是要帮助利益相关者打破现有的关于教育的思维。第二个挑战是帮助利益相关者在新教育系统图景中建立并取得所有权。圣吉说过,如果没有利益相关者的承诺,实现图景的过程是不可能维持较长时间,也不能成功的。对于第一个问题,可以让利益相关者明白教育需要进行系统变革,另一种是通过阅读、视频、讲课、参观及与其他利益相关者进行对话以全面体会到新的变革方法。要解决第二个问题,就需要帮助他们形成有关教育的共识。但是,不同的利益相关者有不同的信念和价值观,所以,必须把各个持不同意见的利益相关者集中到一起,共同商讨并取得共识。

《学校系统变革草案》用于在学区内创建并持续进行系统转型变革。该草

---

① REIGELUTH C M. Educational Systems Design, Education and Technology: An Encyclopedia[M]. Santa Barbara, CA: ABC-Clio, 2004: 239-247.

案的规划也有其逻辑前提：(1)范式变革始于思维模式的改变，要求各个利益相关者有所有权意识，有参与式领导力及共识为基础的决策制定；(2)范式变革需要创新，包括最优化的设计、系统思维、持续学习及始于高杠杆变革的系统变革设计过程；(3)范式变革要求系统的每一个部分都进行转换，包括学区的核心过程和支持性工作过程(教学系统、评价系统、记录跟踪系统、中央办公室的职能、交通服务、餐饮服务等)、它的内部社会化基础结构(如规则、担当的角色及其关系、组织文化、组织设计、奖励系统等)以及它与外部环境的关系；(4)范式变革也要求使用与之前大不相同的方法来发起变革并使之持续进行。如图 1-9 所示。

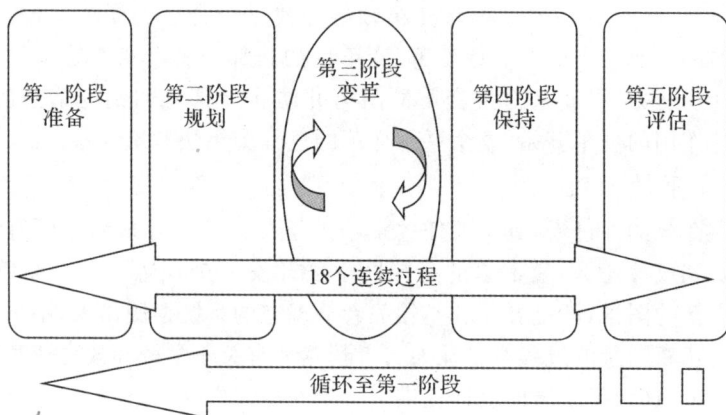

图 1-9　学校系统变革草案①

《学校系统变革草案》由 18 个连续的过程构成，当然还会有其他一些过程出现在转型过程中，草案也会有后续改进。18 个过程又分为五个阶段，每一个阶段都有几个步骤，每一步骤又有多个任务和活动。

《学校系统变革草案》中 18 个连续过程如下：②

1. 评价并改进变革过程

2. 取得并维持政策上的支持

---

① REIGELUTH C M. Educational Systems Design，Education and Technology：An Encyclopedia[M]. Santa Barbara，CA：ABC-Clio，2004：239-247.

② JENLINk P M，REIGELUTH C M，CARR A A，et al. An Expedition for Change：Facilitating Systemic Change in Public School [J]. Tech Trends，1996：21-30.

3. 维持动机

4. 发展并保持合适的领导力

5. 建立并维持信任

6. 逐步形成思维模式和文化

7. 定期地获取必需资源

8. 发展系统思维能力

9. 定期并合理地分配必需资源

10. 发展小组跟进及团队建设能力

11. 建设团队精神

12. 进行自我批评

13. 进行反思

14. 发展设计能力

15. 与利益相关者交流(双向)

16. 建立并发展社区

17. 促进组织的学习

18. 成立一个组织记忆库

《学校系统变革草案》第一阶段的主要工作就是规划一个学区学校新范式的理想蓝图。这个蓝图体现出来的教育观念必须与现有的教育观念完全不同。一旦学校新范式的理想蓝图规划好了,第二个阶段的主要工作就是把这个规划落实到每个学校。每个学校都要成立本学校的范式转变设计小组,并且以该学区的学校新范式理想蓝图为标准,重新设计该学校的教学体系。从整体上来看,"学校系统变革草案"主要涉及了两个层面:第一个层面是在学区这一级;第二个层面则是学区内的每个学校。学校与学校之间是相互依存的关系,因此一个学区就是各部分连贯一致的一个系统。如果我们不改革一个学区,而只是改革其中的一所学校,那么改革后的这所学校必将与该学区中的其他学校不相适应。因此,教育范式转变必须以学区为单位,在学区的基础上设计教育新范式蓝图。五个阶段分别是:准备、规划、变革、保持和评估。它们之间是一种递进的关系,同时也是一种循环的关系。

草案中五个阶段并不按部就班。相反,它们是一系列流动的活动,这些活动时不时地汇集在一起、分散开来或是倒流回去,一直到整个系统都完成转型变革。并且,转型变革不是一次性事件,一次转型变革完成后,新的转型变革会重新开始,这是一个不断发展的循环圈,如图 1-9 中箭头"循环至第一阶段"。

先是准备阶段。要使变革取得成功,变革前的准备至关重要。考特(Kotter)指出转型失败有八个原因,其中六个与系统变革前的准备工作不充分有关。准备工作包括发展学区参与转型变革的能力。在变革开始之前,需要先确定已经存在的具体条件。赖格卢特和达菲对这些能力或条件特设了一个评价标准。准备工作还包括为转型变革寻求内部和外部的政策支持、确定资金来源及创建变革管理结构和过程(如组织变革领导团队)。第一阶段所需的时间根据学区的不同而不同,学区之前的变革经验、学区的大小、学区外部环境中人口结构的复杂性都会影响变革的时间。

在规划阶段,变革领导者设计并实施一系列变革活动以帮助教育工作者为他们的学区规划一个理想未来。规划的早期阶段,最重要的是让教育工作者通过参加变革活动逐渐转变他们有关 21 世纪教与学本质的思维模式。主要的活动有:一个是变革领导者为关键的外部利益相关者设计并实施一个大范围的会议,即"社区参与会议";另一个是为教职工举办的,即"系统参与会议"。通过这些会议,参与者对学校系统的未来进行多次讨论并提出大量的建议,变革领导者根据这些数据开发出一个新范式的框架,并根据这个框架指导学区的系统变革。

在变革阶段,一旦规划阶段将要完成,变革过程就可以分流成一系列的转型活动。早期的转型活动主要在系统内有意向变革的学校中展开,首先开始变革的是那些有着高杠杆作用的部分,因为它们能刺激并支持其他部分相继进行变革。第三阶段出现的转型活动有:将学区变革目标和新范式框架与外部期望相统一;为有志于启动学区转型变革的学校设计新的教学和管理范式;培训设计团队,发展参与系统化变革的能力;清除旧的项目、政策和实践,腾出空间用于新教学和管理范式所需要的项目、政策和实践。

当变革开始实施时,还有一个难题就是如何使该变革持续进行。在持续变革阶段,会采取一系列活动为教育者提供有关变革过程和结果的数据,以对其有效性进行形成性评价。其他活动还有:重新设置学区的奖励制度,对取得成绩的变革进行奖励;使变革过程制度化并成为学区运行中的一个常态;创建并奖励同一学校系统内各个学校、项目、任务和活动之间的策略性调整;学校委员会制定政策保护变革的实施和成果,以防领导换届而带来的变数。在这一阶段,教职工仍需要继续接受培训,学习变革所需的新知识和技能,并运用于变革中。当然,运用过程中会出现一个学习曲线,教育者需要不断应用练习，才会越来越熟练。

第四阶段中所使用的形成性评价有助于教育工作者继续进行系统变革。第五阶段中教育者则运用总结性评价来评估系统转型后期的表现。总结性评价有几种不同的模式，最适合用于转型变革的是斯塔弗尔比姆（Stufflebeam）的模式，即对情境、输入、过程和结果（CIPP）的评价。该模式中有关于系统思维的要素，因而较适合评价转型变革。当然，在这个阶段的任务远远不止进行总结性评价，评价的结果必须报告给关键的外部利益相关者及教职工，这个过程中变革领导还需要使用合适的交流策略。[①] 如果评价的结果不公开，通常带来事与愿违的后果。

在片段零散的变革中，人们的行为与过去相比不会有很大的变化。而系统的转型变革就与目前的实践有很大的变化。当人们从片段零散的变革转向系统的转型变革时，他们会感觉到不安与迷茫，可能会误解新措施或者觉得实施变革很有难度。这个时候，成功的领导者就需要使愿景和目标变得更清晰可视，树立短期、中期和长期的目标，提供充分的资源。在学区进行的一个基本变革需要坚持 7～10 年，学区领导者只有树立正确的目标，有效地管理变革，且长期坚持，变革才会取得成效。

三、教育系统变革的方法与原则

1. 教育系统变革的方法

赖格卢特除了将复杂系统的某些关键性特征应用到教育系统变革过程中以外，还提出了杠杆显现法（leveraged emergent approach）和即时设计（emergent design）法。[②] 将现有的系统转换为新的范式是一个复杂的过程，不可能一次性完成。当变革系统的一部分时，该部分会与系统其余未变革的部分不相容，因此其余部分会将已变革部分恢复到原有的状态，变革的努力也就白费了。这样，就需要先变革系统中有着高杠杆作用的部分，所谓高杠杆作用就是某部分能对系统的其余部分有着很大的影响作用，一旦该部分发生变革后，不仅不会被其余部分拉回原有状态，还会促使其余部分也发生变革。比

---

① DUFFY F M. Strategic Communication During Times of Great Change：Strategies for Bringing Stakeholders Together and Creating Buy-in for Transforming a School System [J]. The School Administrator，2008，65(4)：22-25.

② REIGELUTH C M. A Leveraged Emergent Approach to Systemic Transformation [J]. TechTrends，2006(6)：46-47.

如教育系统中的评价方式，一旦评价方式发生改变，整个教与学都会跟着变化。利用高杠杆作用的部分，可以使整个系统的变化过程更快更容易。

杠杆显现法能极大地有利于教育系统的转型变革。例如，学生的评价就是一个杠杆点，工业时代的学校认为评价学生的目的就是将学生进行比较，故而采用基于标准的测试，学生被贴上成功者和失败者的标签。相反，如果希望所有学生都能成功，那么评价的目的应该转变成将学生取得的成绩与已有的标准比较，这样他们就可以继续努力直到达到标准。当前的报告单，上面列着学生所学的课程和经过比较后的分数，现在这可以由"达标清单"代替。这一变革可以成为系统其他部分的杠杆点，影响最明显的是教室里教与学的方式，该杠杆作用可能比强迫系统的其他部分把有关评价的变革返回到基于分类的评价系统更有效果。系统中的奇异吸引子（如，足够的利益相关者扩展他们的思维模式以包含这样的观念：学生评价是用来告知其学习情况而不是把学生进行分类），就是一些强有力的杠杆支点。

第二种方法是即时设计。要重新设计一个新的系统确实不容易，因为很难预测到底什么才是最好的。即时设计就是指选择一些指导性的原则和信念，实施高杠杆作用的变革，剩余的变革就在创造和试验中发生，即随着时间的推移而逐渐显现。将这个方法用于教育系统的转型变革时，先要建立一个学区范围内有关未来理想的愿景、核心观点框架，即以学习者为中心且其他方面也与信息时代教育需求相符的系统。然后学校层次上的设计团队负责达成有关某些高杠杆的、结构性的变革，这些变革包括：

• 以成就达标清单代替当前的报告单，学生必须达到当前学习内容的标准后才能进行下一个达标内容的学习；

• 为每位学生建立个人学习计划，通过学习计划学生能对下一项学习内容一目了然；

• 变革教师承担的角色为协助者；

• 在设置及达成学习目标的过程中需要家长的积极参与。

不同学校可以选择不同的结构性变革，前提是一要确保该部分的变革能促进其他部分的变革，二要取得广泛利益相关者的一致同意。

2. 教育系统变革的指导原则

教育系统变革的原则，即教育系统变革要遵循哪些原则，这是变革过程所依据的准则或标准，是保证整个变革转型过程不偏离目标的根本尺度。赖格卢特为系统变革的促进者提供了指导原则用以帮助 K-12 学区投身范式转换中,该指导原则称为"教育转型的指导系统"(the guidance system for transforming education)。该指导系统并没有提出学区应该进行什么样的变革,而是把这些问题留给学区的利益相关者们自己去做决定。① 最初是由赖格卢特、艾莉森等人于1996起草的,后经过印第安纳波利斯迪凯特学区应用得到了进一步发展。其内容包括:

- 有关变革过程的一系列核心价值;
- 在变革过程中需要不断开展的活动;
- 在变革过程中按时间顺序开展的一系列活动。

其中,核心价值包括:关心儿童及其未来、系统思维、广大利益相关者的拥有权、过程导向、参与者的认同感、对话、建立共识、尊重与合作、组织的学习、有着学区系统变革经验的协助者。这些核心就分散在五个阶段中实现:启动系统变革的努力;成立"启动小组";形成学区范围内的变革框架和能力;设计新学校;实施并发展新系统。经过20多年的变革实践,赖格卢特后于《重塑学校》一书中进一步概括了变革过程中应该遵循的十二条:②

心态转变原则:从工业时代教育观到信息时代教育观的转变过程中,心态转变是教育范式变革努力中最为重要的结果。从教师、学生、行政人员、家长到社区成员,如果不转变原有心态,就会对新范式的转变产生抵触,最终导致变革的失败。并且每个群体在新范式中都起着不同的作用,为了履行好自己的职责,人们应当清楚地明白自己该如何融入变革的过程中,该做出怎样的贡献变革才能成功。因此,教育系统的转变过程也是一个学习的过程,它将有助于各个利益相关者不断更新有关教育的心态或世界观。

建立共识原则:要帮助人们学习和发展他们有关教育的心态,其中一种最为有效的途径就是通过建立共识的过程来做决策。在建立共识的过程中,参与者学到了一些新观念,并与其他利益相关者进行讨论,这样就能更好地理解为什么其他人的观点与自己的不同,为什么其他人要公开探讨观念背后的假设及其他观点的优势所在。这一过程能够使参与者发展自己有关教育的心态,并能基于共识而进行决策,有助于形成一个更好地能够满足学生需求的设

---

① REIGELUTH C M. The Guidance System for Transforming Education [J]. TechTrends, 2006(6):42.

② 赖格卢特,卡诺普.重塑学校:吹响破冰的号角[M].方向,盛群力,译.福州:福建教育出版社,2015:86-92.

计框架。

利益保障原则：利益相关者除了积极参与外，他们对于改革进程的所有权也能够促使其真正地承担起相关的义务，减少变革的阻力，增强其可持续发展。由于每个利益相关者对教育持有不同的价值观和看法，因而如果赋予他们自己主导变革的权力，将会形成分歧，并且还会加速分裂。因此培养利益相关者的所有权需要有一个不一样的领导范式，需要建立信任、公开和透明的体制。

创造革新原则：在教育领域，有研究表明新范式是可行并且也是必需的。而我们需要进一步发展并调整新范式的各个方面使之以最高效的状态运作。不同的社会群体有不同的诉求和状况，同一种模式在一个学区运行良好但在另一个学区内可能就状况百出。因此，各个学区的新范式必须由其利益相关者设计。创建的时候可以考虑并吸收已有改革的成功经验，同时，家长、学生、社会成员和教育工作者必须革新他们现有的有关教育的心理模式，这样才能建立起一个新的真正能满足其需求的系统。

优化设计原则：优化设计可以通过让利益相关者想象，假如不到学校而他们又需要创造一种理想的学习经验，那么应该怎么做。当人们开始思考并且先不考虑其实用性的时候，通常能够产生一些从未有过的好点子。这就促进了学习、心态转变以及创造。随后，团队成员便能在必要时调整这些理念以实施新的系统，同时也努力予以改进，使其日臻完美。这时，我们往往能够将先前看起来像"空中楼阁"的理想变为现实。

有效领导原则：利益相关者所有权和制定决策中基于共识建立的方式都要求一种不同的领导范式。信息时代所呼吁的领导风格，能够在利益相关者中建立一个共同愿景，能赋予参与者追求共同愿景的权利并给予支持，能随时提供必要的专业发展培训及其他资源，这就是信息时代的服务型领导。无论是改变现有的学校体制还是重建一个新体制，政治上的支持都是很重要的因素之一。

文化渗透原则：鉴于范式变革存在的困难，只有当学校系统有了充分的准备并达到一定的能力水平时才能进行。文化因素是变革进程中准备和能力这两个要素的核心部分。根本性的变革会引起文化发生某些改变，然而要在第一时间进行系统化变革必须要有一种特定的文化。范式变革中有一些最重要的文化因素，包括对待授权、建立共识、合作、系统思考、信任、透明度和宽容所持有的正确态度，这些文化因素也是信息时代教育范式的重要特点。

系统杠杆原则:在一个复杂的系统中,各个部分相互联系。如果系统的某个部分发生了根本性的改变,那它将无法与其他部分相匹配,这样它就会试图变回原有的样貌。要避免这一情况的发生,可以采用同时改变系统中各个部分的方法。然而,系统是如此的复杂,要同时变革各个部分似乎不可能。对此,可以选择先改变旧系统中某几个根本性的特征,这些改变的发生将会对其余部分施加压力以促使其进行变革——这些压力往往比施加在新部分让其恢复到原样的压力更大。换言之,那些最初的变革必须具备足够的杠杆作用以使得整个系统向"临界点"的位置变化——到了这一点,变革就会持续发生。教育中高杠杆作用的变革包括评估体制、学习进度体制、学习计划体制等的转变,这些高杠杆作用的变革完成后,将会逐步促进其他转变的发生以备支持初期的变革之需。

专业引领原则:范式变革涉及的范围更大,实施困难而复杂,因而需要有在范式变革方面经验丰富的协助者引领。同时,同一学区的利益相关者常常会出现意见不合。为了平息纷争,所有利益相关者群体认定的协助者必须不带偏见,因此最好选择局外人。一旦协助者上任后,就应该全面介入该学区变革中的所有会议,直到内部找到适合该位置的人选时才可以退出,此时他的示范作用已经根深蒂固,因而学校系统就可以继续完成变革。

积极投入原则:创造过程和心态转变都十分费时,因而需要对大部分利益相关者进行新理念熏陶,这离不开教师、行政人员、家长和社区领导共同努力,可以用工作坊、研讨会、宣讲等形式进行。这些额外的工作需要支付一定的工资。另外,新教师角色的培训、设施的重新规划以及其他工具的更换也需要大量的时间和金钱。没有足够的资源,范式变革就有可能以失败告终。

技术支持原则:相比于工业时代系统,信息时代的教育范式更需要技术的支持,计算机的广泛运用能够增加学生和教师的工作效率。而个性化教育综合系统的研发将会支持量身定制的生本中心教学,发挥记录学习进度、规划学习蓝图、提供学习指导与评估学习效果等重要的作用。

3. 系统变革者的专业发展

教育者在系统变革的过程中处于领导地位,他们创建变革,不断提高专业化水平,这个过程可以称之为系统变革的专业发展。片段零散的变革不会引起大范围或更持久的变化,也不会有相应的专业发展范式为教师和其他利益相关者提供系统变革的知识和技能,相反,系统变革及其变革者的专业发展则是系统的、持久的、长期的。①

赖格卢特等人认为在系统变革中，各个利益相关者要对学校环境及功能都进行检查并重新设计以满足学习者当下的和未来的需要，因此更强调教师、行政人员和教育专业人员在系统变革中展现其领导力。他们必须学会帮助家长、社区成员、商业代表人士及其他的利益相关者共同创建未来学校。为此，不管是作为调查者、参与者还是协助者，都要具备专业人员所应该有的态度、知识和技能。在这里，教育者既是教育系统的设计者，又是使用者。相对而言，由系统内部人员发起的变革要比由外部强加的命令进行的变革持久且更有针对性。系统变革让教育者从变革终端的使用者转向成为变革的开发者和管理者，鉴于系统转型的复杂性，变革领导者需要掌握特殊的知识和技能，包括：②

· 变革的工具（特别设计的方法和一系列用于创建并维持转型变革的工具）。

· 地图和指南针（有关系统理论的知识、系统动态性、复杂和混沌理论、有关变革的理论）。

· 出色的变革指导能力，包括：熟练地收集、分析、解释并报告有关需求和机会的数据；熟练地创造并交流有关学校系统的理想未来；熟练地使用专门设计的方法以启动并维持转型变革。

要激起教育者变革的欲望，让他们参与变革，促进并维持变革过程，以上三种知识和技能至关重要。教育者是变革的主要引起者，需要帮助其他系统内部人员逐步意识到在信息时代学习者有了很大的变化，学校也应该顺应时代需求进行改革。在设计小组里，教师、行政人员和其他教育专业者在系统变革过程中是关键的利益相关者，他们的参与情况对整个设计与变革过程的成功起着至关重要的作用。他们对系统变革及其目的的理解能提高变革的质量，对变革背后理论和阶段的领悟能促进变革顺利进行，也能帮助其他利益相关者形成相关思维以有效地参与系统变革。

---

① NELSON L M, REIGELUTH C M. Professional Development in System Educational Change. In P. Jenlink(Ed.), Systemic Change：Touchstones for the Future School [M]. Palatine, IL：Skylight, 1995：111.

② NELSON L M, REIGELUTH C M. Professional Development in System Educational Change. In P. Jenlink(Ed.), Systemic Change：Touchstones for the Future School [M]. Palatine, IL：Skylight, 1995：111.

　　变革的协助者是教育者在变革过程中担任的一个重要角色,这些协助者要能帮助利益相关者完成"设计之旅"。有经验的协助者能促进变革团队成员之间相互合作,他们的目的不是提供预先准备的解决方案,而是帮助每个学校创建自己独特的设计方案以满足各种不同的教育需求。他们需要掌握各种知识和技能、理解促进阶段、考虑影响过程的因素并安排学习内容。当设计团队成员掌握了变革的过程,协助者就需要撤回支持。一个专业的协助者必须具备系统思维能力、系统设计能力、变革管理能力、小组合作协调能力、良好的沟通能力、项目管理能力及咨询能力。一旦设计的新系统得到了开发与实施,那么最重要的就是维持。系统设计实施以后,教育者必须时刻准备着排除系统故障并对系统进行调整以继续满足社会和学习者不断变化着的需求。

　　在整个变革的过程中,有很多要学的知识和技能,所以有效的专业化发展就显得很重要。通过系统的专业发展,教育者首先要知道系统变革过程的阶段,这类知识对参与者(如利益相关者、变革的发起者、过程的促进者)来说是最基本的。在了解整个过程以后,他们需要具备专业的态度、知识和技能才能使变革更有效,这些技能都能促使变革效果的最大化。在形成创造性的教育系统前,专业人员必须承担起风险并创造性地思考,同时他们必须有自我反思的、合作的、鼓励的心态。一次系统变革的实施需要最广泛的利益相关者具备支持性态度。这不仅能够促进设计过程,而且也能帮助其他学区进行变革。

　　系统专业发展不仅仅需要态度,而且还需有必要的知识基础和技能。有效的系统专业发展把这些要素以一种适时的、符合逻辑的方式进行传授,并帮助教育者发展有关系统变革的概念,既可以变革自己的学校,也可以作为促进者去帮助其他团队的变革。最主要的技能就是理解转型性变革、系统思维和设计理论,这三者是系统变革中最不可缺的组成部分,还有一些支持性的技能,如交流、合作、小组活动、管理及社交技能,同样也非常重要。

　　4. 系统变革专业发展途径

　　系统专业发展项目最主要的是关于团队意识和设计文化的主题,费用通常由学校赞助。系统专业发展项目的目标之一是让教育者与其他利益相关者保持一致,既可以是面对面,也可以是在线形式的。培训对象包含所有利益相关者,而不只是学校的教职工。设计团队中的每个人都应该受到鼓励,利用好系统专业发展的机会。同时,也要注意平等,所有的观点都需要同等的考虑。完美的设计文化或者团队能培养所有的参与者,创建合作的氛围,形成新的见解、观点和价值观,提供高质量的设计决策。^① 培训的主要目标是为了通过小组活动建立一个高度合作的环境和氛围。

　　学校资助的项目如研讨班和工作坊,可以在校内,也可以在学校以外的地方。大部分系统专业发展由学校资助,也有很多高等教育机构开始提供越来越多的项目以支持学校重建,这也为系统专业化发展提供另一个发展场所。它们可以提供一些常规的持续性的教育课程,可以和公立学校一起参与合作,也可以专门为学校定制。另外,有一些大学现在能为变革提供支持性服务,如在印第安纳大学,很多教授和大学生一起为正在变革的学校提供工作坊。还有一些专业组织,如教育通讯与技术协会(AECT)的系统变革部、课程发展和监督委员会(ASCD)等,它们开设讲座、工作坊、讨论小组参与对话,开展进一步的研究并鼓励发展实践应用。这些组织中的活动不仅能让专业人员学到更多有关系统变革的知识,也可以宣传从它们的变革过程中得出的结论和经验。

　　从教师自身的系统变革专业发展看,可以分为三个阶段:职前、职中、职后,每一个阶段都有特殊的需求且有不同的发展方式。对职前准教师来说,有关系统变革的教育尤其重要。在职前,系统变革教育应该成为教师教育课程、课程与教学、教育领导力的一部分。如开展用系统思维、设计理论和变革过程进行的教学,在这个过程中准教师会形成自己的教学和管理方式方法并将之应用到课堂和学校中。当他们自己意识到变革的紧迫性时,其有关变革的知识就会反映在他们对待未来学生及其学习相关的个人哲学理念和处世方式中,同样,也会为他们将来参加工作后支持其成为变革领导者做好准备。

　　目前,大部分系统变革专业化发展主要针对在职教师的发展。在这个职业阶段,教育专业人员是最有可能成为积极的变革参与者和协助者,因此需要在变革的学校中赋予他们新的角色,可以通过工作坊、培训及其他可能的活动让他们形成必要的知识、技能和态度,还要鼓励专业的教育者与其他正在进行变革的学校和正在研究系统变革的高等教育机构建立合作关系。职后专业人员在系统变革中更是有价值的参与者,他们作为有经验的协助者和指导者帮助其他教育专业人员参与变革,他们能提供各种经验和支持,为刚开始进行变革的团队设想可能的阻碍及提供可用的解决办法。

---

① FRANTZ T G. System for Design Learning: Evolving Perspective [J]. Educational Technology, 1994: 54-61.

第二章　新学校的组织系统

在新范式下,赖格卢特重新设计了学校的布局形态——即用"合伙团队(cluster)"与"学习中心(learning center)"代替学校,其所有权和经营权由导师(新范式下用"导师"代替教师)所有,学校组织教学的方式由基于学习时间的"年级升迁制"转向基于学习结果的"成绩达标制",学校文化也由"控制型"和"学业至上型"转为"学习型文化"。

第一节　新教学的组织模式

大部分受教育的人都接受过学校教育,从符合入学年龄开始,根据年龄的增长按序接受小学教育、中学教育,甚至是本科和研究生教育。如果一个学校同一年龄段的学生过多,还会随机或者有目的地分成各个班级。这一传统的年级组织模式基于儿童的出生日期,而教育的过程就是促进他们不断地升级。教育系统变革将彻底改变这一模式,新范式将从基于时间常量的"年级升迁制"转向基于学习常量的"成绩达标制"。

一、年级组织:"年级升迁制"转向"成绩达标制"

1. 基于时间常量的年级升迁制

首先要明确的是,基于年龄分级的模式并不是从学校教育出现后才有的。跟其他传统的教育习惯一样,该模式也是在特定的地点和时间为了适应某些条件而被人为创建的。在工业革命之前,很少有这样把学生按照年龄分级的。当时大部分人还依靠农耕生活,对年轻一代的知识和技能学习要求不高,而且人口数量增长缓慢,因此,若要实施按年龄分级很不现实。随后,工业革命、城市化接踵而至,大量移民涌入城市,城市人口剧增,直接导致了学校学生数量急剧增多。在这样的状况下,学校不得不把学生进行分组,而按年龄分级恰是一个很符合逻辑的选择。具有相同年龄的儿童大多数有着相似的生理及心理特征,管理者根据不同的年级设置不同的教学目标、课程内容和评价标准,当然同一年级内的是相同的。这样的安排合理而又科学,还便于对教师和行政人员进行管理,提高教师的工作效率。除此之外,对于儿童人口迅速增长的城市来说,这样的形式比较容易模仿。然而,这一模式真的合理科学吗?

先看看几个重要的场景:在家庭中,不同年龄的兄弟姐妹和父母甚至祖辈一起生活;在工作环境中,职员从刚毕业的学生到快退休的老员工一起工作;在生活场景中,更多的是有着共同兴趣爱好的人聚集在一起交流娱乐。这与学生在学校获得的经验完全不同。不同年龄段的人在一起工作生活时,不管是年长者还是年幼者都会有不同的收获。年长者会承担起照顾年幼者的责任,还能从年轻人那获得一些新的观点,了解一些新事物;而年长者在解决问题、与人交往方面会更有经验,思考问题更全面周到,在相处的过程中,年幼者耳濡目染,从模仿到应用,学得更快。基于年龄分级的模式恰恰剥夺学生的这一学习方式。

并且,基于年龄分级的模式下,授课时间为常量,学习结果是变量。具有相同年龄的学生被划分为同一年级,授课时间一完成(一般为一学年),同一年级内所有的学生就直接升入高一年级继续学习。然而,每位学生都有着不同的兴趣爱好、个性特征和学习风格,以至于他们在规定时间内所习得的知识技能不可避免地产生差异。部分学生在没有达到掌握当前学习内容的情况下,又不得不接受新内容的学习。随着年级的升迁,未掌握的知识和技能越来越多,特别是在有层级结构的学科中,课程设置都遵循着由易到难、前后连贯的原则,前一内容缺失势必会影响后一内容的理解。最终,这部分学生会被贴上慢生或差生的标签。

还有一部分学生,由于天生资质聪慧或者偏好某些学科,同一内容的学习,如果其他学生需要半小时到达理解的程度,他们只要 10 分钟就足够,剩下的 20 分钟就浪费在等待中。这部分学生通常就被称为"快生"或"优秀生",如果在相同的教学时段内,他们所受的教学内容与其他学生一样,即使评价结果为优秀,也不能称之为得到了充分的发展,特别是对一部分极具学习天赋的学生来说,普通的学校教育根本不能满足他们的学习需求。在按年龄分级的模式下,慢生和快生之间的差距越拉越大。慢生会因为赶不上教学进度而产生厌学情绪,快生也会因为经常要浪费时间等其他人而失去了学习兴趣。

按年龄分级,同一年龄段的学生接受同样的教学内容,似乎体现了平等,但实际上这是一种平均主义。行政人员将传统课程分成按学年排序的内容,并监督教师是否遵循课程安排进行授课。学年结束,学生参加测试,并将之分成各种等级。至今这种年级升迁方式没有实质性的变化,已经牢牢地成为学校组织的一部分,是学校教育关键性的组织方式。[1]

2. 基于学习常量的"成绩达标制"

"成绩达标制"基于成绩达标的学习进度——学生只有达到了标准,即熟练掌握目前的学习主题或技能时,才可以继续学习新的内容;在未达标之前,是不能强迫其继续学习新任务的。不同的学习者由于其天赋、学习风格、学习兴趣等不同,学习同一内容的速度也就不一样。成绩达标制采用学习内容相同、学习时间因人而异的模式,学习结果是常量,教学时间则成了变量,最终使每位学习者都能完成标准规定的学习内容,以掌握未来生活必需的知识和技能。

成绩达标制是个性化学习的前提,也是赖格卢特新范式中最核心的理念。在新范式下,学习者的学习步调根据个人的情况来调整,每位学习者都要对现有的主题达到掌握水平,当他们一达到掌握水平,就可以开始下一个主题的学习。而基于时间进度的学校模式下,学生即使没有掌握现有主题,也要按时间进度被迫进入下一个主题的学习,这就忽视了一个最重要的学习原则——只有当新知识建立在已有知识的基础上时,新知识才能有效地建构,那种不等学生达到掌握水平就让他们学习新知识的教学,会阻碍其对教学内容的深层次理解。

很早就有学者批判基于时间的学习进度。卡罗尔认为让所有学生花费同样的时间学习,其结果会导致学习能力和成就之间高度相关,也就是说,学习失败的学生一般不会有积极的学习态度。[2] 布卢姆认为传统的学校系统里,每位学生在学习科目上花费的时间相同,这样设计会淘汰一批学习能力不好的学生。[3] 1984 年布卢姆报道了惊人的发现,当给予学生足够的时间和机会去掌握当前的学习主题时:能力—成就的相关关系从 60％ 降到 25％;学生用于任务的时间从总体学校时间的 65％ 增加到 90％;以掌握学习法进行的学生态度和兴趣比使用常规的基于时间的方法要高很多;更重要的是,在掌握小组里学生的平均成绩要比常规小组的学生高 2 个 Σ。

---

[1]　TYACK D, CUBAN L. Tinkering Toward Utopia: A Century of Public School Reform [M]. Cambridge, M, A: Harvard University Press, 1995: 91.

[2]　CARROLLACK J B. A Model of School Learning [J]. Teachers College Record, 1963: 723-733.

[3]　BLOOM B S. Learning for Mastery [J]. Instruction and Curriculum, 1968: 1-10.

布卢姆为成绩达标制提供了一些指导原则:形成性测验、纠正反馈的过程以及基于团队的学习有助于学生之间相互帮助查漏补缺。① 克莱尔(Keller)同样也提供了指南:首先,学生要根据自己的步调学习某门课;其次,学生要掌握现有主题后才能进入下一个主题的学习;第三,讲授和示证是用于激发学习动机的,而不是传递教学内容;第四,设学习指南用于指导学生学习;第五,设学监以不断进行考试、算分及辅导。② 这些指导原则可以总结为:在学习达标的过程中要不断进行形成性评价以明确学习中遇到的困难;在评价过后应该马上有一个纠正的过程,可以通过辅导、小组学习等;学生在进行下一个主题的学习时必须先证明自己已经掌握当前的学习主题。

二、班级编制:"同龄分班"转向"混龄小组"

基于年级升迁的学校模式下,当同一年级的学生人数过多时,就需要将他们分成不同的班级以方便管理。分班的方式通常是随机的,但也有根据学生的测试结果分成快慢班。在同一个教室内,也会用等级作为分配形式,如在安排课堂座位时会将乖巧优秀的学生排在前面,根据完成任务情况或测试结果将学生进行排名安排座位。当班集体形成后,班与班之间相对独立,教学空间封闭,很少有合作情况,更多的是基于各种名次的竞争。大多数学生的人际交往限于本班级内的同学,减少了同伴之间相互交流、相互学习的机会。

1. 混龄分组

新范式采用的是成绩达标制,学习结果相同、学习时间不同,因而基于年龄的年级升迁制就不再适用。新范式用混龄分组的形式取而代之。通常,0~18岁的学习者可以分为六个发展阶段,大致是每三年为一个阶段。根据不同年龄段学生的发展特征,又可以进一步归为四大类。

具体地说,第一阶段为0~3岁之间,在该阶段孩子的学习有两种方式:一是跟着父母及兄弟姐妹在家里进行学习,如有需要,导师和家庭服务专家根据家长的要求为其提供建议和资源,以尽可能地帮助他们抚养孩子;二是由父母带着一起在日托指导教室里进行学习,专门的助手会根据导师和/或家庭服务专家的指导提供服务。

---

① BLOOM B S. The 2-Sigma Problem: The Search for Methods of Group Instruction as Effective as One-to-one Tutoring [J]. Educational Researcher, 1984: 4-16.

② KELLER F S. "Good-bye, Teacher..." [J]. Journal of Applied Behavior Analysis, 1968(1): 7.

第二阶段为 3~6 岁之间,这时的孩子已经有了具体的形象思维,大部分的学习都在指导教室进行,导师和/或助教会根据孩子的学习准备程度决定是否让他们接触那些精心设计的手工材料。必要时,导师也会让家长更多地参与孩子的教育发展。

第三阶段与第二阶段相似,唯一不同的是处于该阶段的儿童 6~9 岁——需要承担计划并追踪自己学习的责任。在本阶段,导师要帮助学生完成从具体思维到抽象思维的过渡,还要不断激发他们的想象力。

9~12 岁之间的儿童处于第四阶段,该阶段的孩子已经有了抽象思维,所以导师会依据项目的特点指导学生将学习与外部现实世界相联系。学生的大部分任务都在指导教室里完成,有时也会去学习中心及一些社区场所(有监管人)进行学习。

第五阶段通常在 12~15 岁之间,该阶段学生的特征与第四阶段的学生类似。只不过该阶段的学生需要在学习中心和社区场所完成的任务日渐增多,在指导教室的时间会减少,需要更多的带有数字技术的工作区和会议区。

在第六阶段,学生处于 15~18 岁之间,其学习场所更多的是在设有工作区的会议室,与处于低发展阶段的学习者所用的教室和活动室大不相同。绝大多数内容的学习都需要在学习中心进行,包括由其主办的研讨会、项目和辅导课程,往往会以小组的形式进行学习。当然,有关儿童发展水平的分类并不是要严格按照年龄层次划分的,因为每个孩子的发展会有快有慢。

如表 2-1 所示。

表 2-1 新范式学生的发展阶段

发展阶段	年龄段	学习场所	主要任务
1. 婴幼儿阶段	0~3	家中;日托指导室	抚养孩子
2. 低发展阶段	3~6	指导教室	发展形象思维
	6~9	指导教室	过渡到抽象思维
3. 中发展阶段	9~12	指导教室为主,学习中心与社区场所为辅	将学习与真实情境相联系
	12~15	学习中心与社区场所为主,指导教室为辅	过渡到任务学习
4. 高发展阶段	15~18	主要在学习中心	基于任务或项目的学习

学习者发展的六个阶段中,家长和导师在每个阶段学习过程中的支持程度也是不一样的。到了学龄期,导师会根据学生的发展水平编成混龄小组,也就是说,同一个小组内的学生一般处于同一发展阶段,但不需要年龄一致。学生可以选择自己的导师,并且在一个完整的儿童发展阶段里(约三四年)该导师是固定不变的,随着时间的延长,师生之间、生生之间不断相互了解,最终会形成一个融洽的关系网。并且,不同年龄段的学生相互合作交流,有助于他们适应未来的工作环境。可以肯定,不管是现在还是未来,没有一个工作场所的所有员工都是相同年龄的。

2. 多年的连续指导

在混龄编组的基础上,导师还需要"多年的连续指导",即每位导师连续几年辅导同一个学生,担任多年教学任务。这种教学方式如今在很多欧洲国家广泛使用,如意大利和德国。在这样的编排方式下,教师对学生有充分的了解,在制定个性化教学时就能考虑个人发展水平和需求;教师会更注意学生的文化背景、信仰和情感;教师和学生之间能建立更密切的关系;教师和家长之间能建立更牢固的关系,因此他们能更好地调整各自的努力以促进学生在校内外都能学习,鼓励家长更多地参与学生的教育;在学年刚开始时,教师不用花太多的时间去了解学生并建立教室规则和预期,这些都会为学习和教学增加额外的时间。除此之外,多年的连续指导要比传统的课堂组织更符合个性化学习的要求。教师了解学生的各个方面,因此能给学生提议一些更符合学生兴趣的主题,选择一些更有效的学习策略,从而创建一个更个性化更合适的学习计划。

3. 设计原则

班杜拉的社会学习理论认为,人的思想、感情和行为不仅受直接经验的影响,而且更多地受观察影响,这种把观察别人的行为及其结果而发生的替代学习称之为观察学习。也就是说,人的多数行为是通过观察别人的行为和行为的结果而学得的,依靠观察学习可以迅速掌握大量的行为模式。如此,当不同年龄阶段有着不同特征和兴趣爱好的人在一起学习、工作或生活时,他们彼此所能习得的内容就更丰富、掌握的速度更快。从这一点说,混龄分班模式就能给学生提供更丰富的学习环境和学习方式。并且混龄又基于同一发展阶段的学习者,在身心特征上都相似,教学时不会出现太大的差异。在实施多年指导的方式中,学生可以根据自己的兴趣、背景和个人需求选择自己的导师。当然,必要时他们也可以自由更换自己的导师。

第二节　新学校的建构模式

大部分教育研究集中于具体的教学实践及教师和学生的特征,而学校的环境似乎对学校教育的结果影响不大。学校只是一些建筑物,一个相对比较便利的物理环境,在这里教师和学生聚集在一起参与正式的教与学过程。然而,这个环境的特征也会影响个体在其中的体验,这些特征既包括物理特征,如光线、温度、座位安排等,也包括社会情境,如组织、人际关系、目标等。因此,如果要充分理解学校是如何影响学生的,不但要研究学校的正式教育实践,而且考虑这些活动发生的环境也同等重要。[①]

一、新学校建设:"标准校舍"转向"合伙团队与学习中心"

教育设施是学习的舞台,主要是为学生提供良好的学习环境以促进其成长和发展。设计精良的校园环境用以支持教师展开各种教育教学活动。它们不仅仅是建筑物的图形,还是为某种目的特设的情境。随着教育系统的进步及对教育学理解的增长,再加上新技术和社区的参与,学校教学方式越来越多样化,因此,这些活动开展的空间也需要进行变革。

1. 标准校舍

现有的学校布局呈现统一化的样貌,在主要教学楼内,每一层都排列着一间间统一布局的教室,教室里是一排排整齐的方方正正的课桌椅。这种标准校舍成型于 20 世纪早期,由于当时学校入学人数激增,而学校建筑明显空间不足,一些研究者便开始关注如何在最短的时间有效地解决这个问题。于是一系列学校建筑标准纷纷出台,如《美国学校建筑标准》[②]《小学建筑标准》[③]及

---

①　ECCLES J S, ROESER R W. Schools as Developmental Contexts. In G. Adams & M. D. Berzonsky (Eds.), Blackwell Handbook of Adolescence [M]. Malden, MA: Blackwell, 2003: 129-148.

②　MILLS W T. American School Building Standards [M]. Columbus, Ohio: Franklin educational publishing company, 1915.

③　STRAYER G D, Engelhard N L. Standards for Elementary School Buildings [M]. New York: Teachers college, Columbia University, 1923.

《中学建筑标准》①。标准中对教学楼的形式和内部布置都有很明确的说明，如卫生间、食堂、餐厅的规划，桌椅、灯光、窗户、壁橱等一系列物品的尺寸和安装位置。

"教室里每位学生都有一张桌子。在理想的条件下，每位学生应该有 20 平方英尺的地面面积和 260 立方英尺的空间，但是在条件不允许的情况下，这些数据可能就会减少到 15 平方英尺的地面面积和 200 立方英尺的空间体积，甚至更少。教室通常稍微有点长方形，教师的讲台位于教室的前端，占地面积大概是 24 英尺乘以 30 英尺或者 25 英尺乘以 32 英尺等，桌面的高度应该不能低于 12 英尺也不能高于 14 英尺。"②这些标准的出台，给很多州的学校建设带来了便利，建筑师按照这些标准化的图纸统一规划，有效地解决了当时教育空间不足的问题。

20 世纪六七十年代，教育面临着扩张的需求，学生毕业年限增长，学前教育和高中教育普及，课程的发展呈现复杂化的样态，导致了许多国家面临着变革学校空间的压力。1971 年 1 月，OECD 成立教育建筑项目（programme on educational building）并于次年同月开始实施。该项目主要关注如何提高学校建筑的质量、建造速度和成本效益，促进学校建筑资源的有效利用。PEB 第一批报告中提出建议："学校不应该再由统一设计的教室组成，即教室里统一配有 30 张桌子、一张讲台及一块黑板。标准化教室应该由多样化空间取而代之，当然还会保留一些空间进行正式教学、讲座，但是有一些空间需要改造成用于小组活动、讨论及同伴学习和探究……"③

尽管如此，早期的教育建筑项目还是较多地采用标准化设计，尤其是工业化建筑形式的设计，这主要还是为了满足快速的学校空间需求，快速、有效、相对节约资本是其主要目的。20 世纪 80 年代以后，信息和通信技术极大地影响着教与学，为了使教师和学生随时可以获取丰富的校外资源，学校建筑中配备了大量的技术设备，如视听媒体、计算机等。为了有效地利用这些技术媒体设备，适应新的教与学的方式，学校建筑空间改革愈加重视教学空间的灵活性和适应性，新学校应创建不同大小不同类型的空间，使用者还可以根据不同的

---

① STRAYER G D, Engelhard N L. Standards for High School Buildings [M]. New York：Teachers College, Columbia University, 1924.

② MILLS W T. American School Building Standards [M]. Columbus, Ohio：Franklin Educational Publishing Company, 1915：24.

③ OECD. PEB1：School Building：Today and Tomorrow [M]. Pairs：OECD Publishing, 1973.

需求重新布置。2009 年,教育建筑项目改名为有效学习环境中心(the Centre for Effective Learning Environments),从关注为大众教育寻找技术性解决办法转向更好地理解使用者和物理环境之间的相互作用,转向如何创建并管理学习环境以更好地满足使用者需求的设施。①

美国的学校建筑也随着 OECD 变革的步伐,20 世纪 70 年代的"开放教室运动"试图打破盒子式的教室而将学校设计与学生中心的教育方式联系起来。② 最初的做法就是将教室的隔墙除去,这样学生就有了一个开放的空间,可以根据学习兴趣和能力进行小组学习。开放教室在 70 年代中期已经比较盛行,但是由于当时人们受有关教育理念的限制,该运动在 70 年代末就结束了。尽管开放教室运动只是昙花一现,但是它革新性地打破了传统教室的设计,试图将教师中心的教学模式转向学生中心,其理念和实践都影响了美国后来的学校设计。到了 80、90 年代,学校重建运动开始,教室和学校设计也成了变革学校教育的一种方式。进入 21 世纪,计算机互联网技术彻底改变了学习环境。加上人们逐渐认同了新的教育和学习理念,目前美国学校和教室的设计几乎已经完全摆脱了传统盒子式的布局,进入全新的教育时代。

如今,现代学校设计一般会遵循以下四个原则:温馨(安全、鼓励性、培育性)——学生在校的行为与学校建筑物隐含的信息有很大的关系,设计者在设计环境的时候要考虑到这些,尽可能让学生感到在学校里是受欢迎的;多种用途(灵活而又个性化)——能够快速而轻易地移动,比创建灵活的空间要复杂得多,还要能满足不同学生的学习风格需求;支持各种及特殊的学习活动(多种学习环境)——有些区域应该设计成促进展开多种学习活动,有些区域则要设计成支持特殊活动;传递积极信息(有关身份和行为)——学校的设计对创建一个积极的校园氛围有着很大的影响。③ 总体来看,学校建筑空间的设计由标准化走向了多元化。标准化是为了尽快地提供更多的教学空间以符合不断增长的学生人数需求,注重的是速度、效率和经济成本。而多元化的设计是为了满足每位使用者的不同需求,追求灵活性、适应性和技术性。

---

① BLYTH A. Looking Back over 50 Years of Educational Buildings [M]. Pairs: OECD, 2011: 13-18.

② NAIR P. Blueprint for Tomorrow: Redesign Schools for Student-Centered Learning [M]. Cambridge, MA: Harvard Education Press, 2014: 10.

③ NAIR P. Blueprint for Tomorrow: Redesign Schools for Student-Centered Learning [M]. Cambridge, MA: Harvard Education Press, 2014: 12.

2. 合伙团队与学习中心

一方面,教育设施和空间支持了教育和教学活动的展开。而另一方面,随着新的教育和教学活动的出现,现有的教育空间和设施反而成了一种阻碍。标准校舍满足了工业时代快速高效地传递知识和培养规矩、顺从学生的教育需求,却不利于新时代新范式的展开。因此,信息时代的标准校舍和教室转向了更灵活的"合伙团队"和"学习中心"。

"合伙团队"最初是为了解决偏远地区教师和学校面临的问题,如缺乏资源,接触各种材料和设备的机会较少,学校的硬件设施落后。[①] 此时的合伙团队更合适称为学校群组,最早的学校群组建立于在 20 世纪 40 年代英国和印度,通常是把地理位置上相邻的几个学校组合在一起形成一个群组或联合中心,其规模一般由 2~15 个学校组成,规模较大且设备较好的学校就成为该群组的核心,核心学校会有一个资源中心,设有图书馆和材料资源以供周边学校的教师使用。资源中心也可以作为会议中心,来自不同学校的教师在这里交流思想,或者用于教师培训。不同的学校组织成一个学校群组,几个学校群组就成了一个学区。20 世纪 70 年代后期,很多国家都开始成立学校群组,学校群组也因此成为教育改革中一个创新性的策略。到了 90 年代,教育改革呼吁教育分权,鼓励学校自治,促进社区参与学校决策和投资,进一步促进了学校群组的发展。

学校群组是为教育或行政目的而把几个学校组合在一起,这些学校之间相互分享资源以改善教育的条件,有利于把各种教学材料和人力资源集合在一起服务于学校教育,有利于为教师提供专业发展和教学支持。现在学校群组已经不局限于乡村学校了,很多城市也根据具体需求建立了学校群组,学校群组已从改善乡村学校变成普适性的教育改革策略。学校、教师、学生及家长,只要他们有共同的兴趣,都可以参与学校群组的活动。建立学校群组主要为了提高教育质量、提高成本效益、促进教育管理、鼓励社区参与教育及提高教育传递的条件。其中,最基本的目标是在学校和课堂层次上改善教和学的质量,促进学校和学校之间的交流与合作,交换信息和观念,用集体智慧开发课程,解决教学难题。

学校群组促进了教育资源的共享,包括教学材料及具有特殊才能的教师

---

① GIODANO E A. School Clusters and Teacher Resource Centres [M]. UNESCO: International Institute for Educational Planning. Paris: IIEP, 2008:23.

的共享,这也是教育公平的体现。为了更有利于财政的分配,当资源有限但需求量大的时候,把财物集中分配到学校群组会比分散到各个学校更合理。学校群组通常有两种管理形式:一是在学校和学区之间建立一个中间机构,二是从各个学校选出代表成立委员会进行监管,这样就方便了学校管理。学校群组中的资源也可以供社区成员使用,如宣传公共卫生或其他受关注的话题。这些都有利于促进当地利益相关者参与教育、制定决策,有利于调动社区成员收集信息提供所需的资源,使学校获得更多的资助。

赖格卢特进一步发展了"学校群组"的概念,在继承其有效利用教育资源优势的基础上有所改变。但是不管在建筑规划还是组织与管理方式上,又与现在"学校"的概念大相径庭。因此,用"合伙团队"取代学校和学校群组的称谓,一个合伙团队大概由4～10位导师、助教及15～20名学生组成。在现有的大型教学楼里,每个合伙团队会租用其中单独的一侧或一层,其他设施如体育馆、图书馆和餐厅则共享。如果要建造新的教学楼,则会按照"车轮"的形状来设计,"车轮"中心地带是共享的教育设施,而"车轮"的每根轮轴上都会有一个合伙团队。对处于较低发展水平的儿童,学习几乎都在合伙团队中进行。

当学习者身心发展到较高水平(传统的意义上就是进入"高年级")或需要就某一领域进行专门学习时,就要进入学习中心。学习中心规模与合伙团队类似,只不过学习中心会更加集中于某一领域的专门学习。如某一学科导向的领域——化学、物理、历史等,跨学科的主题式领域——环境污染、经济危机、动物保护等,及某一技术专长领域——烹饪、修车、滑雪等。赖格卢特将学习中心分为三种类型:购物中心、社区中心和移动中心。[①]

・购物中心:位于所有设施的中心,包括个人经营的工艺品店、地区或国家的连锁店。这些购物中心拥有各种资源,如用于实践操作的材料及基于网络的多媒体学习环境,这些资源为学生提供了丰富的学习环境。

・社区中心:处在社区环境中,如博物馆、动物园和企业。这些中心能带来额外的收入并能为赞助者减免税收,以此支持学习中心的活动,为学生提供真实世界中的重要学习资源。

・移动中心:能从一个合伙团队移到另一个合伙团队,甚至还会从一个社区移到另一个社区。主要出现在人口分布少的地区,特别是要用到那些昂

① 赖格卢特,卡诺普.重塑学校:吹响破冰的号角[M].方向,盛群力,译.福州:福建教育出版社,2015:44.

71

贵的学习资源时,如电子显微镜或者质谱仪。

在进入学习中心学习前,合伙团队的导师会帮助每个学生拟定好一份个人学习计划,用以规划其在学习中心所需习得的技能及所要达到规定标准的进度。当学习任务完成后或已经掌握了某项技能时,学习者又需要返回合伙团队以继续制订学习计划,展开新一轮的学习。学习中心通常都会安排合作任务以共享资源,其工作人员主要是有职业资格证的导师、专家、家长和社区志愿者。每隔几个月学生都会得到一定数量的"通行证"以使用学习中心,而且只有通过学习中心的学习才有机会获得更多地通行证。合伙团队中的学习者则根据定制的学习内容选择不同的学习中心,而某一专业领域的学习中心会根据学习者的需要定期地出现或消失。

学习环境是影响学习结果的一项重要因素,以合伙团队和学习中心来代替"学校",打破了来自工业时代标准化的学校形式。标准化教室和学校环境,更多地给使用者带去呆板、缺乏活力、拘束的氛围,在课桌按顺利排列的教室里,学生活动空间、活动方式有限,主要采用直导式教学,教师在讲台上授课,学生在下面听课。而合伙团队和学习中心具有充分的灵活性,学生可以根据自己的学习内容选择合适的合伙团队和导师,学习中心也是为了进一步促进学习者的学习而有针对性地开设,是真正适应新范式的学校形式。

二、新学校管理:"科层体制"转向"共享决策制"

在美国革命之前,教育的职责由个人、家庭或教堂承担,政府几乎不参与。19世纪前半期,公立学校运动最终取得了胜利,各州相继立法创建公立学校系统,主要由当地税收支持,并成立地方学校董事会或学校委员会进行监管。20世纪80年代,联邦政府正式参与监管教育。自此,学校系统既要受当地政府的控制,又要考虑联邦政府的要求。富兰认为,自上而下的领导策略是有问题的,因为复杂的变革过程不能从上面进行控制。[①] 教育系统变革将学校的内在体制由"科层体制"转向"共享决策"。

1. 科层体制的学校系统

现代学校系统是韦伯科层体制的经典体现,即劳动分工与专门化、权威等

---

① FULLAN M. Coordinating Top-down and Bottom-up Strategies for Education Reform. In the Goverance of Curriculum [C]. R. Elmore & S. H. Fuhrman. Alexandria, VA: Association for Supervision and Curriculum Development, 1994: 186-202.

级、规章制度、非人格化取向以及职业取向。① 第一,学校有专门化的劳动分工,按层级分为小学和中学,按学科分为数学、科学、阅读等。教师按其受教育的程度和学科承担相应的教学任务。第二,教育系统权力的层级化,在一个学区内,权力最大的是教育督导,教师和学生处于最底层,因此也就没什么权力可言。第三,学校有各种规章制度,规章制度明确了各个职位的权利和责任,保障了层级活动有序并统一地进行。第四,行政人员和教师在做决策时根据基本的事实,而不是凭感觉,以确保公平与合理。第五,根据教师工龄的长短及所做贡献的多寡,教师的职位有相应的晋升,这就鼓励了教师不断地努力以提升自己。

具体地说,当前的学校机构,直接或间接地受各个权力层次的控制,其中最直接的是来自当地政府。当然,地方学区会因为其所在范围大小、所服务学校的数量及功能的不同而不同,然而主要的内在体制和管理方式还是大同小异。在一个学区中,学校委员会有着最高权力,其成员主要由当地居民选举产生,也有由地方法官、市长、市议会直接任命,主要负责学校的日常运行和教学,包括政策实施、资金预算、监督教职工(督导、其他行政和服务人员、教师)、购置学校用品、决定课程选择等。

学校委员会下面设督导为首席行政人员,负责学校的日常运行,保证其顺利并且合法,同时也为学校委员会提供专业的建议和数据以助其制定政策、预算及明确教育目标。督导领导着中央办公室,各个办公室成员都处在线性排列的位置。督导后面是各个助理督导,接着才是校长、助理校长和教师。校长主要承担监督教师、处理学生纪律问题、维护良好的社区关系等任务。学校内部又分为不同的部门和团队,各部门或团队组长主要任务是促进教师和行政人员之间的协调和交流。学校一旦有什么情况,校长向助理督导报告,助理督导向督导报告,最后由督导报告给地方学校委员会商议。同样,如果有什么决策要实施,也是一层层向下级传达,这就是科层结构,如图 2-1。

---

① HOY W K, MISKE C G. Educational Administration: Theory, Research, and Practice(7th ed) [M]. New York: The McGraw-Hill Companies, Inc., 2005: 85.

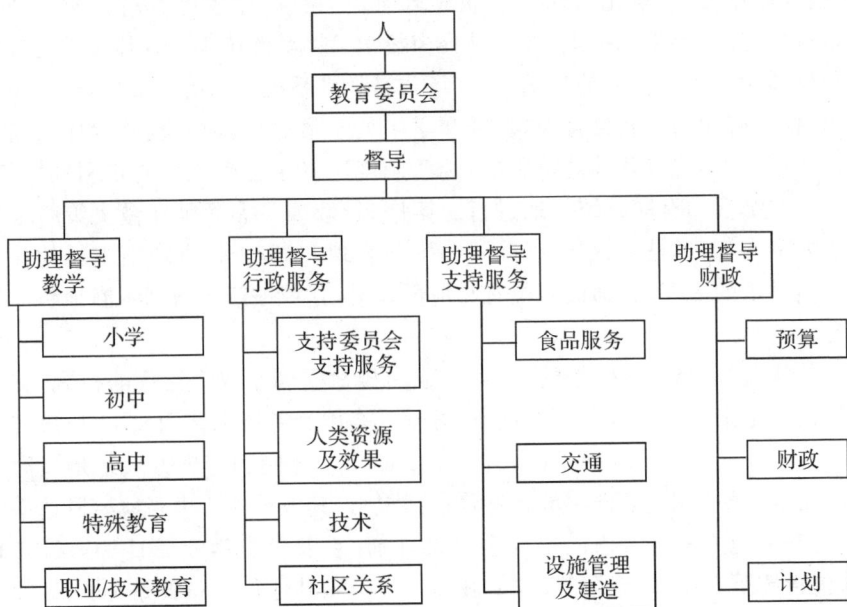

图 2-1 传统学校的课程结构[1]

　　然而,学区学校系统不仅要实施当地委员会的政策和指示,还要受来自州政府和联邦政府法律规章的约束。目前,州政府仍是当地学校系统最重要的政策、立法和资金来源,控制着最主要的资金去向。州长也发挥着重要的作用,他可以通过行政权力和个人魅力号召公众参与某项行动。地方学校由州长、法院、州督学、州教育委员会及州教育部共同管理,主要涉及州财政资助、课程内容、教师资格、学生升学和毕业标准的管理。联邦政府为学校的发展提供一个国家范围的视角,负责收集有关教育的数据、提供各种援助、资助教育研究等。

　　应该说,科层制是理性化的产物,能使管理效率最大化。它通过固定的任务分类、等级监督和细致的规范及规则化,实现精确、快速、整齐、可靠和高效的工作目标。但是,在这样的组织中,权力控制是核心,标准化是准则,每一个

　　① CRAVER S M. Foundations of Education: Problems and Possibilities in American Education [M]. London: Continuum International Publishing Group, 2011: 79.

组织成员的个人特性受到压抑,它关注的是服从、严厉、特权、政治影响力。对学生或导师而言,极少有选择的权利。科层制可能会导致自上而下的等级制,还会使整个教育系统抗拒变迁、信息垄断、遏制创新。从20世纪开始,批判学校系统科层组织模式的呼声不断,如有批判公立学校系统的科层结构限制了家长参与学校决策的机会;有认为当前管理系统不能充分满足教育需求。近些年,有关学校管理的变革主要集中于从集中到分权、从扩大公众选择的范围到学校私有化和学校选择,从增强现有状态到完全重建。① 尽管批判、争论、变革不断,学校的管理似乎没有从根本上得到改变。

2. 新范式的共享决策体制

为改变当前大多数学校系统自上而下、科层决策结构为主导管理体制,学习者中心范式采用共享决策制,它取消线性的科层管理,教师成为学校的所有者,共同管理自己的学校。在这个体制中,学生甚至家长都可以参与决策制定。

(1)行政管理机构

新范式的学校行政机构都基于学区范围,主要由"合伙团队支持机构""学习中心支持机构"和"用户援助中心"三个部门构成。这三个部门又由"学区委员会"统一管理,"学区委员会"上一级便是"州教育局"。"合伙团队支持机构""学习中心支持机构"是两个功能类似的机构,只不过服务对象不同。"合伙团队支持机构"主要服务于新合伙团队的创建,创建主要有两种方式:一是与已有的合伙团队签约,让它们为新创建的合伙团队提供服务,包括预算管理、采购、维修服务或提供运输工具;二是选择由外部的私人承包商提供所有的服务。"学习中心支持机构"对学习中心也起着相同的作用。合伙团队和学习中心也可以选择不让支持机构提供服务,而是去雇佣那些能更好地满足自己需求的社会服务机构。不管用哪种途径,最重要的是所有决定都需要所有者共同协商完成,从而真正体现"支持"作用而不是为了控制。当学区规模较小时,这两类支持机构也可以合并成一个,同时服务于合伙团队和学习中心。

"用户援助中心"独立于"支持机构"之外,既负责对学区合伙团队和学习中心导师的考核,也为学生和家长提供咨询服务以帮助他们找到最合适的导师。考核主要依据"个性化综合教育系统"所记录的信息,还有一部分来自学

---

① CRAVER S M, PHILIPSE M I. Foundations of Education: Problems and Possibilities in American Education [M]. New York: Continuum International Publishing Group, 2011: 97-98.

生和家长的反馈。当学生或家长前来咨询时,该机构先提供诊断性测验,以判断学生已有的知识和技能水平,专门工作人员还会跟学生交流以进一步了解其兴趣、学习风格、个性特点等。根据测验和交流结果,用户援助中心会为学生和家长提供反馈并推荐一位最匹配的导师。如果学生和家长不参与咨询,"用户援助中心"便会根据"个性化综合教育系统"的记录自动分配导师。家长和学生可以随时获取有关导师的信息,当然导师也可以随时获取自己的信息以用于改善自己的教学。

学区委员会产生于 20 世纪末的学校重建运动中,并一直被保留至今,它为促进家长和社区成员参与学校教育的决策作了重要贡献。新范式也采取当地"学区委员会"形式,其主要有三个功能:一是负责设置学区标准并监管整个学区所在学校的达标情况;二是负责监督各个单位(合伙团队、学习中心和学区支持机构)的工作效率;三是裁定各个利益相关者(导师、家长、学生)之间出现的争议,特别要维护好弱势学生群体的权利。学区委员会对各个合伙团队、学习中心及行政管理机构的大小事宜不会管得太细。

学区委员会上一级就是州教育局,它负责设置州级标准并且监控各个学区的达标情况。州教育局不再对地方教育体制进行微观管理,不再规定具体的学区或学校应该怎样达到标准;相反,它会利用激励机制及应急措施来调整达标过程中存在的不足。州教育局还有一个功能即监管收入和支出的平衡。合伙团队或学习中心所需的经费会绕过学区委员会直接从州政府拨入,具体的数额参考这样一个准则:综合考虑学生的数量、年龄、有特殊需求的学生及为社会经济状况不佳的学生提供补偿。

(2)经费来源

创建新合伙团队和学习中心所需的经费是由州政府直接拨款的。而"合伙团队支持机构"和"学习中心支持机构"所需的预算支出都完全依赖于其所服务的合伙团队和学习中心的收入情况,具体来说,也就是由它们服务的学生人数决定的。"用户援助中心"则不同,考虑到它对导师有推荐权,为了保证其独立性和公正性,它的经费由两部分构成,主要的部分由州政府提供,还有一部分也取决于其所服务的学生数量。

学区委员会所需的资金最好由当地财政税收来拨付,也可以由合伙团队根据收益情况来支付的费用或税收。州教育局目前主要有两种经费的解决方案:一种是在州政府的所得税中按一定比例设置一块教育专项资金,并且在经济增长的年份里多储备一部分,这样万一经济不景气的情况下也可以继续维持预算,以减少周期性巨额预算削减给学校带来的负面作用;另一种是用财产税收来资助教育,税收比例可以在一定范围内增减,如此较便宜的住宅就可以少缴一点税。但这可能会产生不平等现象,因为学区所在的社区本身也会存在着贫富差距。因此,新范式必须寻找一种新的税收体制,这种体制既能在整个经济周期内更加稳定,又能让采用不同方式支持新范式的社区之间更加公平。

（3）运行模式

新范式下,学生和家长对合伙团队和导师都有选择权。他们可以自己根据具体情况选择同一学区内的 3～5 个导师(这些导师可以来自不同的合伙团队,也可以来自同一个合伙团队),学生需要按照优先顺序用类似第一志愿、第二志愿的方式申请;也可以通过"用户援助机构"提供的信息和帮助做出选择;如果家长同意,也可以由"用户援助机构"直接替学生分配导师。在一幢教学楼里,一般有三到十几个合伙团队存在,能为学生和家长提供足够的选择范围,解决了就近入学问题。各个合伙团队和导师在录取学生的时候,依据种族和社会经济平衡的指导方针,尽可能地接收学区范围内填报第一志愿的所有学生。

导师也有很大的选择权,他们可以选择在哪个合伙团队或学习中心、和哪些导师一起工作,可以随时尝试到另一个不同的合伙团队中进行教学,可以选择所任教学生的发展水平和教学内容,也可以决定每年接收的人数(但不能选择具体招收哪些学生)。同时,新范式下的合伙团队和学习中心是导师共同所有的,所以他们有权决定要雇用多少导师和哪类导师,而且他们也有权力来决定如何用预算,包括租用教学场地、购买或租赁学习资源和聘用不同类型和不同数量工作人员。

新范式是一个自我调整的学习型组织,以用户(即学生和家长)为导向,考核采取等级评定机制,主要由"用户援助机构"根据个性化综合教育系统提供的信息和用户给予的反馈来完成。如果某个合伙团队中的导师比较受欢迎,那么该合伙团队所分配的招生人数会相应增加,当然也可以聘用更多的助理人员,增加新的导师(或者可以从已有的导师中选出进行培训提升)。另一方面,如果某个合伙团队中的导师不太受欢迎,那么该团队的收入会相应减少,因而发给导师的工资也会较低,如果导师所带的学生数量不足,他们的工资也会受到影响。

对于导师来说,等级评定一部分根据其所接收的学生人数来定,还有一部分是其在合伙团队中所取得的教学成效,最终定级的结果就是支付导师薪酬的依据。如果第一、第二和第三志愿中有很多人都选择某个合伙团队的导师,那么该合伙团队就会额外得到一笔钱用以提高导师的薪酬水平(不管导师接收了多少学生)。薪酬的增补数额是根据学生对导师的需求变化拨给该合伙团队的,而不是直接加给导师,所有增加的薪酬由合伙团队的导师集体决定怎么分发。如果某些导师的需求量不大,那么他们可以选择减轻教学工作量,或者有些也可能被迫停止某些教学工作。

赖格卢特认为这种以用户为导向的考核办法不仅鼓励各个合伙团队之间竞争与合作——更出色地完成学区中各种不断变化的目的和需求,而且也促进单个合伙团队内部合作——为本团队内的导师提供支持和鼓励。如果某个合伙团队或导师能争取到足够数量的家长签名,以支持创建新合伙团队或学习中心,那么合伙团队支持机构或学习中心支持机构就会提供启动资金及专业技术,帮助他们进行规划并开始运营。整个过程都由导师负责调整自身的教学实践以适应学区和学生教育需求的变化,而不是让行政官员和政客来控制变化,这样既增加了导师改善教学的积极性,又减少了行政成本。

第三节　学习型学校文化与功能

学校是一个复杂的组织,它的复杂性也体现在文化上。首先,学生进入教室,都带着不同的道德文化、语言和思维习惯,与不同的抚养方式、交流风格和文化教育习俗相关。其次,正式的教育系统本身包含着各种假设和传统,如民主社会、个人主义、商业公司,它们的价值观、标准、基本道德都是不一致的。学校文化不是静止的,它通过各个利益相关者的相互作用和对真实世界的反应不断重组。随着社会的发展,学校系统需要变革,学校文化也需要重置。

一、新学校功能:"规训机构"转向"学习合作社"

1. 规训机构

18、19世纪,学生人数猛增,学校需要加以监督或管理的群体在数量和范围上都发生了变化。学校日益庞大和复杂,逐渐成为规训和惩罚发挥效力的场所,权力以时间和空间的方式渗透在日常的校园生活中。① 学校教育空间就像一个学习机器,一切置于教师的分类之下。"人体是被操纵、被塑造、被规训的。它服从、配合,变得灵巧、强壮"。② 甚至学生的动作也受时间和空间的限制,如课堂上学生坐的姿势,保持笔直的身体,身体与桌子间应有二指宽的距离。"保持笔直的身体,稍稍向左自然地侧身前倾、肘部放在桌上。在桌下,左腿应比右腿稍微靠前。在身体与桌子之间应有二指宽的距离。这不仅是为了书写更灵活,而且没有比养成腹部压着桌子的习惯更有害健康的了。左臂肘部以下应放在桌子上,右臂应与身体保持三指宽的距离,与桌子保持五指左右的距离,放在桌子上时动作要轻。教师应安排好学生写字时的姿势,使之保持不变,当学生改变姿势时应用信号或其他方法予以纠正。"③

　　为了最大限度地榨取时间和力量,就需要进行有计划的操纵活动,如时间表、集体操练、有规律的活动、保持沉默、遵守纪律、集体劳动等。归根结底,驯服技术的使用,是为了"培养恭顺的臣民"。具体说来有两层含义:一是指授予知识和技能,二是加以监视和控制使之遵守纪律。规训的过程不乏惩罚。教师借助体罚来使学生遵守纪律或督促其掌握知识可谓历史悠久,随着正规学校的普及,体罚也随之逐渐普及。④ 规训与惩罚技术主要包括三个方面:层级监视、规范化裁决和检查。

　　监视采用"全景敞视主义",校园学习生活的各个层面和范围,教师、学生、行政人员、后勤人员,都处于层级监视的模式之中,而学生则处在层级的最底端,接受各级人员及各个方面的监视。规范化的裁决,表现为学校的规章制度、评价标准,规章制度内化为学生的日常行为准则,评价标准则将学生分为优、良、合格、差的等级。"检查使人们进入一种较量,其结果会使个人在与全体的比较中得到度量和判断。这种检查最典型的方式是考试——学校生活的主要内容。"⑤学校通过考试的方式衡量规训的结果。考试是一个知识交换器,确保知识从教室流向学生,考试又是一种权力仪式,教师凭借这种仪式,对学生进行筛选、区分、排序。

　　通过监视、检查和规范化裁决发挥学校规训机构的功能,学生、教师、行政

①　马歇尔,福柯.个人自主与教育[M].于伟,等译.北京:北京大学出版社,2008:5-16.
②　福柯.规训与惩罚[M].刘北成,等译.北京:生活·读书·新知三联书店,1995:154.
③　福柯.规训与惩罚[M].刘北成,等译.北京:生活·读书·新知三联书店,1995:84.
④　涂尔干.道德教育[M].陈金光,译.上海:上海人民出版社,2001:182.
⑤　福柯.规训与惩罚[M].刘北成,等译.北京:生活·读书·新知三联书店,2007:210.

人员、校长都是被规训者,校园、教学楼、教室、宿舍成了规训空间,学校规章制度、行为规范、学业评价标准则是规训的目标,课堂教学、纪律监视等是规训的过程。规训使学校运行秩序化,便于管理,使得学校走向科学主义的价值追求。学校教学更关注知识与技能的训练和标准化考试,在学生人数突然增加的情况下,规训式的学校确实发挥了重要的作用。但是,规训导致了人的"物化",师生关系变得疏远和冷漠。规训是技术理性的产物,而技术理性在学校教育中的出现及过度运用,无疑是对学生主体性的压制与剥夺。

2. 学习合作社

新范式将改变现在学校的规训模式,进一步加强其社会服务功能,成为服务于所有学习者的学习合作社。赖格卢特将合伙团队和学习中心又归之为社区学习园地,跟公共图书馆一起,成为社区所有成员的学习场地。社区成年人如果想参与合伙团队或利用学习中心学习,就必须想办法获得学分。学分可以通过为他人提供服务获得,如帮助他人学习、看护小孩、在餐厅做志愿者等。获得学分后他们就可以利用学习中心的资源以改进工作技能、提高育儿技巧及获取其他需要的信息。此外,社区成员要支持学生在社区、合伙团队及学习中心的学习。学生偶尔还会与社区成年指导老师一起参与包括服务学习在内的各种项目。

另外,现代社会中,家庭经济水平提高,每个家庭的孩子数量却在减少,家长更加重视科学合理地育儿,更注重家庭教育。赖格卢特注意到这一点,并在新范式中强化了家庭服务功能。学校提供的家庭服务包括医疗保健、保育服务及提高家庭文化素养。学生的六个发展阶段中,0～3岁是第一阶段,此时学习者还处于婴幼儿阶段,学习主要在家里发生,该阶段内导师和家庭服务专家的主要任务是根据家长的需求提供建议和资源,包括掌握育儿技能、对家庭教育提出建议、协助儿童家庭保育、帮助解决健康和福利问题等。而在传统的学校范式下,学生在入学之前,学校教师与家长几乎没有任何形式的互动,这也是新范式的特色之一。除此,在其他发展阶段,合伙团队的社会工作者和保健工作者也会提供各种有助于学生身心发展的服务,服务方式可以由家长或社区成员去教学楼内咨询,也可以由工作者提供上门服务。目前,密苏里州的独立学区已经为学生及其家庭实施了这样的合作。

二、新学校文化:"控制型文化"转向"学习型文化"

学校文化是共同的方针、价值、标准和实践,它将教育个体紧密联系在一起,赋予个体独特的身份,并强烈抵制来自外界的变化。① 它不是成文的规章制度,而是一种非语言的信念,有助于成员知道如何考虑和展开自己的工作、给予其所表达的意义以及对事件的解释。不管学校成员是否同意或者喜欢,都能感知到。埃德加(Edgar Schein)将学校文化分为三个层次:第一层次是看得见摸得着的人工产品,如学校建筑物的颜色和布局、标语,都是文化的标志;第二层次不太明显,如书面的使命宣言、指导哲学或者座右铭,这些文件或者标语用于表达学校的基本假设和目标;第三层是文化的本质,看不见的意识之外的东西,用于处理人与人、人与环境之间的关系。② 一个学校的文化,影响着其所在成员的思维和行动方式,影响着校园生活的方方面面。具体来说,可以分为:③

· 社会氛围——包括一个安全的关爱的环境,学生感觉自己受到欢迎,并对学校产生主人翁意识。

· 智慧氛围——每个教室都能支持并激励所有学生尽最大的努力取得成功,包括最合适的课程和教学。

· 规则和政策——所有学校成员有义务遵守高标准的学习和行为。

· 传统和常规——根据共同的价值观建立的学校学业、道德和社交的标准。

· 结构——给予教师、职工和学生发言的机会,并在决策、问题解决过程中共同承担责任。

· 伙伴关系——家长、商人、和社区组织共同参与以支持学生的学习及性格的形成。

· 关系和行为的标准——期望并行动起来以建立优秀且有道德的专业文化。

1. 控制型学校文化

传统的学校文化形成于工业时代,体现工业社会的特征。19 世纪和 20世纪,蓬勃发展的工业经济欢迎低水平技能、低信息含量的工作者参与流水线

---

① KAPLAN L S, OWINGS W A. Culture Re-boot: Reinvigorating School Culture to Improve Student Outcomes [M]. Thousand Oaks, CA, USA: Corwin, 2013:2.

② HOY W K, MISKE C G. Educational Administration, Theory, Research, and Practice (8th ed.) [M]. Boston: McGraw Hill. 2008:178.

③ KAPLAN L S, OWINGS W A. Culture Re-Boot: Reinvigorating School Culture to Improve Student Outcomes[M]. CA: Corwin, 2013:28.

操作。严格的责任分工和社会地位将管理者和工人区别开来。学校设计的如同工厂,分类、选择、使用铃声作为组织学习的时间。校长就是管理者,管理着参与者、时间、空间和资产。再加上学校的科层文化,将其价值观、观点、假设和交流方式强加给成员,并且决策制定、排序方式和资源分配都按照规定的流程进行。最后,教育管理的政治本质和科层的作用方式也影响了各种资源与财物的分配及学生的智力与道德发展。

具体来说,学校的控制文化体现在三方面。从学校控制的范围看,包括学生学什么、该如何学、哪些人学,学生自己根本没有选择的机会。学校将学生按年龄分配,课程按知识体系分配,教学按日课表进行。从控制的对象上看,包括学生、教师及其他教职工。在学校里,校长控制教师,教师控制学生,主要任务是维持秩序。学校等级制度明显,权力和交流都是单边向下的。学生必须接受教师的决策,不得有异议。最后,控制的模式即监督活动的过程,包括纪律、规章制度及一些不成文的规矩或习俗。学校的教学按照预定的速度和效果进行。当学生被认为是不负责或违反纪律时,就必须接受惩罚。

在控制型的文化氛围下,学生按照规定的课程内容学习,学习方式主要是对新知识的识记和背诵。教师采用讲座型教学,用操练的方式巩固新知识,课后布置作业,并确保他们能完成。学期末采用测试方式判断学生是否掌握了学习内容,测试成绩优良的学生会受到表扬,教师给予更高的期望。而学业不合格的学生,经常会受到讽刺和批评,自尊心和自信心受到打击。学校在注重学业的同时,却忽略了学生道德、情感和个人品质的发展,出现更多如学校暴力、吸毒等青少年问题。

2. 学习型文化

学习型文化,即关注学习者及其学习的文化,也就是要建立学习者中心的学校文化。这就意味着创造物质条件和精神气质以最好地支持学生的学习,在这样的文化环境中,教师对每位学生有着较高的期望,能为学生提供有意义的学术和社会支持,能培养学生相互帮助相互尊重的关系。

首先,新范式有一个安全而有序的学习环境。学习环境对学生的学业成绩有着重大的影响。学生在无论身体还是精神上都能感觉到安全、舒适、充满关爱的环境中,情绪是平静的,也就可以完全参与学习。相反,在害怕、羞辱或挫败的环境中,学生和教师总是担心自己的安全,这样他们的关注点会由学习转向自我保护。当他们变得小心翼翼时,大脑的情绪部分高度调动,而认知领域相对不够积极。这样,就不可能再调用更多的精力来关注教与学。因此,新范式偏向小规模学校。小规模的环境中,学生可以随时见到教职工,走廊、洗手间、拐角处等,他们的出现是一种提醒,让学生以成熟负责任的方式表现。教育者帮助学生理解公民职责的意义,当学生遇到麻烦时,也可以及时寻求帮助。

而规模大的学校往往会让学生之间的关系疏远,还有可能形成敌对的团体,出现恃强凌弱的情况,不利于管理。大规模学校能集中资源的优势,小规模学校也可以通过将公用设施建在各个小型学校的中央位置来解决。此外,小规模学校可以借助互联网上的信息技术,开放教育资源和交互式多媒体程序来开设多元化课程。

其次,新范式有着良好的人际关系。学习不是一个简单的过程,它需要长时间持续的注意。当学习新信息发展新技能时,学生可能会遇到挫折,此时就需要给学生提供社交支持。社交支持是指学生与那些能帮助自己成功的人之间建立良好的关系,这样的关系有助于为学生建立学习并维持的动机,形成心理上的安全感,让学生敢于冒险、承认错误、寻求帮助,获取失败的经验。社交支持主要来自学校,如与值得信赖的教师建立紧密且固定的关系能激励学生按时上学,关爱与相互尊重的氛围能促进学生自我肯定并加强他们的学习持久力。

在新范式下,每个学习团队都力争通过项目合作与学生、导师、家长及更大的社区形成密切联系。学生可以选择自己的导师,并且在一个完整的儿童发展阶段中该导师原则上固定不变。在此期间,导师和学生慢慢地了解对方,逐渐形成相互关怀、共同信任与彼此支持的关系,也有利于学生建立更广泛的、更稳定的支持关系网。在良好的人际关系中,学生更愿意表达自己情感,更容易得到教师的及时帮助和指导。再加上新范式鼓励各个利益相关者共同制定决策,除了学校教师、行政人员外,越来越多的家长和其他社区参与学校事务,共同为学生提供支持性的服务。

再次,新范式有一个愉快的学习氛围。在知识劳动及复杂社会的背景下,终身学习对公民生活质量和社区健康发展非常重要。而终身学习的前提是对学习的热爱。在工业时代的教育范式下,许多学生学而生厌,学校的文化氛围也是贬低和嘲笑那些学习出色的学生。这种心态和文化氛围显然是阻碍终身学习的。而在新范式下,学生基于真实的项目或任务进行学习,学校提供更多的场合用于展示学生学了什么、怎样学及如何表达。教师根据个体差异进行教学和评价,并将学习的内容与学生原有的学习、经验和兴趣相联系以增加课程的意义并与学习者更相关。教师与学生之间有更多的互动时间,整个学习的过程变得轻松愉快。在这样的学习氛围下,学生的内部动机被激发,能积极地参与学习,不仅培养了对学习的热爱之情,并且还能养成利于终身学习的自主学习技能。

在学习者为中心的文化中,学校环境是安全的、有组织的、丰富的。教师有明确的教学目标,能创建一个激励并支持每位学生学习的环境,对每位学生的学业成绩都有着很高的期望。而且,教师能察觉到工作中的不足之处,并能迅速地修改课程和教学以更适合学生,也能为不同的学生定制学习机会。他们关爱学生,鼓励并支持持续学习和合适的行为。这样的学校文化创造的社会心理学环境,能深刻地影响学生的动机、学习的参与性、行为和成就。①

3. 设计原则

《学会生存》的报告中明确提出终身教育和学习社会的理念,并指出……学习应该从时间跨度和多样性这两个方面贯穿人的一生,并涵盖社会各个层面。为此必须动用全社会的教育资源,并同时持续地进行教育制度的改革。只有这样,人类才有可能真正建成一种能主动适应社会变革的学习社会。②《教育——财富蕴藏其中》报告,强调在未来的全球化的社会中,终身学习应该成为社会发展的核心,迎接 21 世纪挑战的关键,并由此出发提出了建立在学习这一基石之上的四大教育支柱:学会认知、学会做事、学会共同生活和学会生存。③ 经济合作发展组织(OECD)自 1962 年成立以来也一直将推动终身学习视为该组织的一项重要工作,并提出以循环方式在个人生命的整个周期中发生的教育作为推动终身学习、培养个人成功的终身学习者的一种长期的计划策略。④

在面向知识时代的社会转型的过程中,创建"学习型社会"、提倡终身学习的理念逐渐成为世界各国的共识,受到国际社会的高度重视,并正在成为 21 世纪世界教育发展的重要指导原则。学习者为中心的新范式正是基于终身学

① KAPLAN L S, OWINGS W A. Culture Re-boot: Reinvigorating School Culture to Improve Student Outcomes [M]. Thousand Oaks, CA, USA: Corwin, 2013.138.

② 联合国教科文组织国际教育发展委员会. 学会生存——教育世界的今天和明天[M]. 华东师范大学比较教育研究所,译. 北京:教育科学出版社,1996:16.

③ 联合国教科文组织. 教育——财富蕴藏其中[M]. 联合国教科文组织总部中文科,译. 北京:教育科学出版社,1996:75.

④ 李薇. 从回归教育到全民终身学习——论 OECD 终身学习策略的演变[J]. 比较教育研究,2013(5):34-37.

习的理念,不仅在学校的日常教学教育活动中注重学生学习兴趣和资助学习习惯的培养,而且将学校服务的对象扩展到入学前的婴幼儿及毕业之后的成年人,真正体现了终身学习者的概念。学校成了"学习合作社",社区成年人可以利用学习中心继续学习,从而真正地实现了服务大众的功能,降低了公共教育的成本。家长和其他社区成员也能得到更好的社会服务,学校与家庭的关系愈加密切,从而系统并全面地关注学习者身体、心理、智力与道德品质的发展。

总之,教育范式的变革从学校教育的设施和空间开始。传统的标准校舍和教室满足了工业时代快速高效地传递知识和培养规矩顺从学生的教育需求,但随着新教育和教学活动的出现,这样的空间和设施却成了一种阻碍。因此,新范式采用更灵活的"合伙团队"和"学习中心"形式。合伙团队由学校群组发展而来,主要为低龄段的学习者提供学习场所。当学习者身心发展到较高水平时,就进入专题性较强的学习中心学习。合伙团队和学习中心的设置,不仅优化了资源配置,也能更好地满足不同学习者的需求。学习环境改变的同时,学校的管理方式也由传统的韦伯式垂直科层体制转向教师、家长和学生之间共同决策。

在年级的组织方式上,学习者由传统的时间不变学习结果不同的"时间常量"转向了学习结果相同学习时间不同的"学习常量",也就是说,学校教学应该允许学习者根据自己的需求和学习偏好以自己的步调学习,学习者只有掌握了当前的学习内容,才能进行新内容的学习。与此同时,班级编制也从传统学校的"同龄分班"形式转向"混龄小组"。赖格卢特将0~18岁的学习者分为四个不同的发展阶段,同一发展阶段的学习者(大致有3~6岁的年龄差)可以组成同一个学习小组,由同一导师进行多年的连续指导。

学校文化是相对于学校环境的隐性方面,体现了学校的方针、价值和标准。传统的学校文化以"控制型"为主,体现了师道尊严和自上而下的领导权威。这样的学校环境培育的是学业至上的氛围,忽视学习者道德、情感和个人品质的发展。因此,学习者范式转向了"学习型文化",以营造安全有序的学习环境、良好的人际关系、愉快的学习氛围。同样的,学校的功能也从传统的"规训机构"转向"学习合作社"。学校不是通过监视、检查和规范化裁决来规训学生,而是变成学生、教师、家长及社区成员共同学习的场所。

第三章 新学校的教学系统

定制式的教学受到现代信息技术的启发。人们能从互联网上下载想听的音乐以及想看的影视剧,也可以在网络上找到他们想要的几乎任何信息。网站会采用复杂的数据分析和"推送技术"去迎合消费者的在线身份,个体也可以运用信息技术来定制他们寻求的知识和产品,从邮件列表服务到订阅新闻博客。定制式的教学就是指学习者可以根据自己的需求选择合适的学习内容和学习方式,教师的角色就是为学习者提供量身定制式的教学服务。定制式的教学系统包括教什么、怎么教及教得如何三个方面,即学校系统运行的核心所在——课程、教学、评价。

第一节 教什么:"分科课程"转向"21世纪课程"

课程是创建教学计划的一个系统,而教学是教授和学习课程的系统,教是教师实施课程的活动,学是学生参与课程和教学的过程。课程内容的选择与组织将直接关系到教学方法的采用和评价技术的选择。简单地说,课程是指书面的行动计划,是教师用来作为上课教学的基础,课程意味着教学内容的选择与序列安排,即"学科课程"。课程也可以定义为学习者的经验,强调的是学习者的参与,即"经验课程"。无论哪种课程,都不是在真空中发展的,也不应该在真空中发生,知识(包括学习方面的知识)的变化和社会的发展都会影响课程的发展。

一、分科课程的设置

学校是传播高级学问的地方,这些高级学问必然是同时代公认的最有价值的知识。最有价值的知识经过精心组织后就成为学校里传授的课程。什么知识最有价值,学校应该提供哪些课程来训练学生的心智,以使他们获得必需技能及实质性知识,这是教育过程中不可回避的问题,也是学校存在的核心价值。

知识,无论是有关自然的知识还是有关社会和人自身的知识,都是人为的,是一种人工制品,是人类长期探索和不断积累的结果。[①] 伯恩斯坦认为学校教育所传授的知识具有专门性和象征性,有别于零碎的日常知识。[②] 他把知识结构分成水平和垂直两种,为分科课程提供了理论依据,如图 3-1、3-2。

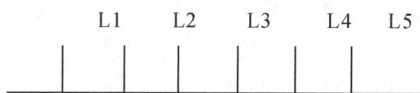

图 3-1 文科知识结构   图 3-2 理科知识结构

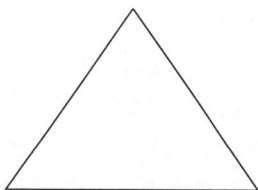

水平知识结构没有统一的标准,是由一系列平行的并且没有可比性的专业化语言构成,如社会科学知识。水平知识的发展就是新的专业化语言不断出现的过程。垂直知识结构又称为"层级知识结构",其特点是连贯、系统、有层次,如自然科学知识。垂直知识的发展就是一个知识不断概括和整合的过程。而课程就是将这些知识归类、提炼并系统化,这些体系化了的知识就成了学科。一般来说,我们将水平知识设置成语言、历史、地理等社会学科和人文学科,垂直知识则成了物理、数学、生物等自然科学学科。根据学生认知技能的发展,课程会遵循由易到难、由具体到抽象、由简单到综合的原则设置,并随着年级的上升呈一个螺旋形的梯队。

美国学校课程设置经历了一定的发展。1647 年,美国公立学校制度在马萨诸塞州打下了基础,设传统的拉丁文法学校,教授以拉丁语、希腊语为主的古典课程。19 世纪,公立学校系统确立并逐渐完善。为了符合早期工业经济的需要,课程以阅读、写作和算术为主。1893 年,哈佛大学校长及十人委员会主席埃利奥特设置统一课程,将学习内容分为五大领域:数学、科学、英语、历史和外语。此后,通过不断吸收新的理论和实践知识,分科课程走向科学化。直至今天,学校开设的课程仍延续了一百多年前的传统。四大核心课程——

---

① 高文.学习创新与课程教学改革[M].广州:广东教育出版社,2007:71.

② MOORE R, ARNOR M, BECK J, et al. Knowledge, Power and Educational Reform: Applying the Sociology of Basil Bernstein. In Muller, J., On the Shoulder of Giants: Verticality of Knowledge and the School Curriculum[M]. New York: Routledge, 2006.12.

数学、语言、科学和社会研究——已经成了世界性课程。尽管还有美术、音乐、体育及近年来的信息技术等学科加入课程体系,但是这四门科目至今仍处在核心地位,并以此作为考核学生学业水平的主要内容。

当前,也有不少学者对现有的课程设置提出了质疑。普伦斯基(Prensky)认为,这些课程不是根据人们真实的根本的教育需求,而是基于一系列"代理(Proxies)"或"工具"。[①] 几百年来,学校教育就是利用这四门学科作为"代理"或"工具"以传授或使学生习得大部分所需的技能。如,代数是教授抽象思维的代理,几何是教授逻辑的代理,历史、地理是理解人与人之间冲突、合作和变革的代理,语言是沟通技巧的代理,文学是用于理解人类行为并教会学生如何更好地表达的工具,科学是获得探究和怀疑等基本技能的工具。然而,人与人之间的兴趣各异,几乎没有一个学生能掌握所教的一切内容,也没有一个学生能用到学校所教的一切知识和技能。

普伦斯基认为,通过这些学科工具习得一些基本技能——有效地思考、有效地行动、有效地与人沟通及有效地完成任务的能力——还远远不够,更糟的是,有些重要的技能还没有"代理",如如何有效地行动、有效地与人沟通等。这些技能没有设置学科专门传授,哪怕设置了学科,光靠书面知识也是远远不够的。基于此,面对社会的多元化和快速变化,新学校系统不仅将21世纪技能加入到学校课程中,还尽可能地通过隐性课程促进学生的社交、情感、个性品质的发展。

二、21世纪课程设置

面对时代的转型,课程应该在何种程度上如何回应社会变革?学习者应该在多大程度上参与自己的学习体验?如何将21世纪技能整合到学校教育系统中?这些都已经成为信息时代范式学校课程需要考虑的问题。在时代变革的重要节点上,个人和社会都面临着巨大的挑战,什么样的知识、技能、态度与价值观能够让学生在新时代茁壮成长并主动构建属于他们的未来世界?基于此,新的教育系统就需要扩展课程内容,把21世纪技能包含在内,并且包括社会文化、伦理、道德、身体/心理/精神健康、经济、政治、科学/技术和审美方面的学习。当然,无论是哪种课程,它的具体落脚点都是要能适应知识的发

---

① PRENSKY M. The World Needs a New Curriculum[J]. Educational Technology, 2014,54(4): 3-15.

展,适应学生需求和社会价值观的变革。[①]

1. 21世纪技能课程

目前,已经有很多学校、有志于解决教育问题的组织或个人团队将目光转向未来社会和经济的发展,以职场需求为出发点,总结出适应社会发展需要的必备知识和能力,从而将这些能力纳入课程和教学中,以确保培养的学生能成功面对未来的生活和工作。早在1991年,美国劳工部广泛并深入地调查了就业市场对工作人员的要求,并发布了"达成必须技能秘书委员会"(SCANs)报告,认为21世纪的美国人必须具备三种基础和五种能力,并进一步建议中小学课程应该包含这些基础和能力,见表3-1。

表3-1 SCANs报告

三种基础	基本技能	包括读写能力、数学运算能力及有效的听说能力
	思维技能	包括创造性思维能力、决策能力、问题解决能力及将结果予以可视化的能力
	个性品质	包括责任心、自尊心、良好的交际能力、自我管理能力及诚实等
五种能力	包括善于利用资源、信息、技术、人际关系的技能和系统思维的能力	

21世纪技能联盟成立于2002年,是美国一个由学校、企业、教育团队(如美国教育学会、苹果电脑公司、培生集团、美国视导与课程学会等)组成的联合体。通过大量有关21世纪技能的调查,包括开设有关21世纪技能的国家论坛,调查教育者、雇佣者、家长、社区成员和学生的有关意见,该联盟创设了"21世纪学习框架",如图3-3所示。该框架描述了未来工作和生活中必需的知识、技能和专长,并用于帮助教育实践者将21世纪技能与学科教学相结合。

"21世纪学习框架"主要聚焦于21世纪学生的学习结果,包括技术、内容知识、专长和素养,并辅以必要的支持系统来帮助学生获得这些知识和技术,如图3-3所示。彩虹圈部分就是21世纪学生理想的学习结果,包括掌握核心科目、21世纪主题和21世纪技能,如表3-2。彩虹下方是四个支持系统:21世纪标准与评估系统、21世纪课程与教学系统、21世纪专业发展系统、21世纪学习环境系统。四个支持系统围绕着学习结果以培养能在21世纪获得成功的学习者。

---

① 赖格卢特,卡诺普.重塑学校:吹响破冰的号角[M].方向,盛群力,译.福州:福建教育出版社,2015:32.

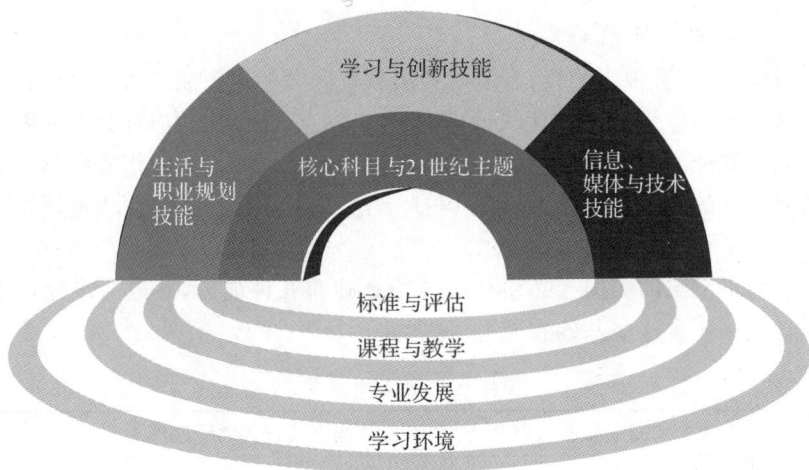

图 3-3　21世纪学习框架①

表 3-2　21世纪学习结果

核心科目	21世纪主题	21世纪技能
· 英语、阅读或语言艺术 · 世界语言 · 艺术 · 数学 · 经济 · 科学 · 地理 · 历史 · 政治和公民	· 全球意识 · 财政、经济、商业和创业素养 · 公民素养 · 健康素养 · 环境素养	· 学习与创新技能,包括:批判性思维和问题解决;主动与创新;沟通与合作 · 信息、媒体与技术技能,包括:信息素养;媒体素养;信息、传播与技术素养 · 生活与职业规划技能,包括:灵活且有适应能力;主动和自我指导技能;社交和跨文化能力;产出能力与问责能力;领导力与责任感

①　贺巍,盛群力.迈向新平衡学习——美国21世纪学习框架解析[J].远程教育杂志,2011(6):79-87.

其中,核心科目仍是 21 世纪技能框架的基石,21 世纪的教育仍然需要扎实的内容知识基础。当然,这些内容知识不是一系列事实的堆积,知识的学习也不是独立进行的,它需要与跨学科主题融合以加深理解。并且,很多教学中,学科知识还需要与相关技能相结合。面对日益复杂的问题,只有运用多领域的知识和技能才能更好地解决。框架中列出的核心科目、跨学科主题及核心技能不都是全新的,但被多数人认同是最重要的,且已有大量的教学实践将这些主题和技能融入当前的课程中。

除此之外,还有一些组织也提过一些类似框架,如自由教育和美国前景的国家领导委员会(National Leadership Council for Liberal Education and America's Promise,2007),教育技术国际协会(the International Society for Technology in Education,2007)。目前,学校至少有七种不同的课程资源:学区或者州规定的课程;有政策允许教师可以自由申请的课程;由联邦或者州机构颁发的课程;由专业机构推荐的课程;由学者或者专业教育者建议的课程;经过仔细研究后得出的学生若要在生活中取得成功而需要的课程;来自学生自己创建的课程。这些课程资源之间有些差别会很大,也有相互交叉的地方,最主要的是如何将这些课程整合以促进学生发展。

2. 基于问题的课程设置

课程的设置围绕着"什么知识最有价值"进行选择和组织。舍勒认为,不管什么知识,只要是人为的都是"关于这个世界的相对的自然观点",会随着历史的发展而不断变化,而不是绝对不变的。① 正是社会的不断变化,导致了课程领域中主流与逆流——双轨与单轨、综合课程与分科课程、学科中心与学生中心、传统与现代、保守与激进、理论与实践——的种种角逐。新时代的课程必须用系统的观点来看。信息社会、终身学习社会的出现蚕食了学校几千年来的正统地位,相对于各种媒体的信息量来说,学校所传递的知识简直可以说是微乎其微。况且,急剧变动的社会使各种知识的稳定性丧失了。哪些知识将来更有价值,是谁都预测不到的问题,这样垄断知识并且作为传授这种知识的"教育制度"——学校——的优先权,逐渐地丧失其正统地位。② 因此,越来越多的教育改革家已经认识到原有的课程内容已经不再能满足未来儿童的发展。为了更好地理解传统教育与新范式教育有关课程的差别,可以用金字塔形式来展示,如图 3-4。

---

① 马克思·舍勒.知识社会学问题[M].艾彦,译.南京:译林出版社,2012:76.
② 佐藤学.课程与教师[M].钟启泉,译.北京:教育科学出版社,2003:23.

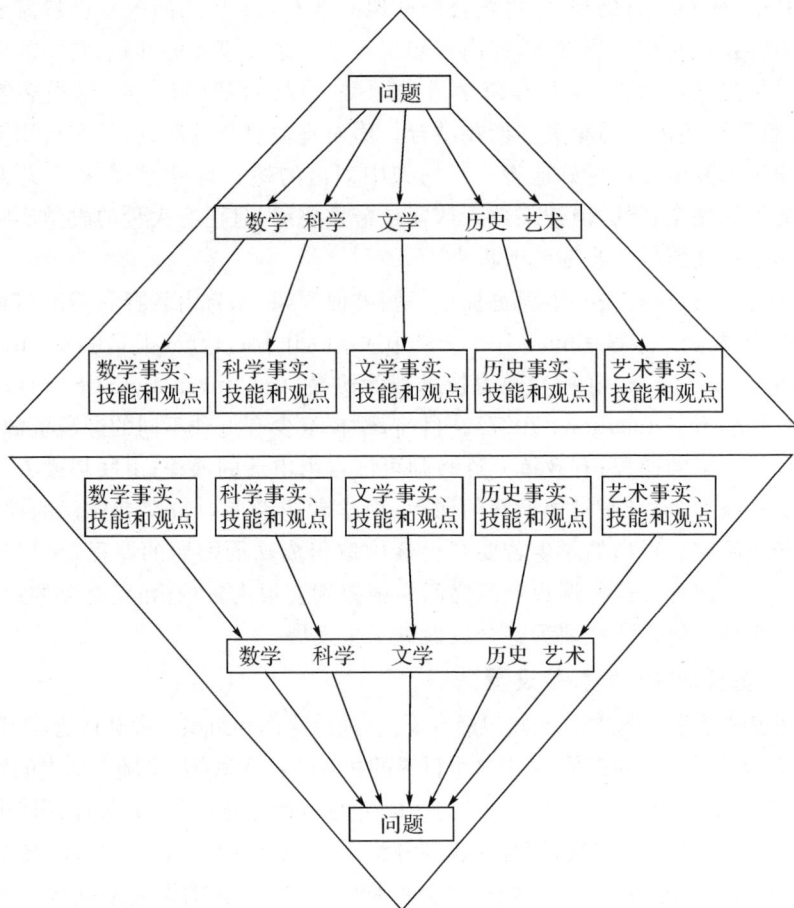

图 3-4　两种形式的课程设置①

在传统课程中,学生从金字塔的底部开始,先学习大量的事实、概念和技能以备哪一天能用于解决问题。传统教育由不同的独立学科构成,缺少统一的联系。而在新范式中,学习者从关注的问题开始,然后用他们的方式找出用于解决该问题所需的事实、概念和技能。其步骤是从一个有价值的问题开始,找出有助于其解决的观点、事实和技能,收集、学习并练习这些知识和技能,应

---

① WAGNER T, DINTERSMITH T. Most Likely to Succeed-Preparing Our Kids for the Innovation Era [M]. Scribner, 2015:238-239.

用这些知识和技能解决问题,发布解决的办法。新范式的课程是由金字塔顶端的问题定义的,而底端排列着不同的学科领域,也就是说,这些问题的解决需要跨学科的知识。

互联网出现后,知识就变成了免费的商品,就像空气和水一样,在任何能接入互联网的地方都能获取,基本的事实、知识和观点不再像以前一样重要,因而传统以学科知识为主的课程设置也不再满足新范式的需求。信息时代学校课程的目标,是为学生提供机会获得对核心课程领域中知识的理解,及将知识应用到实际生活的问题和情境中。因此基于问题的、跨学科设置的课程会比分科式的课程更适用。

近几十年来,计算机控制的设备已经逐渐取代了各个行业中做常规任务的工人,如重复计算、打字、排序及其他围绕执行常规任务而进行的生产任务从 20 世纪 80 年代起就开始实现自动化了。与此同时,对非常规人际交往和分析技能的需求急剧增加。教育需要确定人类需要发展什么智能,人类智能如何与人工智能协同工作、相互补充,因此,教育首先必须明确获得和培养哪些新的知识和技能。与其他技术相比,人工智能的应用范围前所未有之广,而只有进一步通过用户和设计师的创造力和想象力才能使其发挥最大化功能,"提出新想法和解决方案"的能力,以及"质疑想法的意愿"。尽管计算机正在进入许多领域,但它们不太可能取代那些从事涉及创造新思想工作的工人。因此,在设计课程的时候,需要考虑如何发展学习者的创造性技能。

3. 隐性课程

课程不仅包括学校里的正式课程,还包括正式课程以外习得的知识、价值观和信念,即"隐性课程"。新范式必须在最大程度上通过"隐性课程"满足学习者的需求。隐性课程探求的是教育系统身后的情感、态度、价值观及信念,包括除了教室和学校以外的其他信息资源,如通过媒体传递的信息、市场的产品及其他一切影响学生、教育者和公众的社会各个方面。之所以关注隐性课程,是因为每个学生走进教室,都带着他们已有的关于课堂经验的观点。即使他们在课堂上表现不明显,这些也能影响学生在学校的学习过程。并且,很多重要的学习不是发生在学校,而是在与学校以外的组织和机构接触过程中完成的,这些学习当然也会影响学生在学校和课堂的学习。

丹尼尔·戈尔曼(Daniel Goleman)的观点也日益深入人心,即生活上的成功更多地依赖于个体的情感发展(EQ,即情商)而不是智力的发展(IQ,即智商)。① 赖格卢特认为情感的发展可以为社会节省大量的财物(如减少犯罪和监狱关押时间),也能为个人、社区和国家改善生活质量。已经证实情商高可以减少药物滥用、青少年怀孕、校园暴力及其他社会问题。情商过低不仅会影响学习,增加犯罪的概率,而且还会形成导致贫穷的恶性循环圈。随着学生的需求、才能、兴趣及志向的差异,还赋予了其许多个性化的特色。很多中小学往往忽视去帮助学生树立正确的价值观和规则意识,忘记学校应该担任起培养学生社交技能和进行道德教育的责任,而不是全部聚焦于提高学生标准化测试的分数。学校的真正使命应该是让学生热爱学习和知识,为终身学习奠定基础。

随着人工智能时代的到来,隐性课程中包含的情感、态度、价值观越来越重要。首先,需要社交和情感技能的工作不会被技术取代。人工智能不太可能取代那些需要创造力的工人;同样,人工智能也不可能取代那些需要进行复杂社会互动的工人。一些学者(Turkle,2017)认为,日益依赖复杂机器的现状,会导致部分个体价值被贬低。因此,认识到自己和他人的价值,学会与人沟通和谈判的技能必不可少。再加上人口和社会的变化,如人口老龄化、物质生活日益丰盛,更需要一些关怀、尊重类的工作,如医疗保健、心理咨询等职业。

其次,态度和价值观是指在追求个人幸福、社会与环境和谐的过程中影响个体选择、判断、行为和行动的原则和信念。加强和重塑对机构、社区的信任需要努力发展公民的核心共享价值观,以建立更包容、公平和可持续发展的经济和社会。态度以价值观和信仰为基础,并对行为产生影响(教科文组织国际教育局,2013),它反映了对某件事或某个人做出积极或消极反应的倾向,并且态度可能因具体环境和情况而有所不同(Haste,2018)。价值观是指导原则,决定人们在做出判断时要优先考虑什么,以及在寻求改进时要努力追求什么(Haste,2018)。这些态度和价值观不仅出现在各国的文件中,也出现在课程内容框架中。通常,课程内容以一套明确或隐含的价值观为基础,最常见的如尊重、同情、正直。当然,最关键的是学生如何在学校文化和学习环境中体验。态度和价值观并非在真空中习得,需要落实到具体的各个学科,同时,开设特定学科,如基础教育阶段的思想品德课程。

---

① GOLEMAN D P. Emotional Intelligence: Why It Can Matter More than IQ for Character, Health and Lifelong Achievement [M]. New York: Bantam Books, 1995: 28.

第二节　怎么教："讲座式教学"转向"定制式教学"

以前,教学是一门手工艺,教师是教书匠,他们可以根据多年的教学经验形成所谓的课程体系。后来,教学是教师的教和学生的学所组成的一种人类特有的认识活动。通过这种活动,教师有目的、有计划、有组织地引导学生积极自觉地学习和加速掌握知识与技能,促进学生多方面素质全面提高。[①] 现在,政治哲学家齐格蒙特·鲍曼(Zygmunt Bauman)[②]认为我们生活在一个"流动时代"(liquid time),所有现代的生活形式都是不固定的。那么教学也可认为是一种名副其实的"液体"专业,教师可以在他们的职业生涯中不断地试验并修改教育、教学方法。

一、传统教学的问题

传统教育中,教学是教师的中心工作,学习是学生的主要活动。由于角色和责任的限制,教学过程和学习过程基本上都是分离的,这就限制了教师根据学生的需求修改教学。在这样的环境下,教师是专家,是知识的主要来源,他们通过讲座式的授课方式将专业知识传递给学生。教学根据教科书规划的单元进行,即使有活动也只是停留在形式化和结构化层面。学生则通过听课、背诵、练习的方式进行学习。

这样的教学模式中,教师占主导地位,教学为的是知识的传授。保尔·弗莱雷(Freire)又称之为灌输式教育(banking education),学生如同空容器,教师的任务是将编码过的知识和不连续的信息储存到学生的头脑中。学生只能接受、输入并储存,不需要积极地参与、主动地创造。教师可能时不时地停顿并向学生提问,偶尔学生也会提问,不过很多时候学生的问题是:"这个内容在考试中会出现吗?"教师在教学中主要依赖于教科书和相应的辅助教材,学生的学习活动主要有做笔记、打开教材、参与结构化的研究活动、识记内容要点、用恰当的方法应用所学内容。

应该说,讲座式的教学方式在一定历史时期也起了很大的作用。19世纪

---

①　褚宏启. 教育现代化的路径:现代教育导论[M]. 北京:教育科学出版社,2013:304.

②　BAUMAN Z. Liquid Time [M]. Malden, MA: Polity Press, 2007: 1.

时,学生没有其他获取资料的方式,书和图书馆都很稀缺,这样学校和教师就成了主要的知识来源。到了 20 世纪,教学规模扩大,学生人数增多,讲座式模式能在大范围内传递教学信息,为大机器生产批量化培养了适合于在流水线上工作的工人。但是今天,信息技术和互联网的接入,学生动动手指就能获得所需的知识,从知识的广度上来说,任何学校和教师都要逊色得多。根据新的学习环境和学习理论,传统的教学方式主要存在与情境脱离、不能有效地培养学生的思维能力的弊端。[①]

1. 教学与情境脱离

当教学内容与现实生活相脱离时,教学效果就不会很理想。学习者习惯于在一个真实的生活环境中学习,并把他们已有的认知应用于理解各种新的情景和经验。当条件发生变化时,他们会调整方式方法以解决问题。然而,学校教育是静止的,教学内容大多指向过去。尽管已有的知识被认为是解决现在或未来问题的关键,但事实上,社会变革产生的条件会要求新的方法。因此,相对于知识的掌握,知道利用知识解决问题的过程要重要得多。而儿童一旦进入学校,马上就会接受过去的知识教学,这些知识对他们来说既抽象又很难理解。尽管这些知识经过了几个世纪的积累,非常有价值,但如果脱离学生的个人背景和学习特征,那么学习过程就变得毫无价值。尤其是刚入学的儿童,教学情境的建构尤为重要。

学校疏于让教学基于学生的个人经验,导致学习过程通常也是脱离现实的。学生被要求掌握符号化的信息,应用的时候也脱离现实世界。也就是说,学校现实与社会实际是脱节的,与这些学生毕业后参加的工作环境也是脱节的。这个结果迫使雇主们开发各种培训项目,以使他们能够更快速地适应工作的世界。[②] 在这样的学习条件下,大部分学生不能把所学的知识与现实的环境建立联系,也不能把它们应用到解决当前面临的问题中。他们不仅不能理解所学的知识,也看不到它们的用处,因此,在学校里就会产生挫败感,认为学校与生活是没有联系的,削弱了学习动机,学习效果不明显,并出现厌学、退学的现象。未来的情景是未知的(尽管有时候可以预测),学生需要学会适应

---

① EDWARDS C H. Educational Change：From Traditional Educational to Learning Communities [M]. Lanham：Rowman & Littlefield Education，2011.7-15.

② NAGLE B. A Proposal for Dealing with Grade Inflation：The Relative Performance Index [J]. Journal of Education in Business，1998，74(1)，40-43.

毫无征兆的变化，并成为自己未来的规划师，预测到他们将会学什么，以后要做什么。而目前的学校，过于迷恋对过去知识的储存，很少能够为学生创设未来的情境，这似乎造成了一个假象，只要简单地把知识传授给学生使他们能成功地使用，学校教育的目的就达成了。

2. 不能成功地教授思维技能

学校教学强调的是对信息的识记，这些信息往往都没有经过精心组织，直接把信息塞进学生的头脑中，却很少设计成教授解决问题的技能。因此当他们解决问题时，就缺乏必备技能，如检查、验证假设、应用合适的标准。在知识同化过程中，只有当信息与个人的经验相联系时，学习者才会把新知识纳入到已有的概念结构中。他们倾向于学习那些只符合已有知识的或者与当前的学习情境相一致的内容，而对其他内容则很快淡忘。学校给学生传递的信息，一般都是一些独立的知识单元称之为内容，却很少教他们如何用这些内容进行思考。大部分学生的假设、评价观点、得出推理能力等一些高阶思维没有得到充分的发展，这是传统的教学方式面临的又一问题。

二、教学内容：学习合约

新范式完全改变了这样的模式，导师要为每位学生量身定制教学，其教学随着学生的学习内容和方法的不同而体现差异。导师可以根据教学要求关注学生还未掌握的内容，也可以根据学生的多元智能、兴趣、学习风格及其他不同特征和偏好来让学生自己选择项目或者为其定制个别辅导。这样的安排，既弥补了学习者存在的不足，又能发挥其特长，很好地结合了短板学习法和长板学习法。

"学习合约"，又称"个性化学习计划"，是学习者和导师（或教练、教师）之间达成的有关学习者即将进行的学习及其评价方式的一份正式的书面协议。[①] 简单地说，学习合约是一个定制式的教学计划，它着眼于个体的差异和需求，如职业目标、性格、兴趣和学业掌握情况。在学习过程中允许学习者根据个体差异调整学习步调，根据学习者的特征定制教学方法，根据学习者兴趣确定不同的学习目标。所有的学习合约，无论以什么方式出现，都需要包含学习者的选择、学习计划、学习者与协助者（导师、教练、教师等）之间的一致意见三个方面。除此，一份有效的学习合约还要必须具备正式的书面协议并清楚

---

① BOAK G. A Complete Guide to Learning Contracts [M]. Gower Publishing Limited, 1998: 1.

地写明学习内容、学习方法及评价方式。

学习合约有两个主要的特征——灵活性和聚焦性。[①] 灵活性是指合同的学习方式允许学习者根据自己的需求选择不同的学习内容，而且还能够应用到各种学习领域。聚焦性是指有效的学习合约帮助学习者在学习过程中始终将注意力聚焦到具体的目标、结果和行为上，正式的书面协议为学习过程提供了一个固定结构，用以指导并支持个体的学习。学习合约如果缺乏灵活性，就没了应用学习合约的主要优势，而如果缺乏聚焦，学习者很容易偏离学习目标。除此，比起由教师设计的教学来，学习合约能激起学习者学习的内部动机，从而积极地参与到自己的学习过程中，以使学习维持得更持久。并且，学习者在思考自己的兴趣、职业目标、特征和掌握水平的过程中能发展一些元认知技能。

学习合约为新范式提供了一个教学上的新视角，它重新关注教学与评价，从重视学习结果转向关注学习过程。它为学生和教师讨论如何满足学习者需求提供了一个平台，学生、教师、家长一起找出学生当前的能力与所期望的能力之间的差距，并共同商定学习目标，设立学习完成的最后期限，也有助于培养学生和教师对责任的理解。这里，学生的责任包括自我学习、小组学习、在规定期限内完成任务，教师则需要监管学生的进步情况，并及时提供辅导。一旦协议达成，就需要书面形式记录，并双方签字。尽管学习合约不能满足课堂的所有需求，但是相比其他的教学和测验方法，这确实提供了一种个性化的教学和评价方式。[②]

在个人学习计划的过程中，学习者可以规划自己的学习过程、设定目标、监督自己的进度。在设计合同的时候，必须包含以下四个方面：一是范围，确定具体的学习领域，根据学习者需求和个人爱好，从标准清单中选取相应的学习目标；二是时间，大致规定学习者必须要投入的学习时间，或者至少要达到的最少时间，任务完成时间及评价的时间；三是形式，书面学习合约都有一个既定的形式，如合同标题、学习目标、行动计划、资源、评价及完成日期；四是责任，不同参与者有不同的责任。学习合约的书面形式多样，只要包含以上四个

---

① BOAK G. A Complete Guide to Learning Contracts [M]. Gower Publishing Limited，1998：1-4.

② ZANDIA H，KAIVANPANAH S，ALAVI S M. Contract Learning As an Approach to Individualizing EFL Education in the Context of Assessment for Learning [J]. Language Assessment Quarterly，2015，12(4)：409-429.

要素即可。具体的范例参考如表 3-3 所示:

表 3-3 学习合约范例

《饥饿游戏》学习合约

姓名:×××	联系方式:×××		编号:×××
开始日期:2015-9-20		完成日期:2015-10-1	

项目描述:通过《饥饿游戏》理解二战前的全球经济危机,明白它是如何导致极权主义的崛起,以及在这些条件下出现的社会道德困境。

学习目标	历史目标: • 总结造成全球经济危机的国际、政治和经济原因 • 解释美国、德国和苏联政府对经济危机的回应 • 描述极权主义的出现及其特点 • 解释不同的世界各国领导人在二战开始前及二战期间的角色,如墨索里尼、希特勒、东条英机、斯大林、罗斯福和丘吉尔	写作目标: • 在各种小说作品中分析场景及其对整体情节成功的作用 • 分析在不同国家或文化中,小说作品中人物的道德困境的不同作品的成功所做的贡献 • 评价小说作品中叙事形式和基调之间的联系 • 从文献中进行复杂的推理 • 探索性的写作过程,能写回应性的文章
行动方案	阅读《饥饿游戏》; 在小组讨论中分析章节、场景、人物等; 根据讨论创建自己的问题,得出答案,并为自己的答案辩解; 历史工作坊:极权主义; 写作工作坊:如何从不同的视角写作; 完成一篇有关道德困境文章的初稿并作陈述报告; 根据反馈意见修改文章并完成终稿	
评估	写一篇回应文章,详细说明小组成员阅读《饥饿游戏》后得出的有关道德困境理解、有关极权主义和全球经济危机的知识,以及他们与全球及社区参与的联系; 陈述有关道德困境的研究结果	
资源	《饥饿游戏》; 互联网搜索有关极权主义和全球经济危机的知识	

签名:×××   参与人员:×××   负责人:×××

导师:×××

　　赖格卢特为个人学习计划的制订提供了一些具体的指导。第一步，要收集相关的学生数据，如职业目标、兴趣、特点及现有的认知情况。根据这些数据，教师、学生、家长和其他一些顾问成员一起为某些主题或者学业标准设定目标。目标分为长期目标和短期目标，先确定长期目标，再根据长期目标选定具体的短期目标。这些目标通过项目的形式来完成，项目是学习这些主题或标准的载体。在每个项目的完成过程中都需要团队的介入，每位学生在项目的过程中都承担一定的任务和责任。第二步，拟合同，合同上要包含以上所有的详细信息。制定合同是为了使学习目的和过程清晰可见，让目标更方便于评价，也更容易达到，还可以跟踪学习者的学习进度。但是合同也不能过于死板，否则就会失去原有的意义。合同可以根据学生的目标和学习进度修改甚至重新制定。

　　学习合约是用于定制化学习的规划工具，也是监控工具。学习者采用合适的方式进行学习并在规定时间内完成，协助者监督学习者的行为并提供必需的资源，在学习者遇到问题时能及时提供帮助，家长在需要时也可提供帮助。家长、指导教师和学生之间定期见面，一是为下个阶段制订新的计划，二是审查前一计划中学生的达标情况。家长和学生要积极参与，把计划中的目标和结果具体化，而教师、社区、州政府甚至是国家则有权利也有责任来确保（通过监控）学生都能达到恰当的标准。当然，至于在决定要达到哪个标准及何时达到该标准还是有很大灵活度的。在制订计划的商议会中，还需要确定学生完成目标的方法，家长和教师在支持学生学习的方面要协调一致。新范式在制定学习合约的时候，设计了技术的支持，这样创建和管理个人学习计划的过程就会方便有效得多。

　　目前在基础教育已经有很多学校参与实施个人学习计划的项目。最广为人知的就是纽约教育部门的创新地区（iZone），三年内有数百所学校参与的改革，其中最核心的一个原则就是创建个人学习计划。[①] 这些学习计划有助于包容各种各样的学生需求，私人定制学习步调、教学方法及课程。遗憾的是，有关该项目实施的效果还没有很明确的数据，一些相关的研究还在进行之中。除此，蒙台梭利系列的学校几乎都实施了个性化的学习计划项目，如布鲁明顿蒙氏学校就是一个很好的典范，通过标准清单与学习合约的结合，不仅达到了

---

① LAKE R, GROSS B. New York City's iZone: Center on Reinventing Public Education [C], University of Washington. CRPE Working Paper, 2011: 1.

国家设置的标准,又表现了新范式的独特之处。

三、教学方法:项目指导

要真正实现量身定制学习,不是在固定课桌椅的教室和相同的课时里学习学科分类的课程,而是让学生参与项目或者任务。基于成绩达标要求,根据每位学生的需求定制教学,这就要改变现在常用的标准化大一统教学。除了制定学习合约外,项目学习也是个性化学习中的一个重要策略,有助于我们随时提供教学支持,并对那些有特殊需求的学生开展有针对性的帮助。因多元智能而闻名于世的霍华德·加德纳(Howard Gardner)指出,每位学生都有八种主要智能,只是不同的学生在不同的智力类型上表现不一样。当学习新的知识、技能和态度时,每位学生最突出的智能类型就可以成为最有效的"切入点"。学生自己选择项目,再由教师为学生量身定制个别辅导。

基于项目的学习指的是那些能够让学习者参与到真实的、复杂的、非良构的、答案又不是唯一的学习中的以学习者为中心的教学方法,如基于问题的学习、基于任务的学习、基于探究的学习、发现学习和基于案例的学习。近些年来,教育者和教育部门已经把基于项目的学习作为一种有效的为学习者定制教学的方式。[①]项目学习适用于个性化教学,因为它让学习者选择他们感兴趣的学习内容,选择自己偏爱的学习方式,以自己最舒适的步调向前发展。

项目教学中,最关键的是项目或任务如何设置或如何选择。首先,项目必须是学习者感兴趣或者有需求的。其次,项目的选择一定要难度适当,可以按照维果斯基的最近发展区原则,只要提供适当的支持,学习者就能凭借已有的知识和经验完成。一般来说,年幼学习者的项目相对简单,只需要几天就能完成,而年长的学生则可能花费几个星期或几个月来完成一个项目。赖格卢特团队通过采用启发式任务分析方法(heuristics task analysis)对项目所涉及领域的知识进行综合和延伸,主要运用引出、分析、呈现各种知识来判断任务的难度,从而选择最适合学习者的项目。

项目最好根据真实的生活情境来设计,这不仅是为了增强学习动机,而且有助于学习者把学习迁移到实际的生活情境中。当然,并不是所有的项目都

---

① Software & Information Industry Association. Innovate to Educate: System [re] Design for Personalized Learning: A Report from the 2010 Symposium [J]. Collaboration with ASCD and the Council of Chief State School Officers, 2010.

能按照生活的情境来设计,对于这些项目,赖格卢特建议采用简化条件方法(simplifying conditions method):先明确最简单的真实任务,再逐级增加任务的难度(包括伴随难度增加而出现的条件),并以某种方式从易到难对任务排序,以便于不同层次的学习者准确地选择适合自己的任务。此外,基于计算机的模拟通常能高效地创造并支持任务环境,但是任务空间要包含真实世界里的地点、物体和人,或者也可以把计算机模拟和真实世界环境结合起来。还有一些项目是社区服务类项目,如,有些学校会应用微经济——体验性教学项目,该项目的设计主要是以激励的方式来帮助学生学习有关经济、创业和政府机构运作方面的知识,有助于学生理解真实的生活世界并能服务于自己的社区。

根据学习者中心原则和麦库姆斯(McCombs)描述的学习者中心环境作为教学场景,在设计学习者参与的任务时需要注意任务是复杂且相关的,认为需要与同伴合作完成,在完成任务的过程中要学会寻找资源并呈现相关信息。表 3-4 显示了学习者中心任务与相关的学习者中心原则的一致性。

表 3-4　K-12 学习者中心环境

成分	学习者中心任务	学习者中心原则
相关性	与学习者的个人生活相关并建立在先前经验与知识的基础上	当学习者从信息和经验中建构意义时,复杂教学内容的学习是最有效的(原则 1);成功的学习者把新信息与先前知识联系起来(原则 3);个体的学习动机是受其观念和兴趣(原则 7)、创造性(原则 8)及先前经验(原则 10、12、13)影响的
学生导向	能让学生自己做主,他们如何着手、完成并展示自己的工作	个体的学习动机是受其观念和兴趣(原则 7)、创造性和好奇心(原则 8)及其背景和先前经验(原则 10、12、13)影响的
反思性	允许学生思考他们的理解并能在各个概念之间建立连接	选择和监控心理操作的高级策略能促进创造性和批判性思维(原则 4 和 5)

成分	学习者中心任务	学习者中心原则
评价	包括评价各个部分,允许在任务的情景中评价学习情况	设置适当高的有挑战性的标准,评价学习者及学习过程,如诊断、过程和结果评价是学习过程中密不可分的部分(原则14)
丰富的技术	把技术结合使之成为支持任务探究的工具	学习是受环境因素影响的,包括文化、技术和教学实践(原则6)
协助性	通过他人的示范、支架或提问策略提供支持	成功的学习者,久而久之,在有支持的情况下,能创造有意义的、连贯陈述的知识(原则2)
合作性	以允许学习者合作并相互分享观点的方式实施	社会交往、人际关系和与他人之间的交流都为学习提供了机会(原则11)

项目学习的过程中必然离不开合作学习的过程。合作也为学生提供了相互取长补短的好机会,同时也为那些乐于参与社会交往的学生提供了额外的学习动机。在教师的指导下,合作学习培养了学生的团队工作能力和解决冲突技能。当然,有时候学生在完成某一项目时还是会选择由自己独立完成。在完成知识性工作的时候,团队合作要比单独完成效率高得多。这也给我们的学习系统带来了新的要求,即把合作性学习用作教学策略以帮助学习者改善他们的合作技能。合作型项目学习能增强学生的学习动机,促使学生把知识运用到真实世界中。

有关项目教学的研究已经相对较成熟了,教育研究者们对该怎么设计和实施项目教学以实现多元学习结果已经有了共识。问题或者探究应该是复杂的、非良构的、开放性的、跨学科的,适合学生的能力水平,与个人相关,符合兴趣,在真实的世界里有价值,紧扣所学的内容。[1] 项目教学的过程应该是合作性的,既能提供恰当的教学和非教学指导,也能有机会进行自评、同伴互评和反思。同样,还要评价学生的学习进程并有效地促进其改进。

---

① JONASSEN D H. Toward a Design Theory of Problem Solving [J]. Educational Technology Research and Development,2000,48(4):63-85.

四、教学支持：项目空间和教学空间

赖格卢特认为传统的基于项目或任务的教学会出现一些问题。第一，大部分基于任务的教学都是小组合作的，因此评价的时候通常就对整个小组最后得出的成果进行评价。这样，就很难保证小组中不同的成员都达到了预期的目标，甚至还会有个别学生什么都没学到的情况。同时，团队学习通常采取协作形式而不是合作，也就是说每位学生分到的子任务是不同的，因此他们学习的内容也不尽相同。在新范式下，学生的学习进展是根据学习掌握的情况而定的，这样就需要对团队中的每位学生都进行评价。而基于任务的教学就很难满足这一点，尤其是对还处于低段学习的学生来说，一旦学习出现了差距，会对后面的相关学习产生困难和挫败感。第二，通过基于任务的教学，学生获得了一些技能和能力，而这些技能和能力通常需要用于更广泛的情境。然而，在基于任务的教学中，学生在完成任务的过程中使用某种技能的频率仅为一到两次，如果以后要让他们把该技能用于其他的相同情境中是很有难度的。因为大部分的技能需要大量的练习才能达到熟练水平，而这在基于任务的教学中是很难实现的。更何况，有些技能还需要达到自动化的程度，以为学习者争取更多的时间去思考其他需要高阶思维的内容。第三，学习者在完成任务的过程中常常浪费了很多时间，比如搜索信息，重复使用已经完全掌握的技能，在没有足够的指导和支持下自我学习，这在新范式中也是需要避免的。新范式要保证学生能用最少的时间完成学习。

赖格卢特进一步提出了用个性化的教学支持以弥补基于项目的教学中出现的问题。事实上，要想让项目教学有效果，教学支持是必需的。基斯纳等人（Kirschner et al.）认为，在某些学习者为中心的教学方法中，如果一味地尽可能减少指导，就会忽略人类认知结构是如何起作用的，这样会使这种方法降低效率，减少效果。[①] 而且，提供适当的教学支持还能解决合作学习中出现的问题，这样项目教学就可以继续发挥其固有的优势。在新范式中，赖格卢特提出了即时教学和任务空间与项目空间的支持策略。

---

① KIRSCHNER PA, SWELLER J, CLARK R E. Why Minimal Guidance During Instruction Does Not Work: An Analysis of the Failure of Constructivist, Discovery, Problem-based, Experiential, and Inquiry-based Teaching [J]. Educational Psychologist, 2006, 47(2): 75-86.

1. 即时教学

柯林斯曾提出即时学习(just-in-time learning)的理念,即无论何时你想学习什么内容以完成任务时,你都可以找到你想找到的东西。[①] 相对于即时学习,即时教学就是在项目学习过程中,学习者无论何时遇到问题都可以得到合适的教学帮助。例如,当学生在计算机模拟或真实的世界中实施项目时,一旦遇到需要学习的新内容,就先暂时停止项目,由虚拟教师或真正的教师为其提供个别化辅导,可以是提供新知识的理解,也可以是新技能的获得,抑或是新态度的形成。当学习者学习一项新技能的时候,教师应该告诉他们如何做并展示整个过程,练习的时候要有及时反馈,这样的学习效果才最佳,并且学习者需要不断练习直到他达到掌握的标准。然后,学习者又回到项目中立刻使用新学到的技能并继续完成后续项目。

这种"即时教学"是直导教学和建构性学习的结合,它有很多优点。在项目实施过程中不管遇到什么问题,学习者都能及时得到帮助。问题解决后,学习者又可以继续参与项目的学习,再遇到问题再解决,这样就减少了学习者的挫败感和学习时间;学习者能在即时教学过程中将掌握的知识、技能和态度马上运用到真实的学习中,有助于对新知识的进一步理解,也有助于迁移能力的培养,为以后能将所学的内容应用到多种不同的情境中打下基础。对于某些低水平的技能,即时教学有助于学习者训练以达到自动化程度。同时,只有学习者达到掌握标准时才能回到项目中继续学习,这样就确保了每个人在团队学习或者整个学习环境中不再滥竽充数,而是真正掌握了必需的知识、技能和态度。

2. 项目空间和教学空间

赖格卢特提出"任务和教学空间"的概念来弥补基于任务教学所存在的缺陷。任务空间即学生进行的真实任务,或基于计算机模拟,也可以是发生在真实的生活情境中。在完成任务的过程中,学生会遇到一些难题,这些难题可以是知识或技能的问题,也可以是态度或价值观上的差距,如果不解决这些难题,任务就完不成。这时,学生就可以"冻结"任务完成时间,及时要求虚拟的导师(主要是计算机)提供为其量身定制的指导与帮助,在获得任务所需的技能或真正理解以后,学生就可以继续任务,这就是"教学空间"。在这个"教学空间"里,学生还可以不断练习任务中所学到的技能,直到达成掌握水平。这

[①]　柯林斯,哈尔弗森.技术时代重新思考教育:数字革命与美国的学校教育[M].陈家刚,程佳铭,译.上海:华东师范大学出版社,2012:26.

个过程就需要导师讲解技能的形成过程,展示在不同的情境下如何使用该技能,让他们不断练习并及时反馈,这样学生才能掌握该技能并迁移到其他的情境中。当学生继续完成任务时再遇到困难,"教学空间"又会再一次出现,如此不断地"做—学—做"往复。

在教学空间里,主要根据学习的类型选择相应的教学策略。对于需要记忆的,操练是最有效的,对于应用性的,归纳、举例、练习与即时反馈是最有效的;对于概念理解,则需要把新概念与学生认知结构中已有的概念联系起来,会用到分析、比较、分类等方法。对于新理论的理解,需要通过分析其原因、结果及其中的解决方法来梳理因果关系。这样分类是为了更有效地进行不同任务的学习。

项目教学是实践新范式的有效教学策略,它真正以学习者为中心,在做中学的过程中发展高级思维能力,并且项目具有真实性,符合学生兴趣,还能为合作学习提供机会。这些都是其他教学方式不能比拟的。当然,在新范式的学校系统中,还有其他多种学习和教学方式。比如基于网络的学习教学也是一种必不可少的方式,它从更广阔的范围内打破了学习和教学的时间与空间限制,一定程度上为面对面的教学方式减轻了压力。

教学空间与项目空间相整合,如图 3-5 所示。

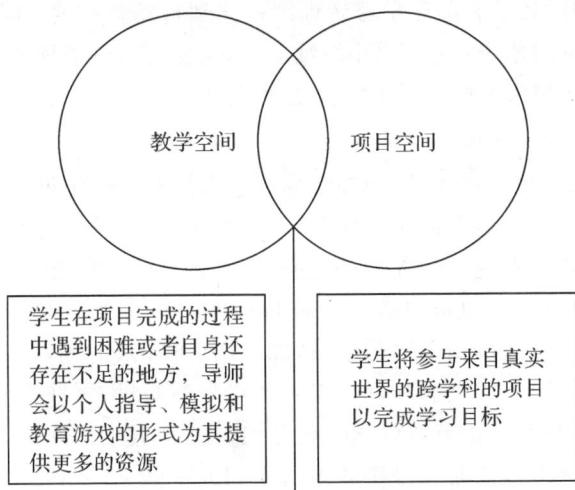

图 3-5　教学空间与项目空间相整合

第三节　教得如何：“常模参照”转向“标准参照”

评价是教育中一个最核心的方面。在学校系统中最主要的评价是指学生学业成就。学业成就是指学生习得的基本技能和内容知识的熟练程度。[1] 自20世纪开始，学业成就已经成了促进教育立法和政策发展的驱动力。如何判断和记录学业成就，越来越受到教育者、政策制定者及广大公众的注意。

一、传统的评价方式：常模参照与分数

评价的方式受课程和教学观念的影响，分为科学的量化评价和人文主义的质性评价。根据评价的目的，分为将学生分等级或分类的评价和将学生自己的学习进度进行比较的评价。具体来说，常见的评价分类有形成性评价和总结性评价、标准参照评价和常模参照评价、真实评价和高风险评价三种。

形成性评价是分析性的，帮助教师明白在教学过程中哪些需要改进以更好地满足学生的学习需求，它通常都是间隔发生的，以保证恰当的有效的学生学习；总结性评价一般发生在一项教育活动的结束，目的是对学生的进步下结论或进行判断。标准参照评价是以规定的学业标准为参照，判断学习者是否达到了标准及达到了哪个标准，它用来解释学生取得的成绩，不用根据其他学生的表现情况，而是学生所掌握的知识或技能的数量；常模参照评价是将学习者个体的成绩与所在小组的平均成绩或其他常模进行比较，以确定其处在小组的哪个等级中。真实评价是指评价学生在真实的环境中应用知识、技能和态度的能力，如档案袋的使用，它展示了学生掌握学习的一个过程；高风险的评价通过标准化形式出现的测试来评价学生，他们所取得的分数可以进行统计分析，测试的结果与随后的责任相关，如学生没有通过考试就不能获得文凭，也不能上大学。

1. 测试

判断学生学业成就最主要、最快捷的方式就是测试。测试内容通常有两种形式——选择性答题和建构性答题。选择性答题要求学生根据其题干在几

---

[1]　GENTILE J R, LEE S W. Encyclopedia of School Psychology [M]. Thousand Oaks, CA: SAGE Publications, 2005: 8.

个备选答案中选择一个自己认为是正确的答案,建构性答题则需要学生根据问题进行建构性地回答。这两种形式的测试都可以设计成用于评价陈述性知识和程序性知识。具体选择哪种形式需要考虑多种因素,如考虑测试的内容特点、测试的时间、测试的目的等。无论哪种形式,测试的目的都是为了评价学生的能力,并提供充分的信息以区分学生的不同表现,从而有利于相关人员做出有效的判断。测试通常是在一学年末举行,并且在某个规定的时间由学生独自完成,测试过程中往往禁止使用课本、计算器及其他工具,否则就意味着作弊。

有了测试的成绩还不能十分准确地判断和解释学生的学业成就水平,这时就需要测试参照。测试参照最常用的有两种类型:常模、标准。通过参照物的比较,测试就不仅仅是测试本身了,而是对学生表现的阐述。常模参照测试和标准参照测试都属于总结性的评价方式。主要有三个作用:为问责、评估和比较提供信息;引起公众和媒体对教育的关注;通过影响课程和教学或者激励学校行政人员、教师和学生更加努力以变革教育实践。[①] 传统的教育中,最常用的是常模参照测试,通过测试的结果评价学生一段时间内的学习结果,而这一结果体现在与其他学生的比较中。当学生需要被分类时,常模比较是不可避免的。

2. 分数

分数始于19世纪的耶鲁大学,最初也只是简单地为教学提供一些必要的信息。然而现在看来,分数不仅已经渗入各个层次的教育机构,而且分数所产生的消极影响远远超过了原先的假设。通常情况下,学生会基于这样一种假设:自己的个人价值体现在学校取得的成绩上,成绩越好,就会受到更多的关爱和肯定。因此,大部分学生在刚入学初期会表现得很努力,以此希望自己能获得较满意的成绩。但随着年级的迁升,只有一小部分学生能保持较好的分数。其结果是成绩好的学生可能会忽略其他能力的发展,成绩不好的学生会感觉到自己被隔离,进而失去学习的信心,甚至认为自己学什么都不会取得成功。万一有一次取得了成功,他们会将其归于运气好,而不是自己努力的结果。而事实上,或许这些学生实际能力的差别并不大。

所以很多努力学习但分数不高的学生便会产生这么一个道德逻辑:取得

<hr />

① HAERTEL E. Validity Arguments for High-stakes Testing: In Search of the Evidence [J]. Educational Measurement: Issues and Practice,1989,5-13.

好的分数要比努力学习重要得多,结果要比过程重要得多。本来分数是用来加强学习的,当分数变得比学习重要时,初衷就变了。学生会逐渐排斥学习,因为学习只是为了要取得好分数。如果所有的学习都与分数相连,那么学生为了获取较高的分数,会倾向于选择一些更容易的、很少有挑战性的任务。并且,学生对教师的尊重会与他们获得的分数相关。大部分学生都不能接受教师对其能力低的评价,因此,很可能在背后甚至当面诋毁教师以企图获得一些自尊,或者干脆表现出一些无用的、破坏性的行为。分数严重削弱了学生道德和情感的发展,减少了师生之间、学生之间尤其是那些成绩好与成绩不好的学生之间的信任感,阻碍了交流。

也有人会为分数辩解,认为在就业、大学录取时分数能很明确地将学生分类,而且在中小学获得高分的学生总体来说也能在大学里获得学业上的成功。然而,不管是在高中还是大学,学业成绩高的学生不一定能取得职业上的成功。家长希望知道孩子的学业成绩处在整体的什么位置,因为他们都非常希望自己的孩子能进入大学学习,这也是分数至今存在的另一个原因。还有一类人认为,由分数所产生的竞争跟学生以后的生活很类似,因为不管找工作还是升职都需要竞争,因此每个人都要学会如何与他人竞争。确实,现实生活中,竞争是不可避免的事实,它能帮助人发挥出最大的潜力,一旦竞争成功,还能增强其对未来工作和生活的自信心。然而,要培养竞争能力,合作学习远远比分数的竞争要有效得多。在竞争的过程中,个人的自尊心依赖于不确定的竞争结果。一旦竞争失败,就会受到公众的评论,如果不能正确归因,就会因此心理不平衡。并且,在学校中通过竞争来获得分数易导致欺骗的产生,学生为了取得好的分数会在考试中作弊。[①]

3. 标准化测试

很多标准化学业测试主要集中于知识的获得。这一事实似乎基于这样的假设:教育主要是指事实性知识的累积,大部分学校教学假设学生能记住大多数内容,并且学校教给学生的事实性知识毫无疑问是有用的,无论何时都能回忆起来。而实际上知识的识记非常有限,虽然每个领域都会有一些重要的概念,然而很多概念学生很快就忘了,即使还记得,那也是停留在记忆的水平上,而不知道如何应用。通常在学校里还能学得其他一些有价值的东西,如态度、

① EDWARDS C H. Educational Change: From Traditional Educational to Learning Communities [M]. Lanham: Rowman & Littlefield Education, 2011: 7-15.

各种技能及对艺术、音乐和文学的鉴赏能力,这些学习结果就不能通过识记事实来获取。测试更多的是测量学生习得的信息或知识数量,而不是思维品质。在这个知识爆炸的时代,没有人能很肯定地明确哪一类知识最重要。目前来说,科学知识每过五年半时间就会受到质疑,并且这个周期不断在缩短。还有很多知识是已经过时的,例如医生在接受培训时会意识到很多当时在学校学的知识已经被淘汰。因此,标准化测试与信息时代是不匹配的。

可以说,标准化测试本质上是带有偏见的,因为学生对问题的回答很大程度上是受他们自身智力因素和学校外所学内容的影响。并且,不同的学生有不同的学习倾向。标准化测试不可能适应于所有学生。还要注意的是,有一些测试没有正确的答案,有些会有好几个答案,还有些官方给的答案是错误的,有些测试甚至还有营利的目的在里面。由于测试时间和内容有限,因此测试的题目只是很有限的几个样例,势必会遗漏很多重要的概念。写作测试很难做到评分的一致性。评分过程中也受主观因素的影响,如评卷者的偏好、状态及评卷的时间等。

当标准化测试附带上一大堆问责后,就演变为高风险测试。如果测试结果不佳,学生就不能毕业,不能进入理想的大学,教师和学校也会因此受到责罚,甚至被开除或者取消办学资格(特许学校)。古德莱德对高风险的测试列出了七个不良的影响:第一,极大地缩减了课程的宽度和完整度,并且经常把教与学限制在一些相对不是很重要的信息上;第二,学生不能参与课程决策;第三,让学生适应跟随教师的导向并以规定的方式学习,这样就减少了他们参与探究的机会;第四,学生转向于达到最低标准而不是努力获得优秀;第五,对于高水平的智力性技能和为未来生活做准备的技能来说,高风险测试就不是一种有效的评价方式;第六,很多学生的兴趣和成就都评价不了;第七,不能用于评价问题解决技能、工作习惯和一些道德品质。①

高风险考试通常窄化课程内容,通过教学发展的是学生的低水平认知技能。教师迫于压力要让学生在测试中取得好成绩,势必把大量的时间和精力用于教授、复习并不断让学生练习测试科目和内容,这样就忽略了其他非测试

---

① GOODLAD J I. Retrospect and Prospect. In J. I. Goodlad & P. Keating(Eds.), Access to Knowledge: The Continuing Agenda for Our Nation's Schools [C]. New York: College Entrance Examination Board, 1994:329-344.

内容和能力的发展,如情感、道德、鉴赏能力。① 标准化测试不仅剥夺了教师必要的决策权,而且导致学生在教与学的过程中失去了基本的表现机会,不得不专注于测试所要求的内容。标准化测试指向学生的识记能力,学习的过程就是知识的传递与接收过程。然而,真正的知识掌握不是简单的呈现,而是融入个人已有概念结构中的过程。并且,那些在考试中分数很低的学生,可能会被迫进入特殊教育课堂、留级甚至退学,产生与测试相关的忧虑。这样做的后果是带来更多的纪律问题,使学生失去自尊心。

二、新范式的评价方式:标准参照与报告单

很多课程专家重新定义了课堂评价的目的,认为评价不应该过分关注学生的分数,而要关心教学是否促进了学生的学习。20 世纪 90 年代早期开始的"真实评价"运动回应了影响日益深远的标准化测试和回归基础运动。威金斯(Grant Wiggins)认为测试应该更直接地体现在真实社会情境中的学习结果,建议使用项目、档案袋、展览的功能形式来评价学生取得的成绩。② 新范式"基于成绩达标"的学习进度不按时间来要求,所以评价也随之因人而异。也就是说,评价是基于标准参照的,形成性评价为每一位学生的表现提供即时反馈,总结性评价则是验证学生的能力是否达到了某个水平或标准。并且,评价的结果是以报告单的形式呈现,而不是分数。

1. 标准参照的评价

标准参照评价与常模参照评价不同,它代表了一个更严密精确的范围,又比常模参照评价覆盖的内容要齐全得多,更适合个性化教学中的评价。标准参照评价,即先设定目标,再把学习结果与设定的目标比较,而不是与其他学生进行比较。如果学生的学业水平都达到了标准,那么他们都有可能获得 A 的成绩,这样就不会出现分数高低的比较。当然,标准参照评价也有它的不足,即标准的制定会显得专断且主观。教师可以根据自己的情况确定达标水平,可以低得让每位学生只要稍稍努力就能通过,也可以高得让所有学生都达不到优秀水平。新范式中的个人学习合约可以弥补这一缺陷,学生的学业标

---

① CLINCHY E. Needed: A New Educational Civil Rights Movement [J]. Phi Delta Kappam, 2001, 82(7): 493-498.

② WIGGINS G. Teaching to the Authentic Test [J]. Educational Leadership, 1989, 46(7): 41-47.

准是由学生、家长和教师根据最基本的国家标准制定的,既保证了标准的可观性,又使学习者的学习不至于偏离教育目标。

只有当学生的努力呈现了他们最佳的状态,并且达到了自愿接受的标准时,他们的自我价值感才会真正体现出来。目前,相对整个教育系统来说,尽管使用基于达标的评价方式的学校还不多,但其数量不断增长。很多特许学校开始采用基于标准的评价方式。布鲁明顿蒙台梭利学校针对低年龄段学生和高年龄段学生制定了不同的标准,见图 3-6。《一个也不能少》法案强化了对学生成绩达标状况的评价,共同核心标准也是基于成绩达标的理念,尽管它还存在争议。

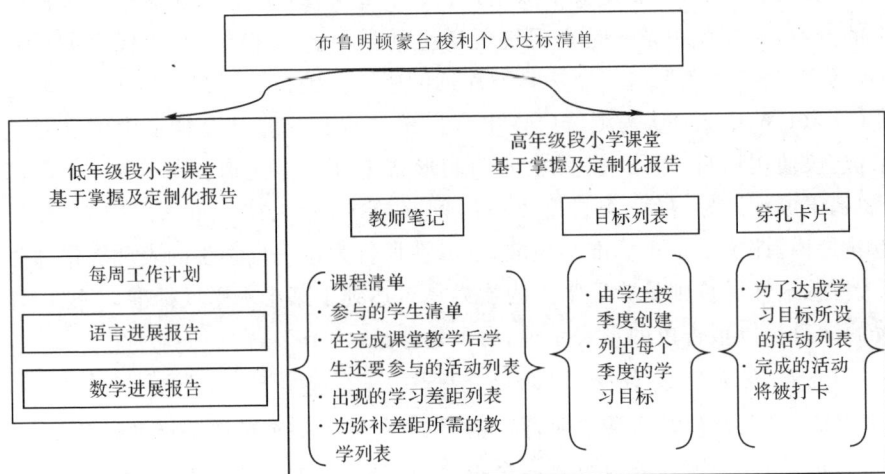

图 3-6　布鲁明顿蒙台梭利学校的标准清单

总之,标准参照评价有助于彻底评价学生是否达到足够的掌握水平以进行下一个主题的学习,它有明确具体需求,能促使学习者向着学习目标不断进步。在项目的完成过程中,可以由教师,也可以由模拟情境或"虚拟世界"中的技术系统为学生提供形成性评估,这主要是指对学生进行指导或辅导。当然,也可以采用总结性评估,尤其是当学习者单独完成项目时,总结性评价非常有用。

2. 基于项目的评价

通常,基于项目的评价都是根据小组最后完成的任务情况来进行的,如任务是否顺利完成,完成的质量如何。然而小组评价的方式无法判断每位学生是否都掌握了完成任务所需的能力,即使对掌握了该能力的学生,也很难确定他是否能迁移到其他相似的情境中。所以在对小组进行评价的同时,对个人的评价也是需要的,而前面所提的教学空间正好满足了这一需求。教学空间是行为导向的,学生在其行为表现达到标准以前需要不断地练习(主要是由计算机模拟提供的),在这个过程中,就要用形成性评价对学生的表现提供即时反馈,以修正错误的行为或者鼓励正确的行为。如果某种技能需要达到自动化的掌握程度,那么学生行为表现的速度也要纳入评价范围,该技能完成的速度越快,自动化程度就越高。只有将小组评价与个人评价相互结合,才能确保学生以最快的速度完成学习任务。

在新范式中,基于行为表现的评价往往与教学同步,因此就不用再抽出一部分时间用于测验。在项目实施过程中,教师需要不间断地评价学生的学习结果,以便清楚地明白每位学生当前的学习需求,并基于学生的需求选择合适的教学材料。[1]当项目完成时,需要进行一次总结性评价,以考查学生是否按照学习合约达到了某项标准。如果还未达标,再确定目标完成到哪一步,并指导学生继续学习,直至完全掌握;如果达到了掌握标准,就可以进行新一轮的学习了。不管是形成性评价还是总结性评价,都与学习者的学习进度相关,也就是说,评价不再是由课程、行政人员、政客或者行政机构提前确定,而是由学生自己决定,并且只有当他们准备充分时方能进行。

3. 报告单

既然有评价,就需要某种方式来记录评价的结果。如果只是通过分数这种传统的方式,教师其实很难表达对学生的肯定,因为不是所有学生都能在测试中取得好成绩。新范式采取报告单的形式,报告单上没有分数,只表明该学生目前掌握了哪些标准,在该学龄段还需要掌握哪些标准。家长和教师根据报告单只能看出学生现有的学习水平,而无法将之与其他的学生进行优劣比较。因为任何学生都可能在某一领域超过其他学生,但在其他领域处于落后的状态。

新范式下,报告单的记录是通过技术自动保存并不断更新的。每一个总结性评价的结果都会归入学生的成绩档案,如有需要,在完成的标准后面还会

---

① MILIBAND D. Choice and Voice in Personalised Learning [C]. In OECD (Ed.), Schooling for Tomorrow: Personalising Education. Brussels: OECD Publishing, 2006: 21-30.

有一个链接以连到用于证明学生掌握了该标准的证据，如项目的最终产品、报告等。当需要人工评价时，具有专业素养的观察人员就会利用移动设备实施评价，如电脑、观察量规。

评价系统应该是连贯的，评价要与课程、教学、个性化学习一致。为了建立系统的连贯性，州政府要让教师参与评价系统的开发和实施，确保评价与教师的教和学生的学保持一致。需要从一刀切的方法转移到专业化发展和定制化系统以支持更深入的学习。基于标准达标的评价方式使学校从"等级文化"转向了"学习文化"。① 在等级文化的评价中，学生忧虑的是测试的内容，至于作业，完成即好不考虑知识的应用。而学习文化中，评价有助于理解学生现有的发展情况，并提供支持以跨越学习目标和现有能力之间的距离。

三、标准而非标准化

有关标准有很多讨论。有些关注标准是否需要强制还是出于自愿；有些关注谁来定义标准（政府还是专业机构），在什么水平上定义（国家、州还是当地）；有些关注标准化运动是否导向测试驱动的教学或是阻碍了主题或跨学科的教学；还有些认为更高的学业标准是改善公共教育必需的但不是唯一的策略。那么新范式要不要课程标准？又如何将课程标准与个性化教学和评价相结合？

学业标准有两种使用途径：一种是把标准作为工具以促进标准化进程；另一种是把标准作为用户化的工具以满足每个个体的需求。② 两种标准的使用方式代表了两种截然不同的教育观念。

第一种将标准用于统一学生的学习进步和目标，结果类似于工厂的标准化生产，学生以相同的步调学习相同的内容，最终选出优胜的产品。这样的标准又称为"统一标准""通用标准"，它存在明显的不足。首先，学生的学习能力（从有学业障碍到有天赋的）、学习技能的掌握程度、先前的知识、家庭环境等都是不同的，因此同样的标准对某些学生有难度，而对另一些学生可能就很简单。其次，即使统一标准在最大范围内实施，甚至加上高风险的问责，也只会

---

① SHEPARD L A. The Role of Assessment in a Learning Culture [J]. Educational Research, 2000, 29(7):4-14.

② REIGELUTH C M. Education Standards: To Standardize or to Customize Learning? [J]. Phi Delta Kappan, 1997(79):202-206.

给学生和教师带去更多的挫败感,更高的辍学率。再次,统一标准让教师被迫投入更多的时间在为达成标准的教学上,而不管他们自己、学生和家长认为这些标准是否重要。当然,学生必须要掌握一些基本的技能,但是这并不意味着所有的学生都要求在同一个年龄段同一个年级水平上获得技能。

第二种则以学生为中心,标准只是作为满足学生需求促进其进步的工具,最终的目标是发挥每位学生的潜力。新范式需要的是这种类型的标准。赖格卢特也为此提出了把标准用作定制式教育的几条原则。[①]

· 标准应该分为不同的层次:标准应该代表各种不同的达标情况,每一个领域的能力都可以分为很多不同的层次。这些不同层次的达标相当于给定一个内容标准,然后可以有不同的表现标准。不同的内容标准同样也代表了不同的复杂程度。学生根据这些标准逐渐掌握不同领域的能力。

· 标准不能有时间规定:标准不应该以任何方式限制在某个年龄或年级时段。这个观点是与通用标准或统一标准最大的差别。某些标准要求所有学生最终都能达到,如基本的听说读写技能,从这个意义上说,这些标准就是通用的。但是这并不意味着所有学生必须在同一个年龄段达到这个标准。并且,还有一些标准不应该要求所有学生都达到,除了一些基本知识和技能的标准,学生可以根据自己的兴趣发展自己独特的才能。标准和标准化不是同一个概念。

· 每个领域都有各自的标准:各个学习和人类发展领域都需要明确标准,不管是学术的还是非学术的,如入职标准、贫富标准、环保标准等。标准可以是为了满足社区要求,也可以是为了学生。只有当标准代表了家长、雇主、教育者和社区成员所认为儿童应该学习并且也会学习的内容时,它才是最有效的。对一个以学习为中心、定制式的教育系统来说,这些标准有助于教育者生产出各种教育资源并持续追踪学习者不同的达标情况。

· 有限制地选择达标的标准:在儿童的发展过程中,教师、家长和学生应该可以在限制之内选择何时去达到某个标准。这些限制应该与一般原则相对应,如某些社区或者州非常重视的成绩就应该在某个时间段内尽早完成,除此以外的其他标准,允许教师、家长和学生有一定的选择余地。

· 标准要与学习为中心的教学过程结合:标准必须与教学过程相一致,

---

① REIGELUTH C M. Education Standards: To Standardize or to Customize Learning? [J]. Phi Delta Kappan, 1997,(79): 202-206.

反过来,教学过程有助于学生持续努力以达成标准。标准应该是让所有学生都取得成功的工具,而不是像传统教育那样把学生分类。

• 基于表现的评价:如果可能,标准应该尽可能具体到可以测量。当然还有一些标准确实不能立刻测量,如公民教育等,可能要等学生毕业走向社会才能判断。还有一些标准,如学生对待某些具体事物的态度,即使花费再大,测量结果也未必是可靠的。除此,不同的学习中学生所需的任务和表现的行为也有一定程度的不同,所以标准需要采用具体的基于行为的评价措施,这样就可以清楚地判断出学生有没有达到该标准。

• 标准的证明:由于各种领域中都存在着不同的标准,加上学生又有不同的需求、兴趣和天赋,因此不同标准结合在一起时就需要有一定的证明以表示达到了某种标准。个人档案是最有效的一种证明,档案中含有大量的信息,并且不可能与其他人完全一致。另外一种最常见的证明就是目前学校用的文凭,但是文凭只能笼统地证明学生完成了该阶段的学习并达到了最基本的要求,至于其具体学了什么、掌握到什么程度就不可能从文凭上得到信息。

标准最主要的目的是促进学生的学习和表现,但是如果学生不愿意花更多的时间积极地参与学习,那么一切都是空谈。所以学生的学习动机和一个高质量的教学支持系统是必要的保障。同时,为了达成促进学习改善表现的目标也需制定标准,标准的制定是为了定制化学习,而不是标准化教育。标准应该作为工具来帮助整个教育系统学习和改善,而不是作为变革的中心轴并据此决定教育的内容、时间及所要达成的程度。[①] 瓦格纳(Wagner)认为 21 世纪教育模式下四门核心课程——数学、语言、科学、历史的课程标准需要与 20 世纪教育模式有所不同,即新世纪的课程标准更注重学生认知能力、高阶思维能力、问题解决能力、创新能力的培养,如表 3-5。

① DAVID C. What Standards for National Standards? [J]. Phi Delta Kappan, 1995(6): 756.

表 3-5 两种教育模式下的课程标准[①]

学科	20 世纪模式	21 世纪模式
数学	• 识记低层次的程序 • 识别模型 • 用手进行运算的能力 • 速度 • 准确率 • 在限定时间的情况下仍表现良好的能力	• 深层次地理解问题 • 构建问题并用符号表示 • 创造性地解决问题 • 识别模型以理解应用哪种相关的数学工具 • 充分利用手头的计算机资源 • 对初步得出的结果进行批判性评价 • 估算、统计并制定决策 • 抓住机会、敢于冒险、不断完善
语言	• 清晰的书写 • 正确的拼写和语法 • 丰富的词汇 • 阅读书目资料的能力（小说、诗歌等） • 用完整的句子表达的能力	使用丰富的词汇 • 批判性地阅读各种书目资料 • 通过多种媒体形式不同的风格清楚地交流 • 形成独立大胆的观点并为之辩护 • 提出合理的问题 • 参与建设性的辩护
科学	• 涵盖核心科目：物理、化学、生物 • 囊括重要的定义、公式和概念 • 熟悉基本的实验流程	• 理解世界是怎么运行的 • 能形成并验证科学假设 • 能提出有见解的问题并设计实验 • 根据科学的原则构建事物 • 跨学科应用原则 • 培养科学的创造性
历史	• 涵盖重要的事件和人物 • 回忆重要的历史事实的能力 • 能写出清晰地叙述历史资料的短文	• 批判性地分析历史事件和资料 • 对于历史动态和影响有自己独立的观点 • 写出清楚并发人深省的主题 • 提出问题并参与建设性的辩论 • 将历史的发展与当前的问题联系起来

---

① WAGNER T, DINTERSMITH T. Most Likely to Succeed-Preparing Our Kids for the Innovation Era [M]. Scribner, 2015：90-134.

　　新范式以个性化教学和项目教学为主,教学内容多采用跨学科和跨主题的形式。那么是不是新范式就不需要课程标准了呢?答案是否定的。在新范式下,学习的标准将起着重要的作用,只不过需要转向一种概况性的知识和理解力。例如共同核心(common core state)标准中,有一项关于写作的标准,让学生学会“在分析话题或者文本的过程中,能用正当合理的、相关的并且充分的证据来论证自己支持的观点”。就这条标准来说,有些学生可以写关于保护环境主题的,有些可以写有关核能源主题的,可以单独完成,也可以小组共同合作。当然,一些基本的知识和技能还是需要每位学生都能掌握的,而还有一部分标准则可以根据学习者的特点和需求灵活选取,以真正体现个性化及以学习者为中心的特色。

　　总之,赖格卢特将信息时代教育范式的核心理念以二分法的方式与工业时代教学范式的核心理念相对比,但是二分法的对立往往也不是绝对的,后工业时代的思维应该是“两者都”的理念而不是“二选一”。这里可以将这两种教育范式的对比作为本章小结:

　　聚焦学习与聚焦分类。这是最核心的,其他的核心理念都是用来支持该核心理念的。

　　教学:学习者中心与教师中心,学习者中心教学方法主要是为每个学习者量身定制的。

　　做中学与教师呈现:学生大部分时间都用来进行真实的任务学习,而不是只听教师讲课。舒尔茨(Schlechty)把基于任务的学习称之为“学生是工人”“教师是管理者”。教师是“在旁指导”而不是“讲坛圣贤”。不管是哪种称谓,底线就是基于任务的教学是积极的、以学习者为中心的、自我主导的。

　　基于成绩与基于时间的进度。学生达到成绩标准时,就可以开始学习一个新的主题或能力。这就避免浪费学生的时间,布卢姆的掌握学习是该核心理念的最早实践。

　　量身定制教学与标准化教学:量身定制的教学内容和方法,既有共同的必须学的核心知识、技能和态度,也可以培养他们的特殊才能、兴趣和特长。根据学习者的特征和偏好来选择教学方法。教学方式采用个人学习计划和学习合约,学生按自己的步调学习,最终达到规定的标准。

　　标准参照测试与常模参照测试:新范式下对学生进行评价的目的有两个,一是为了指导学生学习(形成性评价),二是为证明学生已取得的成绩(总结性评价），基于常模的评价就不再适用。形成性评价是为了给学生提供及时反馈，可以用暗示或者其他的指导形式帮助学生理解错误并改正；总结性评价是在学生达到任何成就后给出的证明。

合作学习与独自学习：在工作场所，大部分的工作都是以团队的形式完成的。合作，不管在工作中还是生活中都非常重要。学生通过团队合作能学到相关的经验，而且团队合作对于学生之间相互学习也是一个重要的机会。

享受学习与厌倦学习：在知识时代，终身学习对于公民的生活质量和社区的健康发展有着至关重要的作用。终身学习的前提是热爱学习。工业时代范式让很多学生不喜欢学习，学校的文化最后也陷入对差生的排斥，这些都不利于终身学习的发展。当然，学习动机也要从外部动机转为内部动机，通过真实的、参与式的任务进行学习。

第四章　新学校的技术保障系统

以学习合约、项目教学、基于掌握标准评价为主的定制式教学要求导师关注到每位学生的学习需求、学习进度及学习结果。因此,在教学过程中需要持续记录学生的学习情况,要根据学生的学习进度制定学习合约,在项目学习中一旦遇到问题需要及时指导,最后还要根据项目的进展情况进行评估和反馈。如果这些活动都由导师自己完成的话,那无疑增加了很大的工作量。此时,现代化技术就能发挥很大的作用,赖格卢特设计了新范式的蓝图,即个性化综合教育系统,该系统是一种学习管理系统,能代替导师完成各种记录、教学、评价的工作,是新范式得以有效运行的保障。

第一节　技术对教育的影响

从 20 世纪 90 年代开始,学校开始大量使用计算机及其技术,而技术的使用真正导致学校教育发生变化的是进入 21 世纪以后。技术不仅影响了教与学,而且也改变着交流与行政管理方式。如今,数字技术广泛应用于各个学校,介绍教学主题、强化技能、指导与合作、呈现新内容、交流、行政管理、记录成绩、印刷出版物等都少不了技术。

一、目前学校应用技术的状况

近几年,新技术的不断发展促使其在教育中的应用前景变得广阔。新技术包括基于网络的技术,如开放资源学习管理系统(Moodle)、社交网站和应用程序(Facebook、微信)、云储存(Dropbox、百度云)和教育资源网站(Khan学院)。上网本、智能手机、平板电脑等智能移动设备也越来越多地渗入教育,成为促进学生学习的一种技术模式。除此之外,还有很多教育应用软件可以在网上免费获取,如概念图工具、教育游戏、研究和分析工具。这些都给教育者带来了丰富的教学工具以支持多样化的教与学。当技术参与教学时,学生

表现出更积极的参与性。尤其是在远程教学中,技术成为最关键的一部分。Wan Ng 指出把数字技术应用于教育的原因:[①]

· 支持学习以达到成功的学习结果。技术能增强学生的学习动机,促进认知发展;能通过模仿真实生活的经验提供教学情境;提供形成性反馈,让学生参与学习;提供交流与合作的工具;持续追踪学生学习的进程;让学校之外的学习成为可能。

· 发展 21 世纪技能,为未来工作做准备。工业时代转向信息时代的一个重要影响是工作环境与性质的变化。在信息时代,等级制度被打破,相互联系的组织得到了发展,工作由劳动性变成了知识性。因此,21 世纪的技能应该是能应用已有的知识和技能解决真实生活中的问题,包括交流、合作、问题解决、批判性和创造性思维。而在这些过程中,技术的应用必不可少,最大限度地发挥技术的作用将会起到事半功倍的作用。

· 成为有责任的数字公民和终身学习者。ITNOW 明确数字化公民的三个本质特征,有能力使用数字化工具;有能力选择使用那些能支持并促进个体发展的技术;以民主的方式在线参与讨论并发挥一定的作用。在信息爆炸时代,互联网上有大量可供学生学习的信息资源和数字化工具,因此,教育者不仅要为学生未来的工作准备,也要发展其自主学习的能力,使其发展成为终身学习的数字化公民。当然,教育者还应该培养学生使用互联网的责任心和道德感。

然而一方面是技术快速变化,另一方面教育受技术的影响还很有限。美国很多学校已经建立各种项目以让每位学生都拥有一台电脑,很多特许学校也在努力试图创建信息时代的学校模式。但是不管是方法上还是效果上,当前 K-12 教育变化仍旧不大。学生的课堂体验仍旧是之前就熟悉的任务和活动,如家庭作业、教材上的作业、小组讨论、测试等,这些与计算机及其他电子设备出现之前的状况毫无两样。由盖茨基金会发起的对全美 3000 多位基础教育阶段教师调查有关信息技术使用情况的报告中显示,尽管全美 93% 以上的学校都配备了计算机和网络,但只有 59% 的教师认为数字技术对课堂教学是有效的,剩下的教师认为效果不大甚至是无效的。即使是那些将信息技术用于教学的教师,43% 认为技术的目的主要是用于直导教学。除此之外,在课

---

① Wan Ng. New Digital Technology in Education Conceptualizing Professional Learning for Educators [M]. Switzerland Springer International Publishing,2015:5-7.

堂练习中,教师用于传统操练模式的时间约为 16%,而使用软件和数字技术的时间约占 11%;在评价方式上,教师只用 9% 的时间使用基于计算机的评价,而 16% 的时间仍使用纸笔模式。在倡导个性化教育的今天,信息技术所能发挥的作用远远不止这些。

总的来说,先前学校技术比较简单,支撑教师讲解和学生演示自己作品的黑板和投影仪,复制讲义和工作单的复印机,记录和评价学生作品的纸张和铅笔。这些实践和技术在一起相互强化,导致了总体上的保守主义做法。[①] 即使近些年来政府加大学校硬件设备的投入以期改进学校的日常教学,但是大部分情况下技术的应用还是较单一,多用于专门课程协助直导教学。一方面,技术在阅读、写作、计算和思考等学校教育的主要关注点上处于中心地位;另一方面,技术仍旧处于学校教育边缘化的位置。因此,技术和学校之间存在着很大的不协调。当技术对学习的影响主要发生在校外时,学校教育这一学习发生的主要场所就面临着挑战。因此,教育变革者必须重新思考学校内和学校外的教育,以促使学校适应并容纳技术驱动的学习这股新生力量。

二、学习管理系统

学习管理系统(LMS)是计算机应用于教育过程中的又一重要方式。之前研究者称之为"综合学习系统(integrated learning system,简称 ILS)",除了具备教学功能外,ILS 还可以对整个学习过程进行管理和跟踪,能针对不同学生进行个性化教学。近些年,研究者把各种教育软件都称为 LMS,该类软件的核心是能管理整个学习过程,而不只是传递内容或者局限于个别课程。[②]进一步说,LMS 不仅能传递和管理教学内容,还可以帮助确立并评价个人或组织的学习或培训目标,追踪这些目标的达成进度,在这个过程中收集数据并将它呈现出来。

学习管理系统不同于课程管理系统(CMS)。课程管理系统主要用于在线或者混合学习,支持在线存放课程材料,帮助学生学习课程,追踪学生的表现,储存学生提交的资料,协调学生之间或学生与指导者的交流。其中,有些

---

① 柯林斯,哈尔弗森.技术时代重新思考教育:数字革命与美国的学校教育[M].陈家刚,程佳铭,译.上海:华东师范大学出版社,2012:18.

② WATSON W R, WATSON S L. An Argument for Clarity: What Are Learning Management Systems, What are They Not, and What Should They Become? [J] TechTrends, 2007,51(2): 28-34.

功能与学习管理系统类似，也可以说，课程管理系统是学习管理系统的一部分，但是绝不是等同于学习管理系统，后者的功能要丰富得多。学习管理系统也不同于学习内容管理系统（LCMS）。学习内容管理系统是用来"以学习目标的形式创建、储存、收集并传递个性化在线学习内容"，它主要还是集中于创建并传递学习目标，而学习管理系统把学习过程作为一个整体来管理。两者虽然聚焦点不同，但是能很好地融合在一起。为了开发出更有效的学习管理系统，研究者们还制定了一些标准，其中比较有影响的是芬克学习管理系统标准，共有 11 条标准：

1. 学习监督系统

2. 知识和能力评价

3. 课程管理系统

4. 学习过程管理系统

5. 在线合作系统

6. 定制式的使用者界面

7. 学习系统管理客户端

8. 学习系统开发和维护

9. 学科任教教师入口

10. 学习者工作环境

11. 学习促进者的工作环境

基础教育阶段（K-12）常用的学习管理系统有 Edmentum（原为 PLATO）、皮尔森数字化学习（pearson digital learning，简称 PDL）。有研究指出 K-12 阶段的学习管理系统通常都依赖大量的操练和练习教学，并不能很好地与外部的软件相结合，而且给教师提供的定制化选择也很有限。[①]也有机构专门对 PLATO 在某校的使用情况作过调查，结果发现该软件的使用并

---

① WATSON W R, LEE S, REIGELUTH C M. Learning Management Systems: An Overview and Roadmap of the Systemic Application of Computers to Education [C]. In F. M. M. Neto & F. V. Brasileiro (Eds.), Advances in Computer-supported Learning. London: Information Science Publishing, 2007: 66-96.

不能促进教师的专业化发展，并且这些软件主要作为修复措施。[①] 沃森（Watson）、赖格卢特等研究者对 K-12 阶段的学习管理系统进行过比较，表 4-1是他们根据其主要特征列出的框架。

表 4-1　K-12 学习管理系统产品主要特征比较[②]

特征（灰色是用于支持信息时代需求的特征）			PLATO	PDL
教学方法	标准特征	内容呈现	√	√
		课程标准	√	√
		支持教师主导的教学		√
		双语	√	√
		自定步调学习	√	√
		基于项目的学习		√
		小组学习		
		真实的源于生活的问题		√
		个性化教学	√	√
	教师的定制能力	适合的顺序	√	
		适合的课堂计划		√
		定制化教学内容		
		课堂指令	√	
	学校外部	在线管理中心		√
		在线讨论栏目		√
		基于项目的学习		√
		家长参与的活动或家庭作业	√	√
		社区关系和支持	√	√
		在线课程计划管理		√

---

①　WATSON S L，WATSON W R. The Role of Technology and Computer-Based Instruction in a Disadvantaged Alternative School's Culture of Learning [J]. Computers in the Schools，2011，28（1）：39-55.

②　WATSON S L，WATSON W R. The Role of Technology and Computer-based Instruction in a Disadvantaged Alternative School's Culture of Learning [J]. Computers in the Schools，2011，28（1），39-55.

特征(灰色是用于支持信息时代需求的特征)		PLATO	PDL
数据管理	出勤		√
	健康信息		√
	家长或监护人信息		√
	注册		√
	课程安排		√
	已达到掌握标准的成就记录	√	√
	掌握进度	√	√
评价	后测或前测	√	√
	形成性测试		√
	练习性测试	√	√
	诊断性测试	√	√
	掌握水平测试	√	√
报告	给教师或家长的总结性测试报告	√	√
	给教师或家长的形成性测试报告	√	√
	给教师或家长的学生信息报告		√
	给教师或家长的记录学生成就的报告	√	√
	给教师或家长的掌握进度报告	√	√
	给教师的定制式报告		√

　　从表中列出的特征可以看出,学习管理系统能为管理、传递、追踪、测试、交流、注册及时间安排提供一个平台。大部分学习管理系统一般都会有以下功能:创建学生记录、管理注册过程、列出等待清单、上传和管理包含课程内容的文档、网络授课、允许教师或学生远程参与、制订并公布课程时间表以及通过即时信息、邮件、论坛的方式促进学生间的相互交流,进行评价和测试。

　　这些系统能促使学生更积极地参与学习过程。但是,学习管理系统也存在一些不足之处,降低了学习的有效性。尽管学习管理系统的应用已经比较广泛,但是至今并未达到预期的学习结果,研究者进一步总结了具体的原因:[1]

---

① GARCIA-PENALVO CONDE M A, ALIER M, CASANY M J. Opening Learning Management Systems to Personal Learning Environments[J]. Journal of Universal Computer Science, 2011, 17(9):1222-1240.

- 工具使用不恰当,通常只是用于存放公共课程资料和学习材料;
- 学习管理系统限制了学生之间的合作及参与社会建构的机会;
- 学习管理系统通常都集中于课程和教学而不是学生及其需求。

最近也有研究认为社交网络、云服务和移动设备可以弥补学习管理系统的某些缺点。也就是说,如果能把学习管理系统与课程管理系统、学习内容管理系统及 Web 3.0 等现有技术融合在一起,就有可能开发出一种工具,能支持信息时代新范式的教育。

三、个性化综合教育系统愿景

信息时代教育系统设计的技术主要关注掌握学习和定制化学习。目前应用的一些技术,如课程管理系统、学习管理系统,主要都是从外部机构的视角来起作用①,而不是学习者的角度,并且主要也是服务于教师中心的传统课堂范式②。若要灵活且经济有效地实施信息时代的教育范式,新技术必不可少。在新系统中,整个技术过程就称之为"个性化综合教育系统"(personalized integrated educational system,简称 PIES)。PIES 能系统地支持学习者中心的学习过程,包括促进所有利益相关者的活动。在各种"学习管理系统"(LMS)的应用基础上,PIES 的设计理念不断得到完善,并将运用于信息时代以学习者为中心的范式。③

PIES 是一种开放资源软件,类似于 Moodle,不同的使用机构和个人都可以根据自己的需求定制并修改该软件,当然最好能免费或者价格合理。它有一个支持性的使用者定制界面,功能上也个性化,就像 Web2.0 中如 Facebook 或者 iGoogle 那样允许使用者通过外部开发模式补充他们自己的网站,还可以像智能手机那样允许使用者下载免费或付费的应用程序。为了支持定制,PIES 可以共同操作,能通过 RSS 控制网站接受信息,如反馈和邮件,也具有类似博客、讨论面板和聊天的功能。

---

① ATTWELL G. E-portfolio: The DNA of the Personal Learning Environment[J]. Journal of E-learning and Knowledge Society, 2007a, 3(2): 27-38.

② BUSH M D, MOTT J D. The Transformation of Learning with Technology[J]. Educational Technology Magazine, 2009, 49(2):3-20.

③ REIGELUTH C M, WATSON W R, WATSON S L, et al. Roles for Technology in the Information-age Paradigm of Education: Learning Management Systems[J]. Educational Technology, 2008,48(6): 32-39.

第二节 个性化综合教育系统的功能实现

新范式的主要特征是以学习者为中心,在这个过程中技术扮演着一个极为重要的角色。PIES 主要有四个主要功能:记录学习进度、制订学习计划、提供项目指导和评估学习效果。此外,PIES 的次要功能——交流和合作功能、行政功能、改善功能也是不可或缺的。[①]

一、记录学习进度

相比成绩报告单,PIES 能更详细、更系统地记录学生的学习情况。记录的信息主要分为三类:标准清单——学生必须或应该达到的所有学术或非学术性成就标准;个人达标清单——学生已经达到标准以及相应的学习分析;个性特点清单——与学生学习相关的个人特征。该功能将会取代目前学校常用的报告单,主要是为学生、教师及家长提供综合而系统的学生学习情况,如哪些学习标准达到了掌握程度、哪些还需要继续学习、接下来要学什么等。新范式聚焦于学生对具体知识和技能的掌握程度,而不是先把学习内容人为地分解成没有相互联系的各个科目,再根据学生的年龄把这些科目分配给学生学习。因此,持续地跟踪学生的学习进展,把每个标准的掌握进度和结果以文档的形式保存下来,是 PIES 最重要的功能。

• 标准清单。包括必需的教育标准(国家、州与当地的标准)和选择性 q(根据学生个人的兴趣和特长)教育标准。并且这些标准还将进一步逐级细化为具体的成就,如技能、理解、性格等。每个成就则以一张个别定制的知识地图或图表展现,图表将包含:主要的成就,每个成就会划分为最简单和最难的版本;成就的分类,每一类代表一种学习路径;每条路径以难易程度排列。[②]图表上每种成就都会有相应的说明,它是否为必须标准,如果是,需要达到哪类难易程度。在各个学科中,知识地图起着导向作用。当学习者掌握了某一

① WATSONA W R, WATSONA S L, REIGELUTH C M. Education 3.0: Breaking the Mold with Technology[J]. Interactive Learning Environments,2015,23(3):332-343.

② BUNDERSON C V, WILEY D A, MCBRIDE R. Domain Theory for Instruction: Mapping Attainments to Enable Learner-centered Education [C]. New York, NY: Routledge, 2009: 327-347.

成就后,知识地图就会将其导向目前能完成的更高水平成就——遵循维果斯基"最近发展区"原则。

标准清单还包括选择性标准,如社交、情感和性格发展相关的。其他更大范围的教育标准还来源于 21 世纪技能伙伴关系、国际教育技术协会(2007)、美国劳工部(1991)、共同核心及像丹尼尔·戈尔曼和托马斯·里克纳等个人。然而,大部分标准需要进一步分解为单个的成就,普林斯基(Prensky)提出组织标准时要围绕四大关键核心——有效思考、有效行动、有效沟通及有效地完成,而不是当前的四大核心——数学、语言、科学和社会研究。[①] 这就呈现了一个真正不同并且前景乐观的课程范式。教师和其他涉及学生学习的专家可以根据学生需求定制标准清单,因为不同的学生会有学习差距并且他们跨学科的理解能力也不同。[②] 从本质上说,标准清单呈现了学生应该(必须)和能够(选择性)掌握的学习领域,以及在这些领域上学生能够达到的水平和标准。这份清单主要为制订学习计划(第二个功能)而列的:

· 个人达标清单。通过跟踪每位学生的学习进度来支持学生的学习。每位学生的个人达标清单中包含着标准清单中的部分知识地图,当学生开始专注某一成就标准的学习时,该标准的显示框会自动变暗,随着学习进度的推进,显示框的颜色会越来越深直至学生达到掌握水平。框中还会显示达标的信息和时间以及提供整个完成过程的学习分析,如可汗学院就采用这一做法。这样一来,所有授权的利益相关者(如学生、教师和家长)可以很容易地看到学生如何做并能在他们需要时及时提供帮助。此外,社区可能会让所有孩子在某一年龄段做某些事情,以确保学生不会略过基本技能和知识的学习。这样做是为了培养全面发展的学生,以避免学生过于专注自己感兴趣的领域。个人达标清单也会报告学生的达标情况与目标年龄层(如果有)所应掌握的必须标准之间的比较。根据 PIES 所跟踪的学生学习状况,某一年龄段的必须标准会随学生的平均学习速度自动调整。

每个或每组达标成绩边上都会有一个链接跳转到学习证据库,证据库中

---

① PRENSKY M. The World Needs a New Curriculum [J]. Educational Technology,2014,54(4):3-15.

② DUTTA P. Personalized Integrated Educational Systems (PIES) for the Learner-centered Information-age Paradigm of Education: A study to Improve the Design of the Functions and Features of PIES [D]. Indiana University, Bloomington, IN, 2013.

都是根据学习目标自动标记的汇总性数据或原始手工作品。[①] 这类标签能让学生轻松地组织并找到自己的作品，也能很快地拉出选中的作品放入不同的电子档案袋中。学生可以选择部分开放，也可以完全向公众放开。在学生允许的情况下，项目及模块开发者可以链接到这些证据以展示他们的教学模块。此外，个人达标清单归属于学生，而不是学校系统，因此学生可以随时在日常生活中使用。个人达标清单还提供共享功能，学生个人或团队可以设置以公开发布最终的表现作品或视频，这样全校师生都可以检索。加上先前的标签功能，检索者就能轻松地浏览到最适合的产品。当作品公之于众时，还会有相关链接连到该项目，以供更多的学生选择。最后，对于这些个人达标情况的所有记录，学生都可以灵活地控制访问人员和安全水平。

　　• 个性特点清单。用于记录那些能促进学生学习的个人特征，这不同于学生的基本个人信息，如住址、出生日期、家长或监护人信息。个性特征包括学习风格、多元智力分布情况、特殊需求及一些重大的生活事件、职业目标和兴趣等。根据来自 PIES 教学和评价过程中自动收集的数据以及调查数据，个性特点会不断更新。个性特征有助于：决定学习目标；教师为学生提供指导和建议；PIES 实施个别指导、模拟及项目定制化。学生有权访问这份清单并出于安全和私人原因进行灵活控制，其他人访问的权限主要看与学生的关系。如家长或监护人、学生本人及其教师可以进行完全访问，至于社区成员和其他教师，可以限制访问权限或不开放。很显然，教育的定制化范式需要记录大量的信息。PIES 大大减轻了维护及访问这些记录的时间、工作的单调性和费用，有助于确保每位学生在获得个性化成就的同时还能达到必需标准。

二、制订学习计划

　　制订学习计划是学习过程中最重要的组成部分。通过参与学习目标相关的准备和计划，学生思考如果要完成学习目标，他们需要什么或者想要什么，以及如何完成。虽然计划是工业时代范式时期教师的主要职责，但在新范式下，仍需要学生甚至是家长能积极地参与到计划过程中。当然新范式下的学习计划会有不同，学校、学习小组（传统意义上的教室）和学生个体三个层次上都发生了改变。在学校层面，学校每年会有一个与学校未来的总体理念、使命

　　① GARRETT N，THOMS B，ALRUSHIEDAT N，et al. Social ePortfolios as the New Course Management System [J]. On the Horizon，2009，17(3)：197-207.

和愿景相关的主题(学术性的或社交方面的),所有的计划制订都要围绕着该主题。[①] 在布鲁明顿项目学校,某一年的主题为权力,那么所有的学习应与权力相关,如:权力是什么,它如何转移,如何从不同的角度看待权力,如何让权力改变事物或使之维持原样等。PIES 的计划功能有利于学校教师选择并使用一个合适的主题,还可以计划学校生活的其他方面,如学校表演、科学竞赛、艺术展览等。

在学习小组层次上,每位指导教师(由于角色完全不同,通常称之为促进者、指导者或顾问)应该规划一个合作性学习方式,以使所有学生都能一起学习。PIES 的计划功能有助于教师选择适当的方式来建立并维持适合的教室文化或氛围,如:与学生协商定规则,为教师预先准备处理不利于文化发展的事件,还能提供建议认识并利用教学时刻解决情感、社交和性格发展的问题。在学生个体层次上,每位学生都要制订一份学习计划,制订学习目标并选择完成目标的方式。计划功能有助于学生咨询委员会(学生、父母和教师)合作决定学生的职业目标、长期目标、短期目标、学习项目、团队、支持性角色和学习合约。

• 制订职业和长期学习目标。舒尔茨(Schutz)等人研究发现,当长期教育目标与短期目标相一致,再加上有用的学习策略,学习者就能达到较高的学业成就。[②] PIES 中的计划功能帮助学生咨询委员会一起协商决定学习者的长期生活目标、兴趣及职业目标,有利于激起学习者学习的动机。首先,计划功能通过有关学习者兴趣和态度的问卷和调查帮助每个学习者探索职业选择。当然,学习者会经常改变自己的目标和兴趣,因此该子功能会鼓励学习者定期重新考虑或重新确定目标和兴趣,而且也可以选择多个。其次,当学习者选择了一个合适的职业目标后,该目标自动进入学生的个性特征清单(还有其他有关学生兴趣和态度的信息)中。该子功能为学生提供了职业生涯成功所需的成就标准,并在长期学习目标中列出来。对于年龄大的学生,系统还为他们提供了潜在社区指导者(如当地的工程师)、助学金和奖学金相关信息以帮

---

① DUTTA P. Personalized Integrated Educational Systems (PIES) for the Learner-centered Information-age Paradigm of Education: A Study to Improve the Design of the Functions and Features of PIES (D). Indiana University, Bloomington, IN, 2013.

② SCHUTZ P A, LANEHART S L. Long-term Educational Goals, Subgoals, Learning Strategies Use and the Academic Performance of College Students [J]. Learning and Individual Differences, 1994(4): 399-412.

助他们完成自己的长期学习目标。计划功能会每一年或半年产生一份有关长期目标的进度报告。

• 当前可预期的成就。包括学生目前能达到的必须标准和选择性标准。PIES 的计划功能通过将学生的个人达标清单（学生当前的学习成就）与标准清单（所有必须和选择性标准）进行比较,产生一份综合性的成就清单或地图,学生就可以据此选择下一个学习任务。学生咨询委员根据评价功能得出的学生进步情况,可以增加、修改或删除列表上的成就标准。

• 短期学习目标。学生咨询委员会根据学生的长期学习目标、兴趣、机会、需求、家长的价值观等,从当前预期达标列表中选择下一次要完成的成就标准。短期学习目标包括人类发展的各个方面——社交、情感、身体或健康、道德、艺术、心理及智力的发展。在摆脱了基于时间的学习进度后,需要设立项目周期来代替。原因如下:第一,对学生来说,如果不规定新项目的开始时间,那么后面要形成小组学习就比较困难;第二,在真实世界中,人们需要在规定的期限内完成任务,因此从学生起就要培养;第三,人的本性是快到截止日期才想着要把事情做完,因此应设立截止日期激发学习动机。在项目周期内,项目的数量和范围可以根据学生的学习速度进行调整,速度快的学习者可以承担更多、更大的项目。至于学生每周需要花几个小时在项目学习上,PIES会根据之前的学习速度记录进行调整,这样学生的负担不会太重也不会太轻。项目周期的长短由学校决定,会根据学习者发展水平的不同而不同——在较低发展水平上的学生,项目周期会短一些。

• 项目和其他活动。基于项目的学习是新范式的重要部分,这能极大地增强学习者的动机并促进学习迁移到真实生活中。PIES 的计划功能帮助学生选择或设计项目,或者开展其他活动(如阅读时的讨论或个别指导)以达到短期学习目标。选择是利用目标确定项目或活动,反之,通过这些项目或活动的学习就能达成目标。那些项目或活动排序与每次要达到的短期目标数量相关;与学校使命、愿景、核心原则和当前主题保持一致的程度相关;与符合学生兴趣的程度相关。学生可以选择(根据其咨询委员会的提议)自己想要的任何项目或活动,并估算好每周用于各个项目的时间。类似于亚马逊用户评级的方式也能帮助学生做出正确的选择。当选择完成后,PIES 会为剩下的短期目标更新项目或活动的顺序,学生还会选择额外的项目或活动直到其在学校的空余时间全部安排满。

另外,如果"学生咨询委员会"允许学生自己设计项目或活动,计划功能会帮助他们设计,前提是要根据短期目标、学校的愿景和当前主题、学生的兴趣及现有的机会。如果项目已经选定,计划功能允许学生及其咨询委员会定制并调整项目的性质、要求和评价标准,以完全符合相关的短期学习目标和学生兴趣。如允许委员会选择评价方法,可以是产品、报告、演讲或竞赛的形式,由单个专家或专家小组进行评审,并公开展示。该功能有助于咨询委员会决定项目是否需要独立完成,还是与小组成员合作完成,在合作中,各个成员是要承担同一角色还是不同的角色。如果每位小组成员的任务都不同,那么该功能会建议各个成员选择与自己最相符的短期目标和个人特征的任务。该功能还为各个成员估算出每周平均需要多少时间才能在既定的项目周期内完成该项目,并根据学生先前项目中的学习速度进行调整。项目库或者数据库会随着新项目的加入而不断更新,对已有项目的改善或调整也在更新范围之内。

由于服务学习是新范式的关键原则①,计划功能允许社区和商业部门发布即将给地方或区域项目库的项目。项目库储存了大量的项目元数据,如每个项目要达到的短期学习目标(或成就标准)、评价标准和表现标准,建议使用的评估方式(如竞赛、单个专家、专家小组、公开展示),该项目是否需要分担给不同的学习者,每个学习者需要多少评价时间,如果他们选择公开还需要先前有关项目的评价及产品。通过学校的资料库,"学生咨询委员会"可以用类似于亚马逊顾客评价产品等级系统对学生产品进行评价,PIES能自动生成示范产品的清单。这也便于教师选择示范性手工作品展示学生在学校的学习所得。另外,某些短期目标,如有关哲学的学习,项目可能不是完成该目标最好的学习方式。在这样的情况下,PIES计划功能帮助咨询委员会规划其他的活动。总之,PIES计划功能可以:

· 选择团队。"学生咨询委员会"需要确保学生参与了足够的小组项目以发展高水平的合作技能和问题解决技能。当学生与同伴合作完成学业任务时,他们将展示出比单独完成时更高的智力表现。布鲁纳同样也证明学生能通过合作增强其问题解决技能,因为他们会有更多的机会解释问题。② 对于团队项目,计划功能会确定其他在同一项目周期内对该项目有着相同兴趣的

① BILLIG S H. Research on K-12 School Based Service-learning: The Evidence Builds [J]. Phi Delta Kappan, 2000,81: 658-664.

② BRUNER J. Vygotsky: An Historical and Conceptual Perspective [C]. In J. V. Wetsch (Ed.), Culture, Communication, and Cognition: Vygotskian Perspectives. London, England: Cambridge University Press, 1985: 21-34.

学生,并明确每位学生具体感兴趣的角色。然后,该功能帮助学生选择同一学校甚至是不同学校的队友。教师、学校甚至是学区也能对这个选择过程增加标准以确保学生不仅仅只与自己最好的朋友合作——他们还应该与不同性别、能力、种族和社会地位的学生组队合作。PIES还采用个人清单帮助学生理解为什么他们的队友会表现出全然不同的行为,以及如何处理这些问题。

　　• 学习合约。学习合约是用于弥补课程要求和自主学习之间差距的实践性工具。① 每个学校或学区会建立适合其学生发展阶段特征的项目周期。具有相同的开始时间有助于组建完成新项目的新团队。然而,一些项目会跨域两个项目周期,单个项目也可能只是构成周期的一部分。具有较高发展水平的学校通常会调整周期的长度和用时,以便于学生能与其他学校的学生一起合作。作为计划过程的核心部分,PIES的这个子功能有助于咨询委员会开发两种不同层次的学习合约:学生层次,项目或活动层次。在学生层次上,学习合约将短期学习目标及在既定周期中的所有项目或活动具体化。在项目或活动层次上,需要由小组成员和外部合作者(如果有)准备并签字,还要对以下内容进行详细说明:短期学习目标、小组成员、学生角色和责任、指导者角色、其他任何外部合作者的角色、截止日期、标志性事件、资源、评价标准、评价方法和修改合同的条件。任何修改必须通过该功能提交并需要取得咨询委员会的同意。

　　• 支持性角色。该子功能有助于"学生咨询委员会"明确不同的人(包括他们自己及其他教师、社区或学术专家、年长的学生、家长或监护人)担负支持性角色,以帮助学生从其他项目或活动进行学习。

　　很多学生在大学毕业时还不知道自己想要做什么。PIES的这个功能,可以从小培养学生树立目标并为实现目标努力。长期目标能帮助学生进一步认识自己,学生通常会根据自己的兴趣爱好选择学习主题,在主题学习中接触不同的职业和生活方式。除了长期目标,学生还需要根据教学标准清单制订短期目标,即把长期目标按层次化解成不同的短期目标。学生可以这样分析:如果要达到该目标,必须学会哪些知识或技能,又必须先学会哪些知识或技能。

　　① MOTSCHNIG-PITRIK R, DERNTL M, MANGLER J. Web-support for Learning Contracts: Concept and Experiences [C]. Paper presented at the Second International Conference on Multimedia and Information & Communication Technologies in Education (m-ICTE'03), Badajoz, Spain, 2003-12-3.

必须先学会的知识或技能就是目前的短期目标,通常通过完成对应的项目来习得,项目可以从学校、社区、互联网上获得。此外,还可以看到对该项目有着同样兴趣的学生。导师会利用学生的个人特征清单选择一些合适的成员以共同合作,尽可能考虑团队的多样性,如年龄、种族、性别、社会经济地位等。合作团队成立,各个成员分工具体落实。最后形成书面的学习合约,学生、家长、导师面对面讨论,明确任务完成的日期、关键事件等,整个学习按计划有条不紊地进行。

三、为学生学习进行教学

PIES 的教学功能包括项目和支架两个子功能,有项目数据库、导师库、教学模式数据库。在新范式中教师的角色已经转换为一个促进者——为学生选择和设计教学工具并指导他们如何使用。在新范式中,教师的这个作用将由 PIES 来完成。根据项目实施的进展,PIES 能相继提供项目起始工具、支持工具、后期工具。其中,项目起始工具可以指导学生及其教师(如有必要)理解所选的项目或问题,指导他们如何有效地启动项目,包括提供用于合作、关键事件和获取有用资源的指导。这样的教学会以各种形式出现,不管是在 PIES 主页上还是在其他与 PIES 相连的外部页面上,这些形式包括情景模拟和游戏、个别指导、网上探究等一切有助于理解项目的教学活动。

项目支持工具则用来帮助学生管理项目,在项目完成时检查其目标和关键事件是否符合,当然也可以用于支持教师和家长监督学生的学习进程。项目后期工具则用于支持教师、员工、家长甚至是一些有潜力的学生开发新的教学,之后这些新教学又连接到 PIES 以创建一个教学项目库,以备学生选择。具体来说,该功能包括:向学生介绍项目;为项目的实施提供真实的虚拟环境,或者提供能强化现实(基于社区)项目环境的组成部分;帮助学生组织和管理项目时间和资源;帮助教师监督项目的进展情况;帮助学生利用各种文档资料和交流工具与同伴合作;指导学生解决小组合作过程中的矛盾。

· 介绍项目。向学生介绍项目或者帮助教师向学生介绍项目,提供学生选择并给出项目设计注意事项以帮助其设计自己的项目。注意事项包括:获取更多有关项目的信息;明确项目实施过程中的关键性事件;分配小组成员任务并决定如何一起合作;明确所需的资源。对于初步设计好的项目,则需要通

过模拟或虚拟世界进行,如布兰斯福特的 STARLEGACY。^①

• 提供虚拟的项目环境。在很多情况下该功能为项目的实施提供一个虚拟世界或模拟游戏。虚拟环境由计算机生成,使用者能产生在某一环境中的实际感觉,并与该环境互动。很多研究者认为虚拟环境和模拟能有助于学习任务,可以促进理解,增强动机、参与、合作和知识迁移。^② 在适当的时候,还会出现虚拟的导师提供及时教学或建议。

• 增强现实项目环境。现实世界中的项目,要求学生解决真实、跨学科问题的。当需要在真实世界中实施项目的时候,该功能通过引入与现实环境相关的项目元素,如关键知识、质量标准、计划、自我管理以及其他相关的资源,来增强项目的真实性。当学生在实施项目的时候,它还能提供工具,如数据收集工具、数据分析工具、交流和合作工具。某些时候,也会出现虚拟指导者,帮助学生将知识与现实世界相联系。

• 帮助管理和监控项目。帮助学生组织和管理他们的项目,包括明确、分配和监督任务、管理时间和资源以及记录每天的进展情况。学生每天投入每个项目的时间,咨询委员会可以通过登入系统的时间进行追踪。该功能还能帮助教师、家长和其他支持者通过标记那些需要指导、协助和提供支架的地方来监督项目和活动的进展。在教师的支持下,人工智能也会自动提供专家指导。有的人工智能可以通过教育代理软件配置,林(Lin)等人详细介绍了这种代理软件的结构,它能发现学生在学习活动中的进步,也能提供及时帮助,并与学习者互动,这就代替了教师和专家的角色。^③ 这种代理软件还能通过帮助学生建立并管理学习空间而促进学习过程。

• 提供合作工具。学生将各种合作工具(如文档和交流工具)和社交软件作为合作和资源共享的平台。社交软件和其他像谷歌引擎、Skype,

① SCHWARTZRR D L, LIN X, BROPHY S, et al. Toward the Development of Flexibly Adaptive Instructional Designs [C]. In C. M. Reigeluth (Ed.), Instructional design Theories and Models: A New Paradigm of Instructional Theory (Vol. II)[M]. Mahwah, NJ: Lawrence Erlbaum, 1999: 183-213.

② MENNECKE B, HASSALL L M, TRIPLETT J. The Mean Business of Second Life: Teaching Entrepreneurship, Technology and E-commerce in Immersive Environments [J]. Journal of Online Learning and Teaching, 2008: 339-348.

③ Hawryszkiewycz I T, LIN A. Process Knowledge Support for Emergent Processes [C]. In Proceedings of the second IASTED international conference on information and knowledge management, Scottsdale, AZ: ACTA Press, 2003: 83-87.

Redbooth，Dropbox之类的工具都整合到系统中，为学生提供个性化工具以进行生产、呈现、反思和合作。同一领域的学生、教师和专家之间建立网络联系以使学习机会最大化。项目过程中，允许学生了解其他学生的学习过程，学生能相互访问各自的网站，教师也可以追寻并隐性地参与学生的学习，也可以使用RSS订阅和社交书签使学生和教师的博客连在一起。

• 帮助搜索、评价和储存资源。该功能可以帮助学生查找、评价和储存与他们项目相关的资源并培养其信息素养以检索、评价及使用所需的信息。教授个人知识管理的概念即如何获取、组织和评价网络上的那些信息。可以将开源工具（如社交书签工具、知识日志和任务管理器）整合进入系统，并演示如何将这些用于个人知识管理。

• 帮助解决团队冲突。该功能可以帮助学生和教师解决矛盾冲突，因为在团队合作中矛盾与冲突避免不了。学生学习冲突解决策略，包括建设性的自我管理（情感的、认知的、行为的自我控制）、沟通、合作交互问题解决、尊重个人和团队差异。① 遇到问题的学生，可以通过应用决策树（图表）或在PIES系统中输入关键词找到并学习这些策略。需要的时候，学生可以联系教师寻求帮助，教师可以直接将学生导向具体的策略或提供个人建议。

• 提供支架。当学生进行项目活动时，该功能可以让学生获得及时教学，随时随地提供个性化的指导和教学。此外，支架也可以增加任务难度，促使学生结合学科框架和策略进行学习。这也可以重新导向学生去核查一些反面意见，也会反思项目进度。至于教学，PIES应用经过验证的教学理论帮助学生在做中学的过程中发展具体的技能、理解、事实和性格，教学还要符合每位学生的学习风格、智力类型、兴趣、偏好、知识及背景（显示在学生的个性特征清单上）。

提供及时、达标本位的教学。PIES的支架功能提供了一种及时的、个性化的"全教学"（如模拟、个别指导、操练与实践、研究工具和学生—专家之间的学术交流工具）以支持学习。该功能强调通过多元、真实的行为（促进迁移）进行学习直到掌握，适当的时候用个别指导和示范。某些情况下，当项目达到某一步时，系统会自动给学生提供教学支持，有时学生的虚拟教育代理或教师也会给出建议。当然，学生可以在任何他/她需要帮助的时候要求教学支持。这

---

① GARRARD W M, LIPSEY M W. Conflict Resolution Education and Antisocial Behavior in U. S. Schools：A meta-analysis [C]. Conflict Resolution Quarterly，2007,25(1):9-38.

样的教学能促进学习的有效性、增强学生的动机并将学习迁移到其他不同情境中。此外,PIES会自动收集有关学生在每次达标中的表现,并提供给学生及其咨询委员会,以促进他们的自主学习能力。

个性化教学。PIES使用人工智能技术(如智能教学系统、语义网①)推测、更新并储存每个教学模块中的学习者信息,以调整随后教学模块中的教学形式、内容、资源、反馈及练习。PIES还会提供学习路径选项以供学习者选择。此外,它还将广泛使用听觉、视觉、动态的及教学语言模式,从而适用更多不同的学习方式并增强学习动机。经过研究,PIES也可以作为一个智能学习管理系统——一种个性化的学习环境,关注学生的学习风格、困难及进度。PIES鼓励个人知识管理,强调学习者发现、分享学习,通过结合各种技能和技术进行探究。学习者可以自己设置学习环境,重新安排学习内容,选择要或不要学习服务,也可以创建子学习空间以促进不同类型的合作。

· 帮助学生学习元认知技能。研究者发现元认知技能或认知自我调整技能是可以教授的②,并且也需要提供能激发、调动并指导学生发展自主学习技能的教学策略,如设定学习目标、学习和管理策略、教学资源及外部资源。PIES的虚拟教育代理正好可以满足这一需求,在它的教学支持系统中,为学生学习元认知技能准备了丰富的资源。也可以提供直接支持以培养学生的好奇心、创造性、日常生活技能、社交技能、合作技能、个性培养、批判性思维、问题解决技能。

随时随地都能进入PIES教学系统。PIES是一个基于网络的教育系统,它跨越了地域、时间和文化界限,将学生和导师联系在一起,形成了一个丰富的学习环境。学生(尤其是需要特殊帮助的)可以随时随地进入教学空间,这样他们可以按照自己的步调与教师、协助者或家长一起学习以达到学习目标。PIES也可以兼容各种便携式和可穿戴设备(如笔记本电脑、智能手机、平板、谷歌眼镜及智能手表),这使其随时随地发挥学生最大的学习潜能。

与开放教育资源整合。PIES主张可以随时应用开放教育资源。开放教育资源是指一些教育资料——教材、研究论文、视频、评估、模拟,它们要么是在公开版权许可下,要么在公共领域中。在线开放教育资源能极大地减少教

① 提供一个通用的语义框架以实现数据在不同应用之间的共享和集成。
② ZIMMERMAN B J. Becoming a Self-regulated Learner: An Overview [J]. Theory Into Practice,2002,41:64-70.

材和其他资源的花费。通过使用开放教育资源，PIES 为学校提供了多种选择，减少资源的授权许可费用，并将他们越来越稀缺的资源投入到其他重要的地方使用。PIES 是一个通向各种开放教育资源的门户，如可汗学院、OER Commons 和 Mountain Height Academy。将开放教育资源整合入 PIES 比较方便，如同将应用程序结合到智能手机上一样，并且开放教育资源与其他应用软件还可以无缝地相互操作。这样设计的目的就是在各个部分共享信息。当学生在项目操作中遇到问题，就可以调用开放教育资源，并且学生的学习结果也自动从开放教育资源中导入到学生的个人达标清单中。从本质上讲，PIES 的教学空间与教育资源之间无缝连接，这样既扩大了学习的选择，同时也降低了学习的成本。

四、评价学生的学习

这是 PIES 的第四个主要功能，主要是评价项目的最终结果和教学模块中的学习结果。当小组成功地完成某个项目或活动时，系统不一定能对该组每个成员已获得的学习结果进行逐一评价，但可以判断学生的学习达标情况和学习进度。因此，既要对项目的小组表现进行评价，也要对教学模块中个人的学习进行评价。同样，PIES 不仅评价学术成绩也评价非学术性的表现，如元认知思维技能、合作和交流技能、职业道德及其他情感、社交和性格的发展。评价由非教师人员完成，如同伴、社区成员和家长。评价的数据也将自动保存在 PIES 记录中。尽管教学与评价以两种不同的功能呈现，但它们却无缝整合，同时发生，这是工业时代范式与信息时代范式之间的一个重要区别。在某个项目中，评价项目成果的同时还要评价学生或小组的表现。在教学模块中，评价发生在实践练习过程中，学生需要持续练习直到符合既定的能力标准。当学生达到标准时，他/她就可以转移到另一个教学主题中。

在项目中，当学生或小组已经完成一个真实任务的时候，评价功能有助于学生或小组进行反思，这也发展了学生的自主学习能力。反思可以从几个方面进行，如他们在项目中使用的策略、表现中的优点或缺点、明显的概念误解等。然后，在适当的时候，通过真实任务表现的形成性评价，对学生的反思进行反馈。在评价过程中，系统会为教师或其他观察者提供标准或量规，最好还有手持设备以更新系统的评价结果。在项目结束时，系统还会用各种方式对最终的产品或表现进行总结性评价，这在学习合约中有详细说明，包括了评价标准、表现标准和评价方法。

PIES 还能促进并评价在实施项目过程中发展的非学术性学习结果。对于自我评价，系统帮助学生在每个项目过程中或之后进行反思。在反思过程中，学生自己评价自己的表现。系统为不同的项目提供了各种模板，用以帮助学生反思他们学了什么、如何学。对于同伴评价，小组成员为小组项目中各成员的表现（如合作和沟通技能）提供了反馈，系统会提供不同的模板和量规协助同伴评价。对于专家评价，在最终的表现结果和表现过程中，学校会邀请专家提供反馈。系统同样也会为评价提供定制化的模板和量规。最后，系统会储存最终的项目、手工作品、评价及学生反思并链接到学生的达标清单中，这样学生和教师很容易地查到以供日后使用（如建立档案袋或计划以后的学习活动）。

在教学模块中评价学生的学习。学生的个人学习结果需要在教学模块中进行评价。PIES 能实现的功能有：评价学习的知识、为每位学生调整难度、用不同方式在不同时间评价同样的知识。在标准清单中，每个标准又分为单个的达标成绩，每个达标成绩都有评价的标准或量规。PIES 教学模块要求学生动手操作，既促进了做中学能力，又能评价标准的掌握情况。当学生的表现没有符合标准时，系统就会通过暗示、解释或呈现正确的行为表现提供反馈。用于评价掌握的标准包括正确行为表现的标准和实施的速度标准（或同时执行多个任务以确保技能的自动化）。当学生的表现符合这些标准时，总结性评价就完成了。如此，形成性和总结性评价都结合在教学中，并不需要测试。学生如果达到掌握标准，PIES 会更新其个人达标清单，并提供链接到总结性数据和作品。

PIES 能为学生呈现具有代表性的任务执行案例。任务的变化越大，学生就需要尝试更多不同的任务以达到掌握水平。如果要使某种技能达到自动化程度，单纯的记忆还不够，学生需要做更多的练习。必要的话，每个案例都会提供真实的情境信息。如果 PIES 不能给学生提供执行任务的环境，也不能评价任务的执行情况，那么系统就会为教师或其他观察者提供量规以评价学生的表现。通常，评价者使用手持设备以登入 PIES 并将信息直接导入量规中。当相关的成绩（技能、理解、记忆、个人态度等）达到掌握水平时，系统就会授予其数字徽章或证书。这就激发了学生的动机，并为潜在的雇主和其他感兴趣的个人提供了更有价值的信息。如，当学生掌握了一组合作技能（如帮助队友、协调项目），系统就会授予该生合作徽章。并且，合作的技能不同，徽章也因此不同。

综上所述,PIES 有四大服务功能以支持学生在信息时代范式下的学习:记录保存、计划、教学和评价。系统将四个功能彼此无缝并整合在一起。这四个功能密不可分,追踪记录学习进度的工具会自动为制订学习计划的工具提供信息,而制订学习计划的工具又可以确定相应的教学工具。评估过程则融入教学工具的运用中,得出的反馈数据又被追踪记录的工具保存下来。根据这些反馈信息又可以制订新的学习计划。学生、家长和导师都能很容易地查看每位学生的项目进展报告、标准的达成情况及目前学生的学习合约中还未达到的目标。[①] 没有必要单独抽出一个时间进行评价,实践的过程就是测验的过程,由此可以节省出很多时间。

五、PIES 其他功能

如果 PIES 要成为信息时代教育范式中最有用的工具,那它的四个主要功能还必须要与至少三个其他的功能相结合:交流和合作功能;PIES 行政功能;PIES 完善功能。[②] 这些次要功能虽然不直接支持使用者的学习过程,但它们同样有其重要性。

交流与合作功能有助于教师、学生、家长、社区成员和其他利益相关者一起有效地合作。首先,在一个混合或虚拟的学习环境中进行合作学习,要求学习者计划并使用有效的沟通渠道。PIES 推荐了很多交流工具,如在项目合作过程中建立论坛,以使学习者创建联系信息,并为以后的合作保持更长久的联系,邮件、电话、视频会议、社交网站是学习者首选的交流渠道。其次,基于目前已有的大量云应用,云计算同样也促进了有效的交流与合作。越来越多的文献建议采用 Web2.0、Web3.0 技术,这已经成为合作性学习和交流的有力工具,能使学习者在开放的环境中生成并共享内容。其他还有如维基用于合作性写作、社交书签工具、合作标签和注释、为收集社交反馈的网络内容投票工具。PIES 使用这些功能时,或作为插入的 APls(application,programming interface),或通过链接到外部工具。用这种方式,学生能更好地与同伴合作,并向教师寻求建议而不受时空限制。同样,家长也能更有效地

① 赖格卢特,卡诺普.重塑学校:吹响破冰的号角[M].方向,盛群力,译.福州:福建教育出版社,2015.

② REIGELUTH C M, ASLAN S, CHEN Z, et al. Personalized Integrated Educational System:Technology Functions for the Learner-Centered Paradigm of Education [J]. Journal of Educational Computing Research,2015,53(3):459-496.

检查孩子的学习进度并与教师交流，从而更多地参与学习过程。

行政功能包括访问管理、学生基本信息、教职工信息。PIES 包含了大量的信息，包括一些敏感和机密的信息。因此，就需要有限制的访问。PIES 根据用户角色和信息类型提供资料的访问、功能的访问以及输入和修改信息的权限。有些教师可以检索到学生的基本信息，如出勤记录，而有些学校的支持性人员如学校护士和辅导员，能获取学生的医疗记录。学校护士有权输入、检索和访问学生的医疗信息，而教师可以访问、更新和修改学生的学术信息。考虑到个人信息的敏感性，PIES 需要有严格的安全制度，同时又能提供合适的数据访问权限。①

行政功能包括记录学生和教职工的基本信息。学生的基本信息包括姓名、家庭地址、父母或监护人信息、导师和所在合伙团队信息、学生出勤状况、医疗信息和一些重要的生活事件。由于大部分学生不受时间和场地的限制，因此 PIES 还能通过无线电频率识别学生进出任何校舍时的刷卡信息，定位学生当前的地理位置。教职工信息不仅包括基本信息，如姓名、地址、学位，也包括与学习者中心教学相关的信息，如证书、技能及获奖情况、专业发展计划和记录，还包括所分配的学生记录，为学生的学习和服务学校委员会所做的贡献。本质上说，PIES 不仅跟踪工作人员的个人信息，还记录他们的教学状况和成就。如编撰教学或评价工具，学生的获奖情况及其他优秀的教学事迹。PIES 能有效地管理这些数据，最大限度地提高学校的运行状况。

最后，PIES 还可以实现自我更新与数据完善。为了更好地满足学习者和使用者的需求，持续地完善 PIES 必不可少。PIES 评价并完善所有的功能，当用户需要时，能增加其他的功能或子功能。系统完善有以下方法：帮助用户评价其当前的功能，用类似亚马逊等级及建议的方式来分享使用体验并帮助其他使用者选择最符合需求的资源；自我评估（如根据学生数据的分析评价个别指导的效果），让人工智能提出改善意见或提醒教师、系统管理员，组织程序开发人员进行完善，并根据用户提出需求实现新功能。此外，PIES 还可以让用户改进或定制自己的个性化学习门户网站，包括用户界面、仪表盘和主页，以更好地满足个性化需求。

---

① REIGELUTH C M, WATSON S L, WATSON W R, et al. Roles for Technology in the Information-age Paradigm of Education: Learning Management Systems [J]. Educational Technology, 2008, 48(6):32-39.

完善功能还包括对教学的改善。该子功能支持新教学的发展及评价和修改已有的教学。在教学发展方面，它有助于教师、其他教学开发者等人创建新的项目和教学模块，如同为智能手机开发不同的应用程序一样，只不过前者必须满足与PIES其他部分相互操作的要求。还可以帮助开发者根据标签识别每个项目包含的个人达标成绩以及每个教学模块中解决的个人达标成绩，以便将教学模块与项目相联系。教学评价和修改功能帮助教师、学生和家长改进已有的项目和教学模块。该功能自动收集所有学生参与项目和模块过程中的数据以找到缺陷。此外，也鼓励学生用亚马逊的等级和评论方式快速地评价每个项目和模块。最后，用户还能附加特殊的注解或说明，以明确适合项目或模块的学习或教学情境。这些数据都帮助最初的开发者改进他们的项目和模块，也能使教师、教学开发者甚至是授权的社区成员完善已有的项目和模块。

完善功能还包括对评价的完善。该子功能帮助教师和开发者改进各种评价，包括对学生表现和学习情况的形成性和总结性评价。该功能与教学改善功能结合，因为教学和评价是同时开发的，并不可分。系统有助开发掌握标准和量规，并添加元数据将他们连接到相关的成就中，也能让使用者将已有的教学和评价模式链接到其他系统或网站上。教师可以通过查看元数据并调整难度水平和内容的多样化，为使用者改进或开发其他的评价工具。然后将这些评价整合到教学模块中或链接到项目。这些修改最终会由开发者结合进模块或项目中，以在更大范围内使用。

这三个次要功能虽然没有与学生的学习直接相连，但是对于一个有效的教育过程来说，这些功能也都必不可少。新范式的学习环境将会延伸到学校围墙之外，学生参与更多的将是项目学习。因此，无论是在家、在学校还是在社区的任何地方，都可能需要与其他学生、教师、家长甚至是其他社区成员进行合作。PIES就提供了这样一个平台，并且PIES在打开状态下能自动定位，因此监管者能随时随地掌握学生的动态。

所有的这些功能都全力支持以学习者为中心的教育范式。学习根据个体定制，每位学习者的学习进程依据自己的学习计划是否达到了标准而推进。教学则根据学习者的兴趣和已有的技能展开，都是真实的且具合作性的。评价用以证明学生已经达到的成就，而不是在比较基础上形成的分数等级。教师主要是协助并监督学生，PIES持续跟踪记录并能生成报告的功能给教师减轻了负担。PIES也能促进教师的专业发展，跟储存学生表现的证据一样，教师也会有一个档案袋以显示其对学生产生的积极影响。PIES 也支持家长和社区成员的发展,社区成员可以指导学生项目,反过来该项目也会影响社区。家长则通过 PIES 参与监督、支持并鼓励学习的过程。

第三节　基于云计算的个性化综合教育系统设计

一、基于云计算的系统构架

PIES 是一个基于云计算的系统,用户(学生、家长、教师、行政人员及社区成员)通过网页浏览器访问系统信息。从 PIES 系统可以看出,PIES 云位于 PIES 服务器内,由美国教育部门或私人基金支持。每个主要功能和次要功能都被安置在 PIES 云的各个模块中,并与主要的五个数据库相连:

- 标准清单数据库,包括国家、州和当地的标准;
- 学生档案数据库,包括个人达标成绩、个性特征和项目合同;
- 小组成员选择数据库,显示了在每个项目周期开始时对该项目同样感兴趣的学生;
- 项目数据库,包含了完全开发的项目以及由学生将要开发项目的观点;
- 教学模块数据库,包含所有的教学模块,及实践形式的掌握评价。

在学生档案数据库中,个人达标清单归属于学生而不是学校,学生可以随时进入,以促进终身学习及分享成就。此外,PIES 云与外部服务器能交互操作并无缝整合在一起,外部服务器可以是开放教育资源、基于网络的应用程序及其他开放的教育数据等。PIES 云的特征是互操作性、模块化和定制化,如图 4-1 所示。

PIES 服务器

OEDs OEDs SID SPD TSD PD IMD PIES 云外部网络应用

基于网络的应用
(共同操作的、定制化的组建)

学生 家长 教师 行政人员 社区成员

主要功能				次要功能
记录学习进步	制订学习计划	教学	评价	交流与合作

记录学习进步
标准清单
个人达标清单
个性特点清单

制订学习计划
职业和长期学习目标
当前可预期的成就
短期学习目标
项目及其他活动
团队
支持性角色
学习合同

教学
1.引进项目
2.提供虚拟的项目环境
3.强化真实的项目环境
4.帮助管理和监控项目
5.提供合作工具
6.帮助查找、评价及储存资源
7.帮助解决小组矛盾

支架
1.提供达标本位的教学
2.提供个性化教学
3.帮助学习者学习元认知技能
4.随时随地可以访问
5.与开放教育资源整合

评价
对在项目空间综合表现的评价
对教学模块中个人学习的评价

次要功能
交流与合作
PIES行政管理功能
1.访问权限
2.基本的学生信息
3.个人资料

PIES
1.教学
2.评价

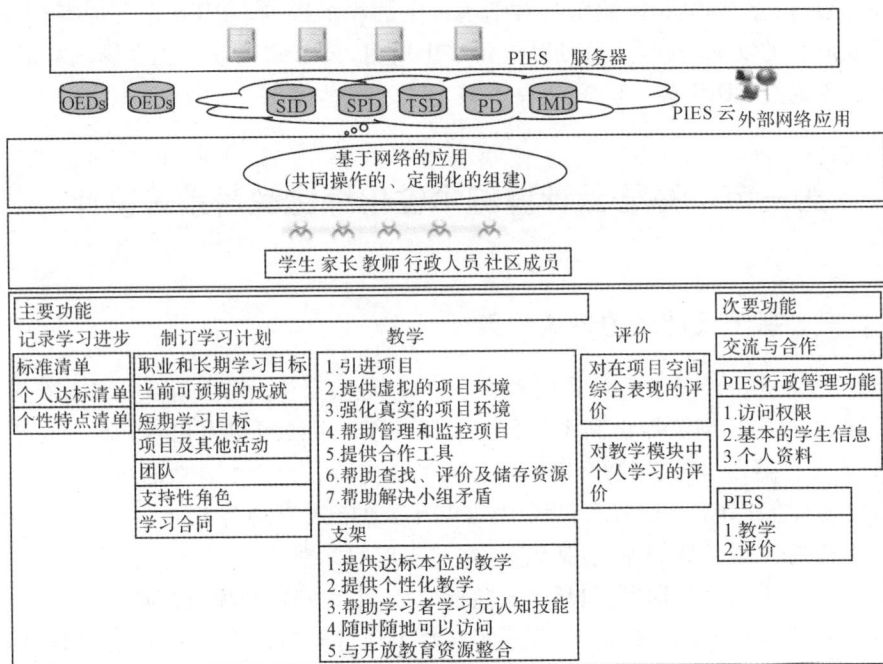

图 4-1　PIES 系统构架①

互操作性意为两个及以上的系统或元素交换并运用信息的能力。② PIES 有点像苹果的 iOS 和安卓的操作系统,只要满足了特定的标准,每个人都能创建应用程序。与大多数 iOS 和安卓系统中应用程序不同的是,PIES 应用程序必须可以实现相互操作。项目可以链接到达标成绩,教学模块可以链接到项目,学生信息能链接到项目和教学模块,项目或教学模块也能进入学生个性特征清单中的信息,并将总结性评价的数据张贴到相应的个人达标清单中。大部分应用程序都是开放教育资源,也就是说,它们都是免费的,当然也会有

①　REIGELUTH C M, ASLAN S, CHEN Z, et al. Personalized Integrated Educational System: Technology Functions for the Learner-Centered Paradigm of Education [J]. Journal of Educational Computing Research, 2015,53(3):459-496.

②　YAHIA E, AUBRY A, PANETTO H. Formal Measures for Semantic Interoperability Assessment in Cooperative Enterprise Information Systems [J]. Computers in Industry, 2012, 63(5): 443-457.

一些需要付费。已经有研究表明,当教师和学生能自由、不间断地访问教育资源时,他们都能获益,因为他们能应用并修改这些资源以符合自己的需要。[①]

在软件开发领域中,模块化是一个重要的设计原则,因为它可以帮助复杂系统中的大量组成部分归入更小数量的子系统,以方便检索。[②] 模块化设计原则不仅可应用在软件开发阶段,在设计用户互动或用户体验时也非常有用。通过模块设计原则,系统开发者可以同时创建不同的系统组成部分,这样就节约了时间和费用。由于系统的个性化特征建立在独立的模块上,这样就显得更灵活,用户很容易地就能进入该系统,使用的时候也只需要简单的网络浏览器。从行政管理的角度看,模块化使 PIES 能更简单地排除故障并保证使用过程的质量。

PIES 可以由用户进行自定义,增加使用的满意度。PIES 系统中基于网络的界面也可以定制,使用者通过选择和取消门户网站上的 PIES 功能进行设置,只显示他们希望使用的功能和特征,还可以通过加入外部模块(应用程序)来定制。

二、系统的用户体验设计

PIES 可作为中心模板使用,各个利益相关者可以通过安装不同的网络 App 选择各自所需的环境。以下是学生、教师、家长、行政人员及社区成员在 PIES 中可实现的功能。[③]

1. 学生(Joey)体验设计

Joey 登录 PIES,先上传了一段数字视频交给老师,证明其达到了社会研究和英语的标准,然后明确了学习计划中的下一步任务。她还上传了一些资料与小组成员共享。然后参加了一个视频会议,与当地儿童博物馆的主任和其他一些同伴一起讨论了正在进行的项目,该项目与数学和科学标准相联系。

---

① ASLAN S, Huh Y, LEE D, et al. The Role of Personalized Integrated Educational Systems in the Information-age Paradigm of Education [J]. Contemporary Educational Technology, 2011, 2 (2): 95-117.

② PENG G, GENG X, LIN L. Modularity and Inequality of Code Contribution in Open Source Software Development [C]. Proceedings of the Forty-Fifth Annual Hawaii International Conference on System Sciences (HICSS), Wailea, H, I, 2011, 4506.

③ WATSON W R, WATSON S L, REIGELUTH C M. A System Integration of Technology for New-Paradigm Education [C]. Educational Technology, 2012(5): 25-29.

在这个会议中,她发现自己对牛顿的运动定律缺乏理解,因此登入到自己的PIES个人主页,点击"学习"标签,检索相关的教学资料,并选择了模拟和教学结合的方式(是之前的使用者和会议中的小组成员推荐的)。她在自己的"教学包"中下载了一个模拟应用软件,归入科学的文件夹,然后把图标拉进日历,设置了一个需要在晚上完成的提醒(紧跟着的是合唱俱乐部的练习)。到了晚上,她用PIES进行运动定律模拟,通过预测、操纵可控因素、解决问题(在指导者的支持下),直观地明白了牛顿定律。她继续参与模拟并接受指导,直到获得了掌握程度的第四等级,同时系统自动生成掌握该内容的证明并加入到她已取得的成就清单中。在这个过程中,她也想出了如何在儿童博物馆中展出小组作品,并及时地把这些想法记录在PIES的电子笔记本中。接下来她再查看一下消息和从老师那里得到的反馈,她建立的用来追踪动物权利法律的社交网站(以完成公民标准)已经完成,可能会加入到档案袋中以作为达标的证明。一条来自她父亲的消息马上就跳出来了,恭喜她在早上数学测试中获得的分数,这个已经呈现到她的评价记录上了。接着,她点击了白色界面的App,为她的游戏设计项目小组策划了一份会议梗概,然后进入她去年完成的一个项目以证明她已经获得了相关的技能和知识并有能力成为该项目的同伴指导者。

2. 教师(Peter)体验设计

Peter登录PIES,检查学生的活动情况,哪些项目已经提交了,哪些需要进行反馈,哪些反馈是由学生同伴提交的,社区成员是否有资助学生的项目。之后,他打开了一位学生发来的带有红旗标志的消息,上面显示该学生最近在活动中遇到有关化学公式的难题,他作了反馈,并邀请该学生一起见面讨论。然后,他看了自己的日历安排,知道自己已经与另外一个学生Jason及其家长约好见面,主要回顾该学生的长期学习目标,并讨论他在短期目标上取得的成就,为其制订以后的项目计划。他注意到来自同事的一则消息,是有关数字化讲故事的新工具,他把这个App拖到自己主页上进行试验。这时,一个提醒窗口跳出来,提醒Peter要在15分钟内对他的学生表现进行评价。这一切结束后,他拿起平板电脑走进了科学实验室,在那里他观察了一个学生在做的实验并听取了有关实验结果的报告。在这个过程中,他使用PIES里面的量规评价学生的行为表现并把评价的结果存到系统里,系统自动更新了学生的评价记录和学习清单,同时自己的评价行为记录也得到了更新。他的评价上显示这个学生再一次通过了指定的科学标准,这就证明该生已经掌握这些概念和技能,但是还需要一些任务以发展交流技能,因此要在以后的项目安排时注意到这一点。回到办公室,Peter 看到了来自一位家长的聊天请求,他接受请求并开始讨论。学生最近对科幻小说很着迷,他们讨论该怎么引导才能让他把精力投入到其他一些有趣且与其个人学习计划相关的话题。接着 Peter 把对话总结了一下,然后把记录的内容放入到学生的档案中,并设置了提醒明天早上约这个学生见面。Peter 打开自己的发展包,拉出了一个他最近在做的代数公式,在后面加了些内容后把它保存到本地图书馆,然后上传成为在线数据。上传完成后,他选择"连接到专业化档案夹",这样这个公式就存到了他自己的专业化活动档案中,里面还有其他教师的评论。一时兴起,他进入了自己的档案袋查看一下,里面有他最近获得的一份州级教学奖。最后,他又安排好了与一组正在研究诗歌的学生见面讨论他们的成果。

3. 家长(Paul)体验设计

Paul 前几天都在出差,他想查看一下儿子的学业情况,于是他进入 PIES 查看儿子最近的活动。儿子和平时一样每天上学,近期还达到了一系列微积分的掌握标准。Paul 看到了一则来自儿子老师的消息。他对这位老师非常熟悉,因为在过去两年里他儿子都是这位老师指导的。这则消息显示了 Paul 自愿参与管理一个项目,该项目由一组在科学和数学方面表现极好的学生参与。Paul 是航空学方面的工程师,因此能够根据他的经验为他们提供一些见解,并提出一些现实生活中的问题。此时,显示器上跳出一个提醒,告诉他有人回复了他张贴在 STEM 物理资源栏讨论版块的帖子。他点击提示拉出讨论,有位大学教授回复了他关于 3D 打印的问题。Paul 和学生们可以把他们的设计发过去,大学教授会用塑料打印出来。花费不多,再把打印好的成品寄回给他们,这样就可以进行测试了。他回复了一声谢谢,然后又把这个消息分享给了另外一位关注类似项目的家长。他给儿子老师回了个消息,并上传了有关这个项目的进展。

4. 行政人员(Alice)体验设计

Alice 是一所新范式小学的领导。她打开 PIES 个人主页,选择有旗帜标的"教职工"一栏。PIES 上有一个教职工档案的页面,能显示大部分教职工最近的活动。其中一位优秀教师最近在网上完成了有关学习方面的专业化发展工作坊,他向 Alice 要一封推荐信准备开一个自己的工作坊。Alice 写好了信并发给了那位教师,然后把它链接到他电子文件夹里。接下来她点开了"学生"栏选择"报告",先写了一份有关学校里所有学生目前学习达标进展的情况

147

报告，然后把这份报告根据表现进度分类，着重标示那些在努力完成目标过程中被教师或评价系统标记的学生。在检查了一遍报告之后，她把它保存起来以备今天晚些时候的教师会议用。然后她又打开了一封来自家长的邮件，这位家长的孩子下周会转到他们学校。她看了一下邮件，写了一点笔记，准备带着去跟这位家长见面。在见面的过程中，她使用 PIES 更新了孩子的信息，然后又给这位家长发送了一些与学校相关的资料。

5. 学校职工（Gary）体验设计

Gary 是学校顾问，也是学校的一名职工，尽管不是教师也不是行政人员，但他还是每天都会使用 PIES。Gary 登录 PIES，在他的主页上查看当天的安排。他看到了一则来自老师的消息，是对一位学生状态的更新。这位学生叫Lily，自从她父母失业以后学习成绩一直处在反复中，这个老师已经辅导她很多年了，曾让 Gary 跟 Lily 谈过好几次话。在 PIES 里，他打开 Lily 的文件夹，记下笔记，然后发给她一份最新的计划，这是他们之前一起完成的有关压力管理的学习计划。他又给老师发了一个见面请求，这样就可以更详细地讨论Lily 和她取得的进步。

6. 社区成员（Connie）体验设计

Connie 是当地生意人，与一组学生共同合作一个项目，这个项目有益于本地的一个非营利组织。Connie 用 PIES 管理与学生的交流，存放项目笔记，并把对他们项目完成情况的评价提交给老师。她之前已经与这个学校的学生合作过，她的 PIES 档案向学校证明了她在该领域是具备专业能力的，也能帮助她保持与她支持的老师和学生之间的联系。

有些人提出，尽管 PIES 用途广泛，但开发 PIES 太复杂、太贵了。然而，赖格卢特认为 PIES 的共同操作、开放及模块化的本质，让它超越了单一的技术应用，是寻找一种社区发展的、定制化的由各种功能组成的软件，并将之与核心框架相连，这样就能分散它的成本并降低复杂性。更何况，与当前致力于改善一个已经过时的教育系统所花费的成本相比，投资设计一种能促进教育新范式发展的基础设备能够带来更长远的收获。当然，即使有了 PIES 的技术系统，还需要其他技术保证。

• 健全的互联网——能让学校各个利益相关者可以从各种设备和不同的地方获取所需的信息和服务。在校内，无线连接使教职工和学生能随时随地进入工作或学习状态。在校外，可以通过安全的身份识别进入 PIES 系统。

• 可靠的网络服务——确保包括系统登入、邮件信息、教学资源和各类信息等数据的安全性并且使用者能轻松地获取；跟踪学生的出勤率，什么时间在什么地点，一周用于项目的学习时间有多少；还可以通过语音、视频、文本及白板等促进交流；教师、学生和领导通过在线发布服务将成果向公众展示以宣传或接受建议等。

　　• 各种数字化设备——互动式投影屏幕、台式电脑、手提电脑、iPod、iPad、科学探测仪、小型摄像机，放在学校、家里或随身携带，供使用者访问信息、与他人交流以及完成项目。

　　• 强大的软件支持系统——如用于剪切并编辑数字化音像资料、创建并发布博客、处理量化数据并用图表显示其数量关系等软件。

　　• 丰富的项目与教学资源——有一个资源丰富的项目库，大部分标准都有对应的项目。经过教育出版社的授权，将数学、语言、科学、历史等科目内容以及国家规定的必须标准和根据学习者需求而设的选修标准整合进项目中。还可以通过网络下载资源并分享最后完成的作品。

　　总之，学习者中心教育新范式的实现，需要系统地把技术应用到整个学习过程，如果要让变革成功并有时效，必须有能聚焦这个新范式的技术。PIES是一种学习技术，对所有的利益相关者来说是一种学习过程的支持系统。新范式是学习者中心的，PIES支持的是一个非常不同的教育模式：学生能积极地参与学习过程并成为自己学习计划的主人，他们可以选择教学内容和方法，在他们努力掌握技能、知识，培养性格、社交及情感的过程中，又能与同伴、家长和社区成员一起合作。PIES还能帮助教师指导学生和家长创建个人学习计划，确定并创建参与的项目、教学模式和评估，评价学生的学习并形成报告，同时还可以管理自己的专业化发展进程。家长能很容易地获取有关他们孩子学习进展的报告，社区成员也可以与学校合作，这样就把学习延伸到学校围墙之外，学校和社区相互获利。如表 4-2 所示。

表 4-2　PIES 设计特征总结①

主要功能	1. 记录学生的学习进度	1.1 标准清单 1.2 个人达标清单 1.3 个性特征清单
	2. 规划学生学习	2.1 职业和长期学习目标 2.2 当前可预期的达标成绩 2.3 短期学习目标 2.4 项目和其他活动 2.5 小组 2.6 支持性角色 2.7 学习合约
	3. 为学生的学习教学	3.1 项目:介绍和提供虚拟环境,增强真实的项目环境,提供合作工具,帮助查找、评价和储存资源,帮助解决小组矛盾 3.2 支架:提供及时的基于成绩达标的教学,教学个性化,帮助学生学习元认知技能、随时随地都能访问系统、与开放教育资源结合
	4. 评价学生的学习	4.1 评价在项目空间的综合表现 4.2 评价在教学模块中的个人学习
次要功能		1. 交流和合作
		2. PIES 行政管理功能:学生的基本信息、教职工信息
		3. PIES 完善功能:改进教学、改善评价
结构特征	数据库	1. 标准清单数据库 2. 学生档案数据库 3. 小组成员选择数据库 4. 项目数据库 5. 教学模块数据库
	其他特征	1. 互操作性 2. 模块化 3. 定制化

---

① REIGELUTH C M, ASLAN S, WATSON R. Personalized Integrated Educational System: Technology Functions for the Learner-Centered Paradigm of Education [J]. Journal of Educational Computing Research,2015,53(3):459-496.

第五章 新学校系统变革的实践案例

本章选取了美国印第安纳州布卢明顿项目学校、宾夕法尼亚州州学院学区、印第安纳波利斯迪卡特大都会学区三个案例,从实践层面揭示了当前美国学校学习者中心范式的运行状况,不仅呈现了单个学校系统和学区系统的结构与特征,还通过学区的范式变革过程展现了一个具体的图景。

第一节 单个学校系统:布卢明顿项目学校

布卢明顿项目学校是印第安纳州布卢明顿的一个由教师设计的公立特许学校,成立于 2009 年,设有幼儿园及 1～8 年级。学生混龄分班,每个班里有 4～5 位教师和助理,师生比大约为 1∶18。杜塔通过与教师的访谈和对学校的观察得出结论,该学校不同于传统的年级制学校,已经成功地从教师中心的教育系统转向了学习者中心,主要通过学习、评价和技术的使用三个方面体现。[①]

一、教学:基于项目和 P3 课程

1. 采纳州立标准

学习开始之前,教师需要先明确每个年级规定要完成的州立课程标准。教师与每一位学生及其家长会面以制订学习目标,除了满足州立标准之外,还有一些符合学生发展需要的其他目标。在整个学年过程中,根据持续的学生表现评价情况或家长会讨论,定期修改目标,可以增加新的目标,也可以改变已有的目标。除了重新设置州立标准以满足独特的学生外,教师认为应该用有意义并相关的方式组织这些标准。因此,在每个学年开始时,教师会认真组

---

① DUTTA P. Implementing Learner-Centered Educational Strategies: The Bloomington Project School[J]. Education Technology, 2013(3):43-47.

织标准,并将它们用各种有意义的方式紧密联系起来,设立相应的情境和所需的图式。这些标准建立在彼此的基础上,相互补充、相互影响。一旦明确了学习目标,下一步就是创建教学内容以供学生学习。

2. 基于项目的学习

布卢明顿项目学校实施基于项目的学习,聚焦于真实的且跨学科的教学。为了创建并维持这样的学习环境,学校采用了 P3 课程框架,即基于项目(project)、基于问题(problem)、基于地方(place)的课程框架。在这个框架内,学生、教师、家庭成员和社区成员共同合作,明确一些符合社区直接需求的项目。为了建构这个基于项目的课程,每学年开始时,教师和行政人员集体决定本年度的教学主题,学生要完成的学习目标、为完成学习目标而设的相应项目和教学活动都要根据这个主题来定。如,这一年学校选的主题是社会、政治和文化的力量,那么所有项目都应该设计成帮助学生理解如何使用以及如何改变这些力量,如何将其从一个个体或团队转移到另一个个体或团队。此外,所有基于主题的项目通过整个课程(在州立标准指导下的课程)进行整合,在设计这些项目时,还需要考虑它们能对学校周边的社区产生积极的和建设性的影响。

3. 跨学科教学

在布卢明顿项目学校,教师跨学科合作,以实施建立在州立标准和总主题基础上的课程和教学内容。"我们花了很多时间以确保学科之间相互补充——有很多跨学科的内容。"其中一位受访的教师这样说。并且他们使用谷歌文档进行合作创建教学内容,每位教师都能很好地了解到其他班上的教学内容,并且也能将自己创建的课堂内容公开分享。

4. 直导教学与项目学习无缝结合

即时直导教学与基于项目的学习整合在一起。一旦项目设计完成,学生便可以参与不同的项目和活动并在规定的时间内达成他们所选的学习目标。例如,在某个混龄教室里,学生在这几个星期内的学习目标是了解欧洲的封建主义。那么,本周的社会研究课,学生将会学习有关封建主义和罗马的历史。在写作课上,他们将要学习写一个有关封建主义主题的剧本。在科学课上,他们将会学习同一时期的欧洲疾病。伴随着学生持续学习这些不同的项目和活动,教师会开展短期的教学课,学生可以从中学到完成项目需要用到的新技能。下面是教师的一段说明:

"我们的目标是基于探究和项目的学习。但是仍旧会有一些内容需要我们进行直接教学,某些直导教学是必需的……如这样一个问题:殖民主义是怎样影响非洲的? 要回答这个问题,必须先知道殖民主义在非洲的状况。所以可能就需要先通过直导教学课让学生切中主题,然后再进行一些探索。"

5. 独立学习与小组学习结合

在布卢明顿项目学校,学生可以采用独立学习和小组学习两种方式。小组成员可以是学生自己选,也可以由教师帮忙选。学生需要明确自己的需求,建立相应的环境,并能仔细地理解并表达出自己的需求。布卢明顿项目学校的学生有自主权,他们可以决定采用独立学习还是小组学习。据布卢明顿项目学校的教师说,学生确实能敏锐地意识到作为学习者的需求,他们能成功地区别哪些可行哪些不可行。教师还指出,学生开始倾向于做他们想做的事,而不是他们需要做的事,"我们教他们学会说不,有些时候他们需要说我不能和你一块学习"。学习目标不止限于完成州立标准,相反,他们可以发展各种能力用来明确自己的学习风格、优势及劣势,并且还能有效地交流他们的需求、不同意见和差别。

二、评价:促进学生进步

布卢明顿项目学校采用形成性和总结性评价来明确学生之间的学习差距并确定相应的教学干预。形成性评价和总结性评价的结果都用于帮助教师、家长和学生自己跟踪学业进步状态。

"我觉得评价能帮助我完善作为一个教育者的实践,没必要一定要让学生通过或不通过。评价是为了能进一步看到学生目前的情况以及如何更好地改善教学。"

由于布卢明顿项目学校是一所特许学校,学生必须通过国家规定的标准化测试。因此,学校会安排学生定期参加类似于标准化测试的行政性测试,主要是为了确保学生能接受以既定形式和科目出现的测试。教师根据测试结果和参与各种项目的结果来判定学生的进步情况。要判定学生是否掌握了某项具体技能,教师会用多种方式评价学生的表现。除此,为了保证学生成功达成学习目标,即时反馈也非常重要。为了保证教师能有效地提供及时反馈,布卢明顿项目学校课堂教学时间很短,其他时间用于持续地监督学生的活动和项目实施过程。

布卢明顿项目学校采用进展报告记录学生的表现。传统的成绩单只有简单的科目及其成绩,而进展报告则列出了学年一开始就由教师、家长、学生共同商议确定的学习目标,以及这些学习目标的学习进度。进展报告与成绩单之间最大的不同点在于进展报告中没有分数,相反,它包含了教师对学生达成学习目标过程的描述。进展报告不是为了将学生进行比较,而是展示学生的学习轨迹。在进展报告中,教师陈述了学生是怎样成长的,在哪些领域最努力,哪些技能还需要进一步学习,以及学生的学习风格、兴趣、个性特征、优势和弱点。通过详细的叙述,教师也进一步明白在自己的职业生涯中该如何帮助学生不断取得进步。

三、技术:与教学无缝融合

布卢明顿项目学校采用的技术与日常课程活动紧密结合在一起。所有教师都有自己的电脑,所有教室也都配有电脑,学生能很轻松地获得技术资源。早在 2011 年,学校就收到近 20 万美元用技术改善课堂,4~7 年级的计算机及移动设备比例为 1:1。所有的学生都有一台 iPad,学校还采取了一系列措施,以确保技术在全校范围内无缝连接。

学校的技术整合措施和决策由教师与行政人员一起决定。教师选择并实施技术工具,也就是说,教师有权力自由选择或拒绝所使用的技术方案。为了支持技术整合,学校成立了一个由教师组成的"技术融合团队",他们主要进行如下工作:(1)介绍最新的前沿技术解决方案;(2)追踪最新的有关在教育环境中实施和采用技术的研究;(3)采用新方法和新策略以成功地将技术整合到课程中。该技术团队负责为教师提供有关新技术方案及其实施的建议。所有技术整合的决策最终由教师集体决定是否实施,行政人员不会插手干预教师使用的数字媒体。

布卢明顿项目学校形成了这样一种氛围,技术可以给教师赋能,是能让他们有效地完成常规教学或管理任务的工具。起初,为了创建这种氛围,在每周的职工会议上,教师和行政人员一起讨论最新发明或实施的技术。他们会讨论新的技术是否有用、是否易于使用以及应用新技术的优点和不足,是否应该将这种新技术推荐给同事。也会讨论用户的体验,如果所使用的技术不能满足教师和学生的需求,教师就可以自由更换。如,RenWeb 是布卢明顿项目学校使用的学习管理系统,用于管理所有与学生相关的信息。然而教师没有选择使用它提供的教材,因为这些教学资料不够灵活,而且它设计的评价功能只能通过分数。布卢明顿项目学校的评价方式是学生的学习进展报告,而不是分数。RenWeb 没有这类应用功能让教师输入详细的评价,因此教师选择使用其他的应用程序来代替,如谷歌文档、谷歌电子表格及 Endnote 等来管理和记录学生的收获。

技术方案还是有效地实施学校政策、任务及理念的工具。如,布卢明顿项目学校的指导理念是构建一个有自觉保护环境意识的社区,学校政策规定尽量减少纸质媒体的使用。这些理念和政策都记录在家庭手册中,以供布卢明顿项目学校的学生家长人手一份。如,学校使用电子邮件作为交流的主要形式,不仅可以节约宝贵的时间,更重要的是体现了学校的核心理念,即合理地使用资源并利用好技术。不用纸张、墨水、碳粉及其他浪费钱和资源的复印方式,充分体现了环保的理念。当然,也不是所有人都可以随时访问电子邮件,因此学校也会为这部分家长提供复印件。

为了支持"无纸化"的倡议,学校需要确保学校师生及其他人员都能方便使用计算机及一些支持性软件和应用程序,所有的活动都能在数字化情景中完成。行政人员使用 RenWeb 学习管理系统维护学生、家长和教师的信息(如家庭信息、紧急联系信息,出勤和午餐要求)。学校还鼓励家长进入系统及时更新信息。教师与家长的沟通方式除了家长会和打电话以外,还有每周的电子邮件。教师还使用一些基于网络的应用程序,如谷歌文档和 Evernote,这些程序可以帮助他们有效地组织数据以方便有效检索,还可以与同事合作及分享资源和信息,谷歌日历则可用于帮助教师安排与家长和学生的会议。

"我真正喜欢谷歌的地方是它能让家长安排与教师的会面时间,而不需要我操心。我可以事先设置一些有空的时间,如周二上午 8 点至 9 点,周三下午 3 点至 3 点 30 分等,然后家长就可以进入页面选择合适的会议时间,选择后的时间安排将直接显示在我的日程表上。"

要使技术无缝结合,还有一个需要注意的方面就是如何保存数据。学校传统的做法是专门设一个房间或办公室用于储存各种资料和信息,而布卢明顿项目学校则运用基于网络或云的应用程序,将数据储存在第三方服务器上。这样就将行政人员从场地维修、备份和服务器安全等问题中解放出来,这些服务机构会采取必要的预防措施以防备数据的意外丢失,如一些自然灾害及由黑客和病毒引起的服务器受损。雇佣这样的服务不仅可以方便使用者随时在有电脑和网络的地方进入系统获取信息,还为国家节省了大量用于设立 IT

中心和专业人员聘用等的预算资金。此外，大部分云服务都是免费的，即使不免费，也都会以一个优惠的价格提供给教育机构。基于网络的应用满足了教师和行政人员的所有技术需求。大部分教师都用 Gmail 和其他的谷歌应用程序来管理与教学相关的任务，而学生的基本信息如出勤、午餐、家庭成员、联系方式则通过 RenWeb 的学习管理系统进行维护。

总之，布卢明顿项目学校的成功之处在于：一方面不仅达到了国家设置的标准，另一方面又表现了新范式的独特之处。在布卢明顿项目学校，学习由各个利益相关者共同驱动，学生有机会并能得到支持以制订自己的学习目标。学生的评价不需要与同伴比较，而是根据自己学习目标的完成情况做出的。除了国家规定的标准外，还可以根据自己的兴趣爱好选择不同的学习内容。学生通过小组项目学会与他人合作，学会如何确定自己的教育需求，进而发展成一个终身学习、独立学习的学习者。他们还学会如何利用技术来进行持续的学习。这些都不同于传统的教师中心教育范式。

第二节　K-12 学区系统：州学院学区系统

州学院（State College）学区位于宾夕法尼亚州正中央的州学院，它接收州学院 150 平方英里以内的幼儿园至高中学生。学区内有 9 所小学，接收幼儿园至 5 年级儿童；2 所初级中学，设 6～8 年级；2 所高中，设 9～12 年级；4 所特许学校，招生年级不等，不限学区，学生来自州学院及其附近城市。学区总在校学生人数为 7000 左右，教职工人数约 1325。小学的师生比为 1∶23，中学为 1∶24。学区继承了先前的优秀传统，并不断创新改革。近几年来，学区的 SAT 测试成绩均高于国家平均水平，平均有 88％的毕业生进入大学。

一、"为学生终身成功做准备"的学校服务系统

州学院学区旨在通过优秀教育为学生终身的成功做准备，在相互联系的世界里为每位学生提供个性化的学习机会。并且，学生的教育是所有家长、社区成员、学校和学生共同的任务，学校直接服务于教学和学生，并间接通过帮助支持其他团队成员。学校注重公平的理念，尊重个体，积极与家长、公民和社区、企业、职业训练机构、大学发展有效的伙伴关系，丰富了整个教育系统。2013 年，学区新一届委员会上任，并制订了新的发展目标。到 2017 年：

- 至少90％的学生每天期待去学校;
- 热情地参与挑战性的活动;
- 95％的学生通过课外活动或社区项目与学校形成有意义的联结;
- 所有的学生获得21世纪技能并能在真实环境下进行学习(包括学术、非学术和公民体验);
- 至少75％表现不佳的学生能在数学、语言艺术、科学等方面达到同一层次的标准要求,通过不同的评价方式证明;
- 所有学生每个学年都有进步;
- 成功地帮助学生制订过渡的综合计划,每年沟通、实施、审查和修改;
- 所有的毕业生具备知识、技能和理解力,作为积极的公民参与全球化社会。

　　为了达成教育目标,学区委员会吸收了广大伙伴成员的意见,共同确定了促进学区教育发展的四大支柱:信任的文化、负责的教与学、对所有学生都有很高的期待、创造温馨而又安全的学习和工作氛围。具体从教师、领导及组织三个层面上进行落实。如表5-1所示。

表5-1　州学院学区发展框架

支柱	教师实践	领导实践	组织实践
支柱1: 通过与学校社区中的所有伙伴开放交流以促进有效的合作,进而建立信任的关系	• 教职工一起合作以创建一个高学业水平、充满关爱的支持性环境 • 教职工定期与同等地位的家长和学生交流以支持学生的教育和全面发展	• 领导团队会为教师提供时间、资源和支持以发展有效合作的思维和技能 • 领导者将一贯并公正地提供开放的交流以促进合作性的伙伴关系并共同制定决策	• 学校或学区领导为教职工、家长和社区成员提供有关合作性伙伴和共同决策的培训和机会 • 学校或学区领导将开发一个用于学校社区内的所有成员定期展开单向或双向交流模式

157

续表

支柱	教师实践	领导实践	组织实践
支柱 2: 课程、教学和学习遵循差异化原则的指导	• 教职工使用各种教材、工具和资源以支持教学并使学生参与有意义的学习 • 教职工将通过变换课程内容、过程和产品以支持学生不同的认知准备、兴趣和学习风格	• 领导者确保教师能够获得多种教学资源和评价 • 教育领导要设计专业化发展以促进有效教学的实施	• 学校或学区领导规划培训的时间、与大学合作的机会 • 学校或学区教职工参加每年一次有关教学实践的讨论和反思
支柱 3: 从理论和实践上都对学生的持续进步和成长抱有高标准的期待并承担共同责任	• 教职工将建立持续的专业学习目标并寻求机会促进学生的成长 • 教职工对每位学生都有切实际的高期待并确保学生都能参与学习	• 校长会安排好时间用于教职工计划教学、合作和专业发展 • 领导将在课堂、职工会议、家长会及各种场合的集会中不断地强调有效教学和学生的学习有着最大的优先权	• 学校或学区将培养一批具备核心领导技能的领导并促进其他行政人员和教师的学习 • 学校或学区领导将确保家庭和社区意识到学校未来的愿景和对学习的期待
支柱 4: 学习发生在一个安全的环境中,并能支持所有学生和成人的需求,提供一个温馨的环境以鼓励积极的学业和个人冒险	• 教职工将提供一个安全而又包容性的环境 • 教职工将提供必要的时间、鼓励和策略以帮助所有学生相互交流	• 行政团队每年从学生、家长和教职工处获得有关学校氛围的数据并对之进行反馈 • 校长和行政人员将确保每位学生都得到一位充满关爱的成人的照顾	• 学区和社区将建立系统连接教育者、学生、家长以创建一个安全、包容性的充满关爱的学校环境 • 学区和社区将开发一个充分整合的干预系统以促进所有成员的学业学习和健康发展

这个框架体现了学区发展中理论与实践的很好结合,在四大支柱的引领下,教职工、领导者、各个组织都有具体的实践措施,从而在教室、学校及学区系统范围内保证所有学生的成功。支柱 1 指明了学校的管理方式,强调各个利益相关者之间的支持与合作,在信任的基础上共同制定有关学校建设和促进学生学习的策略。支柱 2 是核心,关注教学实践中的差异化原则,认可学生以不同的速度不同的方式达到学业标准,因而教师要通过不同水平的差异化教学和支架教学支持学生学习,最终保证所有学生都能达到标准。具体包括:内容差异化——呈现不同的教学内容,过程差异化——教师的教学方式,产品差异化——学生完成的学习结果,情感差异化——考虑情感需求的不同。支柱 3 围绕着学习者及其学习,强调教师要关注每一位学生,并且期待每一位学生都能成功。有研究表明当教师带着对学生的期待实施教学时,教学效果更佳。支柱 4 是前三者的保证,校园环境的安全不仅包括保证人身安全,也指各个成员的心理健康,只有这样,师生才能安心地投入工作与学习,各个成员开放地交流,相互支持帮助,呈现一种温馨而又充满关爱的氛围,这也是促进学生情感社交发展的一部分。

州学院学区的行政管理在传统模式基础上进行了改善。从行政岗位的设置上看,整个学区范围内的行政岗位有督学 1 位,副督学 2 位,商业行政主任、副商业行政人员、人力资源主任、通讯主任、教育选择主任、交通主任、计算机服务和信息传播、特殊教育主任、特殊教育副主任、体育主任、体育副主任、职业和技术中心主任、食品服务主任、学生服务主任、采购经理、课程 K-6 主任、课程 7-12 主任各 1 位,总计 20 人。其中督学具有最高的决策权,负责监督各个分管主任及各个学校领导的工作情况。其他行政岗位人员则秉承着服务的理念,全力保障学生学习的优先权。学区委员会的设立体现了学区管理的进步。新一届成员于 2013 年通过选举产生,包括企业和社区成员 7 位,宾州州立大学教职工 3 位,家长 5 位,学校职工 12 位,行政人员 9 位,学校董事会成员 3 位,学生 6 位(高中及以上)。这些来自不同领域、不同角色的成员有着同等的地位,每当制定重要决策时,这些成员会充分听取自己所在利益团队的声音,并代表他们在会议上发言,从而为决策奠定更广泛的基础。

家长教师组织(parent teacher organization,简称 PTO)是由家长、教师和学校职工组成的正式组织,旨在促进家长和教职工之间开放交流、互相理解,最终促进学生的全面发展。在州学院学区,每个学校都设有 PTO 委员会,家长主要通过志愿者服务为学校和教师提供帮助,如布置各种艺术和科学展览、

159

制作手工教学材料、通过书展或义卖为学校筹集资金等。学校则通过开展围绕着孩子进行的讲座或互动聚会为家长提供服务。这样家长能进一步融入学校教育，而学校也能获得额外的人力资源，从而促进整个学校社区的良性发展。

二、核心课程与项目指导结合的教学体系

州学院学区使用持续的课程循环圈，包括研究当下的实践开发课程，提供专业发展，思索、采用并购买资源及进行课程评价。其中，开发课程采用理解为先的设计框架，以创建支持学生发展理解能力的课程，让其参与有意义的学习体验。在整个 K-12 阶段，书面课程采用"向后设计"的方式，即在设计课程、评价和学习经验时先考虑可能的结果。并且，设计课程时还要考虑每门学科涵盖的基本知识和技能。教师会通过运用基本的问题和探究方式进行教学，以促进学生更深地理解他们所学的内容。教师利用设计的课程创建课堂和学习体验，关注学生的需求、兴趣和学习进度。

1. 公立学校

小学阶段接收幼儿园至 5 年级的学生。课程设置主要围绕五门核心学科，即阅读、写作、数学、科学和社会研究，每门学科每个年级都有相应的课程标准，这些课程标准是在宾州州级课程标准的基础上根据本学区情况而制定的。除此，每周还有艺术、音乐和体育课程。在这些课程标准下，教师可以采用各种教学材料和教学方式。学区和学校领导为教师和学生提供尽可能多的教学资源和教学设施。通常，一个学校同一年级的教师会相互合作，阅读、写作与社会科学通常采用跨学科的主题式教学。如 Easterly Parkway 小学三年级在 2015—2016 学年第一学期安排的主题有"走进非洲""日本传统"，每个主题持续教学一个多月，在这段时间里教师引导学生深入了解非洲和日本的各个方面，主要通过多媒体教学、活动教学（如举办非洲食物品尝会、日本樱花节歌唱）形式。学生可以与他人合作，也可以自己独立完成，并自愿呈现自己的探索作品。数学常用的教学方式是直导教学与活动教学结合，教师在讲授完一种新知识时，一般会采用游戏竞赛形式进行巩固。小学阶段的科学也是主题式的探究教学，如小学五年级的主题为"环境研究""地质过程""动物王国""人类身体"。

初级中学设 6～8 年级，更注重跨学科教师团队和异质学习小组的建设。设置的课程分为小组合作课程——英语、数学、科学、社会研究、学术素养、艺

术、音乐,探究课程——选修音乐、健康、体育、世界语言(德语、西班牙语、法语)、技术教育、家庭和消费科学探究课程。提供的教学项目有:为优秀学生提供的学习丰富项目、为特殊儿童提供的特殊教育、为英语是第二语言的学习者提供额外的英语教学项目以及用于体验职业过程的 Delta 项目。除此,学区还开设体育竞赛、乐器学习、学生团队等活动。其中除了英语、数学和科学需要根据课程标准组织教学外,其他都根据学生的需求和兴趣展开。教学方式多样化和教育资源的丰富性为这些课程项目的顺利展开提供了保障。

高中设 9~12 年级,其开设的课程更加丰富,共包含 400 多门学术或职业科目的综合方案。这些科目涉及了学术、职业、商业和农业领域。学区鼓励学生规划自己的高中课程,以选择最适合自己兴趣、能力和目标的课程。其中,核心课程英语、社会研究、数学和科学学科设置的难度水平不一。外语教学有法语、西班牙语、拉丁语和德语。美术、器乐、声乐的课程也是多样化的,还有一系列选修课程。学校为学生提供计算机实验室和笔记本电脑,并将技术整合到很多学科中。学生还可以参加大量的课外活动,如学生自治会、各种俱乐部、戏剧表演、文学刊物、校内或校际田径运动,当然这些活动都需要在教师的监督下进行。

职业和技术中心为高中学生提供职业项目,这些项目成为从学校到职业培训过程中很好的补充,结合了学术和工艺技术,以及进入工作场所获得的学习经验。除此之外,7~12 年级的学生还可以参加 Delta 项目,该项目为学生提供学区和宾州大学内的课堂活动、研讨会、实地考察、工作实习、社区服务项目等。

除了各级学校设置的课程和项目外,学区还为各个学校提供学区范围内的项目:技术教育项目、社区教育项目、特殊教育服务和各种课外活动。计算机技术与各个年级层次的教学系统整合以提高教学、学习和操作水平。K-12 课程中包含 66 种技术能力,中学生和教职工时不时地在区域、州和国家级竞赛中获奖。社区教育项目为青年和成年人提供了各种学习体验,从提供基本教学以获得高中文凭到职业教育项目。学习拓展项目则提供各种不同的学习体验,这些服务以探究性活动形式面向所有学生,以团队训练活动形式来形成学生的问题解决和研究技能,以个人或小组探究形式解决兴趣、知识和创意等具体问题。学区提供了大量课外活动,如艺术、科学、学术、管理、语言,以丰富学生的课余生活。这些学生活动以 50 多个俱乐部形式组织起来,并且有专门的教师指导。此外,还有 20 多个正式的学生团队提供各种音乐活动。

此外,职业和技术中心(career and technical center)提供会计与金融、建筑制图与设计、农业科技、早期儿童教育、汽车技术、工程、建筑施工、卫生专业、烹饪艺术、营销10大学习项目。学习项目旨在满足特定的学术或职业目标,有助于学生进入大学、高等职业教育或直接进入职场(获得入门水平的技能和行业认可的证书)。对那些选择继续接受高等教育的学生来说,他们将接受大学预备科目与技术训练相结合的训练,以备成功地进入大学层次的技术研究。对那些准备参加工作的学生而言,他们会获得基于工作的学习经验,从而促进对工作的理解。学生可以参与工作见习、实习(如学生商店、汽车护理、餐厅)。"职业和技术中心"与宾州州立大学、宾夕法尼亚技术学院、匹兹堡艺术学院等州范围内的几所大学达成协议,在CTC项目中毕业的学生就能顺利进入这些大学,并且提前获得高校技术课程的学分。完成CTC项目的学生也可以参加"国家职业能力评价",取得熟练水平的学生将获得"宾州技能证明"。

家庭作业是对课堂教学的积极强化。州学院学区规定家庭作业的布置应该尊重学生的能力和发展水平,与课堂内容相关,可能的话,还要与学生个体的兴趣相关;作业量合理,难度适中。家庭作业设置的目的是为培养学生的责任心、良好的学习习惯和组织技能,有助于家长了解学生在学校里学了什么。家庭作业也是一种形成性评价,了解学生是否掌握了教授的内容,有助于教师获得反馈以指导教学。家庭作业的形式主要是书面和在线两种形式。小学阶段主要还是以书面形式为主,作业内容一般是保证每天的阅读量及少量的数学作业,如三年级每天至少20分钟的阅读时间,一周一次数学作业,一般三四页。中学以后作业会以谷歌文档的形式在线提供,仍是一周性的,周五放学后留作业,学生只要在一周内完成即可,但是必须保证每天都能做一部分。

2. 特许学校

特许学校的创建是为了改善学生的学习,增加所有学生的学习计划,鼓励使用不同创新式的教学方法,创建教师专业发展的新机会,为家长和学生提供更多的入学选择机会。特许学校可以由个人、团队或者某个机构向学校拟在的学区委员会提出申请,每年的申请截止时间为11月15日。申请人在申请时要详细列出特许学校运行的计划,如学校的设计、所需的评价、管理团队、财政和设施、实施和管理。提交申请后,当地学区委员会将在45天内举行至少一次公众听证会以听取意见,并在75天内做出决定是否同意该申请。目前,宾州共有151所特许学校、13所网络特许学校和10所地区性特许学校。州学院学区管辖范围内有4所,招生范围不受学区限制,开设的年级也不同。特许学校享有更多的自治权,在保证达到合同规定的责任标准前提下,可以选择

尝试新的教学和管理方法,在学区委员会之外独立运作。州学院共有 4 所特许学校,分别是:

Yong Scholar 特许学校招收 K-8 年级学生。除了核心课程外,双语教学和技术教学是其特色。在保证英语阅读和写作技能外,还提供中文和西班牙语的学习。该校的理念是双语教学能促进大脑的开发,从而有利于提高学业水平,并且增加学习的机会,提供多元文化和全球化视野。而技术教学用于培养适应信息时代的全球公民。

Centre Learning Community 招收 5～8 年级学生。该校强调做中学,将项目教学、手工课程与最新技术结合,以调动学生的积极性。基于项目的学习是其课程的核心,教师设计源自真实世界并整合各种知识和技能的项目,项目涉及科学、社会研究、数学等跨学科的内容,强调技术、写作和问题解决技能,与当前的分科课程截然不同。学生人手一台电脑,每个人都有自己的主页,主页上展示了学生已经学会的知识和技能。除了创建网页外,学生需要掌握基本的计算机应用,如打字、发邮件、电子表格及其他高级应用,如视频编辑、游戏编程。该校提供小规模的学校环境,每个教室里有两位教师和两位全程支持性教师,师生比为 1∶10,一般教师在几年内都不会更换,以助于教师更深入地了解学生。

Wonderland 特许学校提供 K-5 年级教学。该校的理念是传统"一刀切"教育模式并没有促进全部学生的发展,反而让一部分学生掉队,每位学生都是不同的个体,因此需要一种新的模式以认识到学生的优势和弱势,学校教育就是通过发挥学生优势和改掉弱势来增强其自尊心,并为未来学习奠定坚实的基础。其特色是使用差异化教育计划(differentiated education plan)来满足不同的个体。

Nittany Valley 特许学校设 K-8 年级,其理念是尊重每位学生的学习风格和发展步调。注重个性化,探究学生的兴趣,并培养其终身学习的热情,除了满足智力发展的需要,还要满足情感、社交发展和身体发育的需求。促进学生的全面发展,培养有责任感、健康并快乐的个体。学校规模非常小,只有 50 名学生、9 位教师和 3 位职工。灵活而开放的课堂环境,有助于教师根据学生的优势和兴趣设计课程,并鼓励学生探究他们独特的追求。每周五都去野外与大自然亲密接触以培养爱护环境的意识。因为规模小,学生、家长和教师彼此认识,从而形成一个强有力的共同体。

三、多样化的评价体系

宾夕法尼亚州为每个年级的每门学科都创建了标准,用以指导每个年级段的学生应该知道什么、会做什么。经过审查和修改后,州学院学区的学业标准就建立在州标准基础上,并进一步细化。如三年级数学标准中,除了数学实践标准下的内容外,其他都是州级标准内容。见表 5-2。

表 5-2　三年级数学标准

分类	标准
数学实践标准	有问题意识并能坚持去解决 抽象地推理,从数量上推理 构建可行的论据并批判他们的推理 用数学建模 策略性地使用合适的工具 注意精确性 寻找并利用结构 探究并通过反复推理得出规律
数字和运算	运用位值的理解和运算的特点进行多位数运算 探索和发展对分数作为数字的理解
运算和代数思维	运用乘法和除法表示并解决问题 理解乘法的特征及乘除之间的关系 流畅地运算乘除法
几何	识别、比较并分类各种图形及其特征 通过对分数的理解划分出等额的图形,各个部分的面积就表示整体中的分数
测量和数据	解决涉及温度、液体体积、质量和长度的问题 知道并写出相应的时间并通过计算时间间隔解决问题 结合使用硬币和纸币来解决问题,如找零 使用相符的图、表、统计图表、线图和条形图表示并能解释数据 明确矩形的面积并应用这个概念到乘法和加法中 解决涉及多边形周长的问题并区分线和面积

　　尽管各州有较大的自主权,但是国家采用标准化统一测试后,各州的学习内容趋向统一,并有很多州开始直接使用代表国家标准的共同核心(common core)作为其教学标准。笔者试比较了弗吉尼亚州、纽约州、佛罗里达州三年级数学的标准,尽管表述方式不同,细节也存在差别,但主体内容还是统一的,三年级数学的几个概念——乘除、分数、图形、时间、体积、面积、货币均为学习的重点。

　　州学院学区评价方式有州级水平的标准测试和学区范围的评价,标准化测试的学科主要是英语、数学和科学。其中,州范围的标准测试包括宾夕法尼亚学校评价系统(pennsylvania system of school assessment,PSSA)、主旨考试(keystone exams)、宾夕法尼亚备选评价系统(pennsylvania alternate system of assessment,PASA)。学区范围的评价方式分为标准测试和形成性评价,评价结果以进展报告的形式呈现。整个学年学区 K-12 的学生需要参加以下评价,如表5-3:

表 5-3　州学院学区 2015—2016 年评价日历

评价名称	K	1	2	3	4	5	6	7	8	9	10	11	12	考试日期
PSSA-英语				×	×	×	×	×	×					4/11—15(补考5/2—6)
PSSA 科学					×				×					4/25—29(补考5/2—6)
PSSA 数学				×	×	×	×	×	×					4/18—22(补考5/2—6)
PASA 数学/阅读				×	×	×	×	×	×					2/15—3/25
PASA 科学					×				×					数学和阅读之后
AIMSWeb 阅读	×	×	×	×										9/14—15;1/11—22;5/2—20
AIMSWeb 数学	×	×												9/14—15;1/11—22;5/2—20
Running Record	×	×	×	×										K:1/11—22;5/2—20;1—3;9/14—15;1/11—22;5/2—20
MAP			×	×	×	×	×							9/14—15;1/11—22;5/2—20
主旨考试								×	×	×	×	×		12/2—16;1/6—20;5/16—27
NAEP						随机选择学校参加								TBD

其中,PSSA 是 3～8 年级学生参与英语语言艺术和数学测试,4 年级和 8 年级参与科学测试。州级标准化测试需要几天完成,测试的结果用于分析现有课程的合理性。PASA 是州级替代性评价,用于评价那些有明显认知障碍的学生。自 2012—2013 学年起,主旨考试是宾州自设的毕业考试,在某门学科结束时用以评价学生在学术内容上的熟练度,考试科目是代数、文学、生物学。在整个高中过程中学生有多次参与主旨考试的机会(每年举行三次)。测试内容根据共同核心标准及有助于大学和工作成功的知识和技能编制,测试时间没有限制,通常需要 2～3 小时完成。测试内容分为两个模块,学区可能会让学生将这两个模块一次性完成,也可以分成两次连续几天完成;可以在线完成,也可以线下完成。家长或监护人如果认为这样的测试与自己的理念冲突,可以在测试开始前告知学区督学并让孩子退出测试。

学区范围的评价方式呈现多样化。其中低年级段学生的评价方式有 AIMSWeb 和运行记录(running record)。AIMSWeb 是一种形成性评价的工具,针对低年级段儿童,其中,AIMSWeb 阅读用于测量 K-3 年级学生具有的阅读技能,AIMSWeb 数学则用于测量 K-1 年级学生掌握的数学技能,这两种评价方式每年举行三次,主要是为了让教师在教学过程中尽早地明确学生存在的问题。运行记录是一种单独进行的评价,学生大声朗读,教师记录下阅读的流利性、准确性和理解程度,从中判断学生具体的优势领域及还需要改善的技能。K-3 的所有学生每年参加两次。教师也可以在 4～6 年级中继续使用该评价。州学院使用 Fountas 和 Pinnell 两种文本系统。

中段学生主要参加学业进度评价(measures of academic progress,MAP),MAP 是一种基于个人计算机的适应性评价。测试时,每个问题的难度是根据学生前面回答问题的情况,如果学生回答正确的话,下一个问题就会增加难度;如果不正确的话,下一个问题就会相对较简单。这样就能准确地测出学生现有的认知水平。考核内容:3～6 年级阅读和数学,2 年级数学。每学年三次,秋季、冬季和春季。具体测试的时间不固定,大概需要一小时完成,要在电脑上完成。MAP 根据学生现有水平而定制,为每位学生提供展示他们所学内容和技能的机会,计算机会根据学生回答问题的情况调整后面问题的难度水平,这样每位学生参加的测试都不一样。

还有一类是针对特殊人群的测试。W-APT 和 Access 是针对英语为第二语言学生的语言测试,W-APT 主要是对新入学学生语言水平的摸查,Access 每年举行一次,用于判断学生的进步情况。AP(advanced placement)

课程是由大学委员会创建的,为高中生提供大学水平的课程和测试,获得的学分能得到部分大学的认可。

州学院学区对学生的评价结果采用进度报告的形式,其目的是与家庭和学生交流有关学业成绩的等级水平:学生达到了哪些学习目标,有哪些突出成就,并用来指导进一步的教与学。进展报告并不意味着学年课程的总结,而是学生达成相关标准进度的写照。具体 K-5 课程范围和顺序表都能在网站上找到。此外,春季和秋季有两次家长会,用于建立学生学习目标,家长会以个别形式开展,每位家长和学生一起与教师见面,制订下一份学习目标计划。进展报告表明学生达到的学业标准外,同样通过学习过程证明了学生的努力程度。

进展报告上还有一栏注明了成功学习者应该具有的特征:受人尊重的公民——关注学生在学校社区内如何发挥作用;负责任的学习者——关注成为一个终身学习者需要的技能;学生努力——包含每门核心科目及学生如何努力并坚持。评价的时候会有三个等级:总是、有时、还没有。教师通过观察做出判定并将结果与学生自己的进行比较,每门学科的评价也是分开的,因为不同的学生在不同学科的努力程度不一样。

四、提供丰富课程资源的技术体系

州学院学区充分利用现代化信息技术优势,为教师和学生提供最大化的资源。每个学校几乎都配有 1∶1 的电脑,整个学校内无线信号覆盖,师生可随时连入互联网。如 Easterly Parkway School 3～5 年级学生用笔记本电脑884 台,幼儿园至 2 年级学生用 iPad 321 个,为特殊儿童准备的笔记本电脑104 台和 iPad105 个,教职工用的电脑110 台。学校每天专门留有时间供学生使用,学生会用这些设备制作上课用材料、检索资源、做巩固练习,教师则在旁协助指导。

除了硬件设备齐全外,各种教育类应用程序更是丰富,满足了不同学习者的需求。常用的有工具类如 Safari, Drawing Pad, BaiBoard, Dictionary, Maps, Garageband, QuickVoice Recorder 等 31 种;语言艺术类如 Word Bingo, Super Why, iWriteWords Lite, Kids A-Z (Raz Kids)等 14 种;数学类如 Math Cards, Math Bingo, Telling Time, MakeChange-Money 等 9 种;科学如 AccuWeather, Petersen Feeder Birds of North America;社会研究如 Social Studies, Stack the States。当然还有各类的网站资源。

州学院学区使用课堂诊断工具(classroom diagnostic tools)作为一种在

线形成性评价工具,以帮助学生达到学业标准并确保成功通过 PSSA 和 Keystone 测试。它与宾州标准系统相配套,根据每位学生的测试结果,在线评价并提供诊断性信息来指导教学,这些信息包括学生的优势领域和需要改进的领域,经过分析以后通过提供链接到课堂资源以供进一步学习。分析性报告的特点在于很容易地链接到针对性课程资源和材料,包括教学单元和课堂计划。除此,教师之间常用谷歌文档进行课程与教学的合作和共享。教师、家长和学生之间则通过推特、博客、电子邮件形式进行交流沟通。

应该说,州学院学区的学校教育模式已经与传统的学校工厂模式有了根本的区别。在学校管理上,尽管还是延续了科层制度,但是学区强调学区领导要与各个利益群体形成伙伴关系,并且学区委员会成员的多样化设置使领导者可以听取不同群体的声音,在一定程度上实现了民主参与教育管理,共同制定决策。在学校教学上,尽管核心课程还是按照州级标准来实施,但是各个学校又充分尊重学生的特点,允许差异化教学,学生以不同步调进行学习,只要最终能达成所有标准即可。除了核心课程外,各个学校还开设了丰富的项目教学和课外活动,学生根据自己的需求和爱好选择参加。传统的教室安排和讲座型的教学基本消失了,教师更多的是采用项目教学、活动教学和主题式教学。

在评价方式上,尽管各种形式的标准化测试还是占主要部分。一方面,这是国家政策使然,学校要想获得资金支持就必须在标准化测试中胜出。另一方面,测试的目的不是为了区分学生,而是为了了解学生的优势领域和还需改进的领域,以备教师更有针对性地实施教学。为了保证学生发挥其最大的潜能,学区和学校领导尽可能多地为学生提供各种硬件和软件资源,电脑、多媒体、互动白板、互联网等信息技术已经是日常教与学中必不可少的工具。除此,每个学校配有图书馆,拥有各种书籍、杂志和电子书,每周 40 分钟有专门教师指导学生如何使用图书馆资料、如何读书、如何做研究等。更值得学习的是,学区设立的职业与技术中心在高中阶段开设各科学习项目,既帮助为进入大学或高等职业教育的学生获得必要的学业技能,又为那些准备直接参加工作的学生提供职业体验。

此外,4 所特许学校将学生放在学校发展的中心位置,不断创新课程和教学方式,受到家长的一致好评。特许学校为学生扩大选择机会的同时,也给普通公立学校带去竞争的压力。这样的良性竞争促进传统学校系统参与变革,逐渐使所有遗留于工业时代的学校工厂范式转型为信息时代学习者中心的范式,最终受益的还是学习者。

第三节　学区变革实践:大都会学区"迈向卓越之旅"

迪凯特大都会学区坐落在印第安纳波利斯西南角,该学区大约有 5600 名学生参加学校公司的早期儿童教育中心,四所小学,一所初级中学,一所高级中学。学区大约有 350 名全职教师、35 名行政人员和 270 名非教职人员。学区成立学校公司,实施创新性的项目,与印第安纳大学的协助者们一起合作,致力于学区范围内的系统变革,称为"迈向卓越之旅"。该变革主要是将学区内的学校进行转型,以更好地满足每位学生的需求并帮助他们尽可能地发挥自己的潜能。各个利益相关者们一开始就积极地投入到变革中。

一、变革的框架

系统转型变革最首要的任务是创建学区范围内有关教育的使命、愿景和理想信念(或价值观)。首先,框架必须是学区范围内的,避免出现某个学校与学区内其他未变革学校不相容的情况。第二,框架必须超越当前教育聚焦分类、工厂式学校的思维模式,参与者们需要改变自己的世界观,尽可能地按理想的愿景进行设计。第三,广大的利益相关者们都必须参与到框架的开发中,这样才能在最大范围内改变有关教育的思维模式,当然也会有更多样化的观念结合到转型过程中。他们不仅必须参与,还必须培养所有权的意识以及对变革过程和新范式出现过程的责任感。新范式第一个"大概的草图"是关于使命、愿景和理想信念的框架,包括明确新范式的目的,具体如下。①

使命。使迪凯特镇学校成为学习社区,所有利益相关者都能够实现卓越。

愿景。迪凯特大都会学区致力于成为信息时代以学习者中心的学校。学校营造一个安全、尊重和关怀的环境,并关注学习和持续的个人成长,高期望是其特点。学习社区是促进合作和赋权的方式,而评价、干预和适应则是为了满足学术、社交、情感、身体及所有学习者的发展需要。

理想信念。理想信念之一:学习。聚焦于学习必须是学校社会文化的一

---

① REIGELUTH C M, STINSON D. The Decatur Story: Reinvention of a School Corporation-Mission and Values for Decatur's School Transformation [J]. The Indiana School Boards Association Journal, 2007, 53(1): 17-19.

部分,因为学习是一种社会责任:

· 每个孩子的天赋培养需要用不同的学习和教学方式;

· 不同的干预措施、策略和资源将为学生提供多个机会以满足他们的智力、情感、社交、行为和身体发展的需求;

· 教师将成为指导者,提供差异化的学习经验并让学生成为学习的主人;

· 鼓励学生追求远大的学习目标,为自己的学习承担责任,当然教师要对学习过程进行监控和支持;

· 在整个学习过程中,每个学生都有相应的利益相关者支持,直到学习结束;

· 技术与整个学习过程相整合,每个利益相关者都可以应用技术进行学习。

理想信念之二:学习环境。学校必须提供一个欢迎、安全、高效、以学习者为中心的环境以促成学习的发生,这种鼓励性的氛围将培养出信任和较高的期望。所有利益相关者都将:

· 受到尊重;

· 作为独立的个体存在;

· 得到学习的支持。

理想信念之三:评估。我们相信评估必须用于指导学习过程以满足学生的个性化需求,而不是将学生进行比较。因此,评估必须:

· 明确学习者进行了哪种学习;

· 确定学习过程中需要哪些干预;

· 提供及时且持续的信息以指导教学和学生的学习;

· 根据学生的先验知识和学习风格定制新的学习;

· 为所有利益相关者提供反馈。

理想信念之四:学习社区。学校和更大社区之间必须是一个相互依存的关系,因为学生要在这两种环境中进行学习。因此:

· 所有利益相关者都将通过合作制定决策以发展领导力并争取持续改善学校状况;

· 所有家长都会与教师和学生一起努力以促进学习。

理想信念之五:专业发展。专业发展能为所有利益相关者提供技能以促进学生的学习。专业发展必须是:

· 较长的持续过程;

170

- 与利益相关者的需求相关；
- 专注于服务学生学习的方法；
- 并通过专业学习社区得到提高。

专业学习社区建立在教育者合作交流的基础上，用以指导教育者自身的专业成长、反思教育实践、交流思想、分享策略，从而提高学生学习。

二、变革的过程

迪凯特大都会学区从 2001 年起就在印第安纳大学协助者的指导下正式投入变革，并且新的变革仍在持续。变革开始前的准备是整个变革的关键，大都会学区的教育者和领导者通过近两年的努力才奠定了变革实施的基础。有关变革的过程和所用的时间如图 5-1。

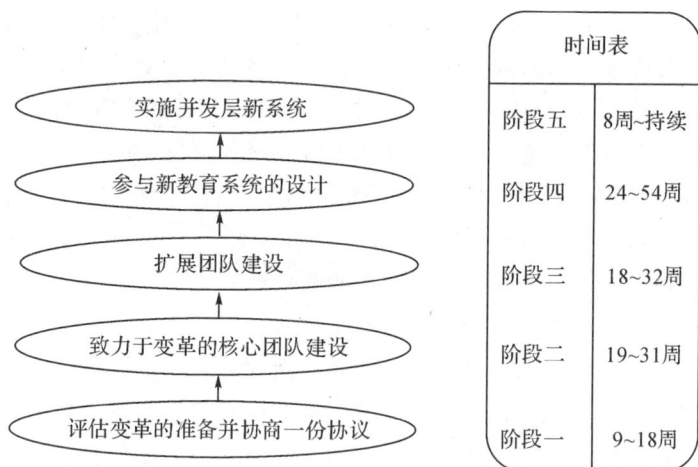

	时间表	
阶段五	8周~持续	实施并发展新系统
阶段四	24~54周	参与新教育系统的设计
阶段三	18~32周	扩展团队建设
阶段二	19~31周	致力于变革的核心团队建设
阶段一	9~18周	评估变革的准备并协商一份协议

图 5-1　迪凯特大都会学区变革过程

1. 阶段一：评估变革的准备和能力

首先，协助者在承担系统变革的责任之前，先对自己的知识和技能、个人成长和变革、团队经历三个方面进行评价，在自我评价的基础上针对自己的不足设计一个专业化发展项目。在与学区建立起正式的关系之前，协助者都需要周期性地评价自己的发展状况并不断改善。系统变革是一个长期的过程，只有协助者做好充分的准备，才能引导变革取得成功。其次，如果协助者已经做好了充分的准备，那么他就可以选取协助的学区了。如果协助者没有与学区建立关系,那么就要考虑选择一个合适的学区;如果协助者已经与某一学区建立了关系,那么也需要重新考察。总之,要根据学区变革的条件是否成熟来选取协助的对象。再次,如果学区和协助者都准备充分,并且承诺相互合作,那就可以着手起草一份正式协议,明确对各个利益相关者的期待和协助者所承担的责任。最后,协助者与各个利益相关者会面,判断该学区是否已经为系统变革做好了充分的准备,明确当前进行系统变革已有的条件及还需要完善的条件。

2. 阶段二:"核心小组"建设

一旦正式协议签好后,协助者要在学区内组成一个"核心小组"以展开变革。该小组人员较少,最好从主要的利益相关者团队中按一定的标准和选择程序选取最强有力的领导者(如管理者、新董事会成员、家长、教师协会主席和非教学人员)。小组成员确定后,协助者设计并促进该团队的发展过程以培养团队文化,形成基本的团队技能和知识。协助者还需要对小组成员进行培训以发展教育系统设计的技能和知识。核心小组的主要职责有:评估学区系统变革的能力,促进对系统变革的需求和本质的理解,在小组中形成系统设计的文化并为扩展成为一个更大的变革领导团队做准备,明确完成变革所需的努力,评价利益相关者面对变革的开放度,评价现有的文化是否适于变革,设计扩展核心团队的过程,形成学区范围内的变革框架。

3. 阶段三:"扩展团队"建设

当核心团队发展了适当的文化、技能和理解力后,他们将承担起指导变革的责任。只要达到合适的水平,协助者将帮助核心团队扩展为多个变革团队,包括决策小组(20~25人)、设计知识团队(7~10人)。在扩展过程中,核心团队提供支持系统并为新团队的发展提出批判性意见,如分享核心团队有关变革的知识、经验和文化。决策和设计团队在变革的过程中相互合作,他们必须发展对整个变革过程的主人翁意识和责任意识。当核心小组扩展为这两个团队时,它也将其文化渗入到扩展的团队中,从而增强其变革的能力。

4. 阶段四:设计新系统

当所有的基本工作完成后——有了基层的和自上而下的政策支持、发展了变革的文化、培养了有关系统变革的技能和理解力——整个团队就可以进入设计阶段了。设计要建立在共同信念的基础上,并转变已有关于学校和教育变革的思维模式和假设。规模大的学校往往会成立多个设计小组,将大学校分成不同的小学校。设计小组的主要任务有:基于共同信念的理想愿景开发评价变革过程的系统、探索体现理想愿景的各个功能系统及完成各个功能的组成部分。扩展团队还要成立一个学区设计小组,以重新设计学区层次的行政管理系统。该阶段完成后,就完成了学区未来图景的框架——一个以学习者为中心的、体现信息时代的教育系统。

5. **阶段五:实施并发展新系统**

一旦新的学校设计得到批准,就进入实施阶段并且通过形成性评价不断地进行完善。也就是说,不仅要计划现有系统的变革过程,还要调整有关未来学校系统的愿景。如表 5-4 所示。

表 5-4　教育转型指导系统的具体事件

转型变革阶段	所需时间
阶段一 评估变革的准备和能力 事件 1:评价并加强作为协助者的能力 事件 2:建立或重新定义与学区的关系 事件 3:评价学区变革的准备状况并协商一份正式的协议 事件 4:评价学区变革的能力	1~4 周 1~2 周 2~6 周 5~6 周
阶段二 核心团队建设 事件 5:选择核心团队的参与者 事件 6:打造核心团队 事件 7:在系统设计中发展核心团队的能力 事件 8:设计 9~11 的活动 事件 9:明确完成变革所需的努力 事件 10:评价利益相关者面对变革的开放度 事件 11:评价现有的文化是否适于变革 事件 12:设计扩展核心团队的过程	2~3 周 1~2 周 2~3 周 4~6 周 4~6 周 2~4 周 2~4 周 2~3 周
阶段三 扩展团队建设 事件 13:拓展并建立决策团队 事件 14:选择并建立设计团队 事件 15:增强团队变革能力、培养团队文化 事件 16:重新设计变革的过程	4~8 周 4~6 周 4~8 周 6~10 周

续表

转型变革阶段	所需时间
阶段四　设计新的系统	
事件 17:改进有关教育的思维模式	4～8 周
事件 18:探索有关教育的理想信念和假设	4～6 周
事件 19:选择并建立多个设计团队活动	4～6 周
事件 20:探索基于共同信念的理想愿景	4～6 周
事件 21:开发一个评价变革过程的系统	4～12 周
事件 22:为每个理想愿景设计一个功能系统	4～12 周
事件 23:设计用于完成各个功能的成分	4～8 周
事件 24:设计行政与管理系统	4～8 周
阶段五　实施并发展新系统	
事件 25:开发实施过程以改进新的系统	4～8 周
事件 26:发展、评价并调整新系统	4～6 周

三、变革的启示

1. 增强变革的核心领导力

整个学区系统的转型是由核心团队发起的,核心团队由主要利益相关者的高层领导组成:督导、学校董事会成员、美国教师协会主席、校长和家长会主席,还应该增加一个德高望重的非教学人员。核心团队将一系列价值观作为转型文化的基础,其中最重要的一条是:所有利益相关者有权决定他们学校系统该做什么变革、建立信任和通过协商一致制定决策。①

当核心团队发展了强大的转型文化并致力于转型领导时,它会扩展到有25 位成员的领导团队并在更大的团队中培养其文化。这个扩展的团队由所有利益相关者中的正式和非正式领导构成,便于通过更广泛的非正式谈话、校长工作坊、社区论坛等传播该文化。迪凯特的利益相关者们发放 8500 万美元债券,将迪凯特中央高中重新分为 5 所基于兴趣的小型学习社区,其中一个打造成新技术高中模式。这就是文化变革的力量。

---

① REIGELUTH C M, STINSON D. The Decatur Story: Reinvention of a School Corporation-Leadership and Empowerment in Decatur's School Transformation [J]. The Indiana School Boards Association Journal, 2007, 53(2): 13-15.

2. 重视广泛的合作

在迪凯特的范式转变的努力中，最重要的是合作。通过合作形成伙伴关系，这才是一种更长期、更正式的合作形式。迪凯特的转型中，最重要的合作伙伴关系即为与印第安纳大学教育学院建立的"走向卓越"计划，由印第安纳大学提供外部的协助者以帮助该学区转型。其他伙伴关系包括"mind trust"（企业）、"CELL"（学习领导卓越中心）和印第安纳波利斯商会。

如何进行合作。先通过核心小组开始合作过程，并逐渐扩展为领导团队。这些团队就是学习共同体，共同讨论教育范式的转型，并通过文化和能力建设过程建立学区范围内有关教育的理想信念框架。最重要合作原则：所有的成员都是平等的，并有权追求他们公认为最好的；所有的决定通过协商一致而不是基于"多数规则"的过程；公开任何过程以建立信任；学习是最重要的（培养范式变革的能力）。

为什么合作如此重要。首先，合作过程中容易出现各种适用于范式转型的思想和观点。没有广泛的利益相关者加入，新范式可能会遇到相当大的阻力。其次，合作有利于文化变革。再次，合作能促进各个利益相关者心智模型的改变，这与文化变革密切相关：心智模式的改变是个体的变化，而文化变革是集体的变化。它们必须同时朝着同一个方向变化，强烈地影响彼此。最后，建立承诺，并减少来自参与者的阻力。

3. 营造新的文化氛围

走向卓越的过程中，我们发现以下六个文化信仰是转型过程成功的关键：[1]

· 儿童利益优先。学校系统需要什么样的变革，首先且最主要的是思考什么对儿童才是最好的。

· 将变革过程视为一个创造过程和学习过程，以及对新思想持开放性态度，并能运用系统思维。

· 广泛利益相关者的参与、合作及其责任感。利益相关者包括提供支持的工作人员、家长、祖父母、雇主、社区机构、教堂以及其他人员，每个人都有其价值。各个利益相关者不仅要参与合作，还需要培养对变革过程的责任感。

---

① REIGELUTH C M, STINSON D. The Decatur Story: Reinvention of a School Corporation Culture and Climate: The Personality of School Governance [J]. The Indiana School Boards Association Journal, 2007b, 53(4): 11-13.

- 参与式领导。通过愿景和赋予他人权力、谦逊和信任来领导。
- 通过协商一致的方式做出决策，公开并促进沟通。
- 自我反思。变革过程中需要不断地反思自己的行为和活动。

文化应该包含这样的信念：通过定制满足每一个学习者的需求，培养他们的个性化才能，多样性地选择该学什么及如何学；学生将会积极地参与自己的创造工作，能进行自导式学习；利益相关者能共同决策，父母作为孩子的学习伙伴，相互尊重；学校要服务于社会等。

此外，印第安纳大学的协助者们指出了几项重要的变革过程：印第安纳大学所起的作用不是告诉迪凯特该做哪些变革，而是协助迪凯特的利益相关者们集体商议该如何变革；变革的过程应该探究根本的、系统化的转型（范式变革），而不是追求改革（片段零散的变革）。① 迪凯特大都会学区经过十多年的范式转型，基本上已经成功地走向了个性化、信息化的新范式，为致力于通过系统变革而解决当前学校问题的领导者和教育者提供了参考典范。

4. 倾听声音，公众参与

关注学生的需求并评价这些需求被满足的程度，这是新范式最重要也是最基本的任务。因此，变革过程中要倾听学生的声音，因为学生是学校生活的体验者。学习内容是否感兴趣，教学策略是否合适，学生都是最直接、最合适的评价者。这些来自最直接的利益相关者的声音能为学校的发展提供很多信息。尽管他们所表达的不是有关应该如何组织学校或课堂等最重要的事实，但是，当他们的表达有人倾听，当他们参与学校事务时，便会产生一种主人翁的责任感，这都将影响学生的态度及随后的行为。②

除学生外，教师、家长、社区成员等广泛的利益相关者也是变革成功的重要因素。在变革中，需要将具有不同背景的利益相关者聚集在一起，他们的经验和意见有利于变革的过程。如果变革将这些声音排除在外，那么势必给变革带来阻力。尤其是那些长期处于边缘化的利益相关者，更会因为突然的变化产生过激反应。③ 利益相关者需要不断发展思维模式，培养系统的观点，并

---

① RICHTER K B, REIGELUTH C M. A Systemic Change Experience in Decatur Township [J]. Tech Trends, 2006, 50(2): 35-36.

② WEST M, MUIJS D. Personalized Learning. Radical Reforms: Perspectives on an Era of Educational Change(ed) [M]. Chapman C. & Gunter H. M. Routledge, 2009: 128-140.

③ JOSEPH R, REIGELUTH C M. The Systemic Change Process in Education: A Conceptual Framework [J]. Contemporary Educational Technology, 2010, 1(2): 97-117.

理解系统变革过程需要以设计一个新系统作为开始。① 为了使广泛的利益相关者在系统变革中产生主人翁意识，需要从根本上转变他们的角色：不仅仅是参与者和决策者，还要成为新系统的创造者和设计者。

教育政策是变革的主要部分，往往处于核心位置。通常，教育政策由顶层的个人或团队制定，他们远离日常的教室环境，也不清楚学生要在未来的复杂社会中立足需要哪些准备。这些决策逐级往下渗透，最后被转换成严厉的规则和过程。尽管学校变革通常由一线利益相关者（教师、学生、家庭成员、社区成员）亲身经历，但变革往往只是局限于上层要求的任务，而不是共同构建的结果。这不仅影响了外部政策的应用，也扼杀了来自学校和社区内部的创新性措施。最有意义的变革是"自上而下"和"自下而上"实践之间的平衡，各个层次的决策都能听取利益相关者的声音，这样才能把课堂的现实与教育政策联系起来。学生应该是教育决策最重要的参与者，因为他们受其影响最大。当然，家庭和社区成员也不应被遗忘，他们在改善学生学习环境方面贡献更突出。

---

① 　REIGELUTH C M，STINSON D. The Decatur Story：Reinvention of a School Corporation-Culture and Climate：The Personality of School Governance ［J］. The Indiana School Boards Association Journal，2007，53(4)：11-13.

第六章　结论与展望

对教育问题的定义,直接影响着问题的解决。近些年有关学校变革的理论和实践逐渐形成了一种共识:当前学校问题若要取得实质性的突破,就要从过去那种点状的修修补补式改革进入整体性、结构性调整与更新式的根本性转型阶段,学校要从封闭走向开放,从当前工厂式的学校范式变为适应信息时代的新范式。学校教育系统变革立足新的社会转型背景,以构建适应信息时代的学习者中心范式,在一定程度上代表了美国当前学校变革的趋势。

第一节　新学校系统变革的特色

学习者中心教育范式将关注点集中于学习者个人及学习本身。换句话说,教育不仅要关注学习者的经验、生活背景、天赋、兴趣、能力及需求,还要利用最新的学习理论最大限度地调动学生学习的积极性并获得最大的成就。学习者中心教育范式从"关注筛选"转变到"关注学习者及其学习",从学习时间是常量、学习结果是变量基于"分类"的学校模式转变到学习结果是常量、学习时间是变量基于"成绩达标"的新范式。

一、动摇传统工厂式学校的根基

越来越多的教育改革家已经认识到现有的学校教育已经不再能满足未来儿童的发展,而学习者中心范式正好适应了这一变革需要。信息时代的学习者中心范式与工业时代遗留的学校工厂范式完全不同。

新范式将学校组织从"学校建制"转向"合伙团队";学校管理从"垂直科层"转向"共享决策";年级升迁从"时间常量"转向"学习常量";班级编制从"同龄分班"转向"混龄小组";学校文化从"控制型文化"转向"学习型文化";学校功能从"规训机构"转向"学习合作社";课程设置从"孤立知能"转向"整体优化";教学内容从"掌握学科教材"转向"定制学习合同";教学方法从"系统讲

授"转向"任务指导";评价手段从"常模测验"转向"标准测验";新范式的技术支持为"个性化综合教育系统",主要起着记录学习进步、规划学习蓝图、提供学习指导、评估学习效果等作用。也就是说,遗传自工业时代起的工厂式学校模式几乎都有很大的改变,学校、年级、班级、课程、教材、教法、评价——这些构成学校系统的组成部分,都围绕着学习者及其学习来组织,改变传统"教师中心"为"学习者中心",聚焦"分类"为聚焦"学习",以促进每位学习者都能获得未来工作与生活的成功。如表 6-1 所示。

表 6-1　学习者中心范式与工厂范式的对比 [1]

	当前适应工业时代的学校范式	适应信息时代的学校范式
范式原则	· 标准化的、一刀切的教学 · 专制的课堂氛围 · 学生根据所告知的学习 · 线性思维	· 个性化、量身定制的教学 · 民主的课堂氛围 · 学生从做中学 · 系统思维
从范式派生的实践	· 教师做给学生看 · 教师主导的学生学习 · 按年级分的班级 · 强调具体的学科 · 教学是内容导向的 · 用外部动机鼓励学生学习 · 基于年龄的分组 · 课堂中使用大组教学 · 有限的获取知识的渠道 · 有限的资源 · 教材/教学援助 · 按部就班的学生进度	· 教师和学生一起做 · 学生自导学习 · 混龄小组 · 跨学科课程 · 过程/表现导向的教学 · 用内部动机鼓励学生学习 · 基于学生准备程度和兴趣分组 · 单人、小组及大组活动 · 丰富的获取知识的渠道 · 大量不同类型的资源 · 个性化综合技术系统 · 根据学习情况定制学生进度
在范式内的学习结果	· 基于标准的、竞争性的评价 · 固定答案的测试 · 用机械记忆进行集中学习 · 学生缺乏学习的动机 · 学生依靠教师进行学习 · 服从的学习者	· 根据学习进度对掌握程度进行评价 · 真实的测试 · 集中和分散学习 · 学生有学习的动机 · 学生独立或相互依赖进行学习(自我实现) · 参与式的终身的学习者

① MCCOMBS B L, WHISLER J S. The Learner-Centered Classroom and School：Strategies for Increasing Student Motivation and Achievement [M]. San Francisco：Jossey-Bass, 1997：11.

二、体现聚焦学习者及其学习的学习者中心范式

学习者中心范式首先要求学校教育系统应该聚焦于学习者及其学习,学校教学、评价、学习进度都围绕着学习者展开,其目标是促进每位学习者完全发挥其学习的潜能,能适应未来的社会生活和工作。由此,以新范式为目标的教育系统变革意味着学习者及其学习的表现和过程是所有变革策略和进程的焦点。教育系统的各个方面,学校组织、管理、教学、评价、技术等,都围绕着学习者及其学习进行,其最终目标是促进每一位学习者不断学习,这些都是人本主义的体现。人本主义教育冲破传统教育模式和现存教育制度的束缚,以激发人的天然学习倾向为出发点,把尊重人的个性发展提到了教育的首位。[①]

艾斯兰将学习者中心范式进行了总结,如表 6-2 所示。可以说,新范式突出学生的主体地位,赋予学生对自己学习的选择权,学生可以根据自己的兴趣爱好选择相应的学习内容,能充分发挥自己的潜能。首先,新范式注重人的全面培养,不仅发展学生未来工作生活必备的基本知识和技能,还促进其生理、心理、情感和社交的全面发展。其次,项目教学的采用能让学生积极、主动地参与学习活动,在学习的过程中,不仅掌握了基本的知识和技能,还发展了问题解决、自我管理等一系列高阶思维能力和元认知技能。再次,个性化教学和基于掌握标准的评价则是尊重学生差异性的体现,学生不同,因此学习同一内容的时候,学习速度完全可能不同。新范式允许学生以不同的步调达到同样的标准,真正是为促进学生的学习,从而保证每一位学生都学有所得,学有所成。

三、构建信息时代 3.0 教育范式

信息时代不断深入,知识性工作成为主要的社会需求,学校的工厂范式毫无疑问将被学习者中心的教育范式所取代,这是时代发展对教育系统变革的必然选择,也是新的教育问题。三个时代变迁的学校范式分别称之为教育1.0、教育 2.0 和教育 3.0。如表 6-2、6-3 所示。

---

① 陈学宏.走向人本主义教育的学校管理[M].西安:电子科技大学出版社,2013:1.

表6-2 学习者中心学校范式特征[①]

类型	关键特征
学习经历	· 学习目标 · 持续进步 · 个性化的进度 · 个人或团队学习 · 同伴指导 · 技术的使用 · 社区工作 · 真实的和跨学科的任务 · 沟通技能 · 一般技能如信息的迁移、协商和交际技能、决策技能
教师的新角色:导师	· 教学管理者和促进者 · 关爱的关系
合伙团队作为学校	· 一个合伙团队大约有四至十位导师、助理和学生 · 导师自治、共同决策 · 导师有责任确保合伙团队的成功
选择、动机和决策制定系统	· 家长参与 · 选择(导师、学生和家长) · 合伙团队之间的竞争 · 合伙团队内部的合作 · 用户为基础的决策制定系统(包括导师的工资)
合伙团队作为灵活的学习组织	· 自我设计的学习组织 · 用户导向的变革
学习中心	· 关注某一具体领域的教学 · 学习中心独立于合伙团队 · 学习中心之间相互竞争,移动中心、社区学习和购物中心之间的合作
学习合约	· 计划并监管学生的进步情况 · 合作性的小组方式(学生、家长和导师) · 数字化学习合约

---

① ASLAN S. Investigating "the Coolest School in America": A Study of a Learner Centered School and Educational Technology in the Information Age [D]. Indiana University, Bloomington, IN, 2012.

续表

类型	关键特征
发展水平	• 学生发展的五个阶段 • 不同的阶段所需的家长和导师指导也不同
特殊需求的儿童	• 所有的儿童都是特殊的 • 为所有学生提供个性化教育
课程	• 基本技能(如读、写、算) • 高阶思维能力(如问题解决) • 个性特征(如责任) • 其他能力(如使用资源、信息、技术、交际和系统思维的能力) • 人类发展的所有方面 • 终身学习
评价学生的学习结果	• 成就的证明 • 标准参照评价 • 掌握学习 • 相互整合的教学和项目空间 • 学科及跨学科的评价
技术的新角色	• 在教学、评价和持续记录学习者进度方面起着中心作用 • 学习工具,提供支持性反馈,如模仿和超媒体 • 专业化的发展
行政	• 学区范围内的行政系统(合伙团队支持系统、学习中心支持系统、用户援助机构)
管理	• 支持性社区范围内的管理 • 支持性州范围内的管理
与其他服务系统的关系	• 在社区层次和州层次上与人类服务系统相互合作
成本效益	• 同伴指导(学生与学生) • 人力资源利用(家长、年长者及其他)

表 6-3　三个时代对应的三种教育范式

类型	时代	经济特征	教育范式	教学模式
教育 1.0	农业时代	农业手工业经济	学徒制范式	个别指导
教育 2.0	工业时代	大规模机器生产	工厂范式	讲座模式
教育 3.0	信息时代	知识型经济	学习者中心范式	个性化教学

学习者中心范式适应时代发展的需求，又基于新的学习理论，还有最新信息技术的保驾和推动。其中，以个性化学习和基于项目学习为主的学习者中心教学和以基于掌握的学习进度和标准参照评价为主的学习者中心评价是新范式的两块基石。而学校建筑、环境、行政管理、与其他服务系统的合作则是新范式得以顺利运行的外部保障。

1. 实施学习者中心教学

学习者中心范式聚焦于学习者及其学习，因此在教学过程中必须考虑学习者之间不同的智力水平、背景、学习风格等。个性化教学正是将学习者的不同智力水平、背景和学习风格置于学习过程的中心，讲求教学和评价的个性化。当然，个性化学习并不意味着每个学生都是独自学习，也不是说学生每天高兴学什么就学什么，而是根据每位学生需求定制的一种结构化项目，学习者通过一系列项目的完成过程不断进步。在这个过程中，学习者有时候需要独立学习，有时候需要小组学习，小组的规模也视项目的情况而定。在个性化的学习中，课程单元将被打破成更小的模块，而模块化的教学需要更灵活的时间安排。

在新范式中，学生的学习进度高度个性化，因此，家长、教师和学生之间可以通过学习合约来安排学习内容和时间。制定学习合约是为了支持学生计划自己的学习，监督其学习进度，列出下一阶段应该完成的学习成果，因此它是个性化学习必不可少的策略之一。学习者中心范式基于教育系统本身"能适应每位学生的特殊需求"，所有的学习者都是特殊的，所有学习者都应该接受个性化的教育，每位学习者都有一份特定的学习计划。所有学习者的学习进度都需要接受密切的监督，获得本应该得到的情感关注。

基于项目的学习是新范式的最主要的教学方式，因为它可以支持并促进信息时代教育范式的关键特征，包括：合作学习，变教室为学习中心，教师作为学习指导者或协助者，使用沟通技能，使用先进的技术作为工具。赖格卢特认为，学生能在小组范围内跟有着同样学习目标的同伴一起合作，以达到学习结果。学生可以根据现有的需求、兴趣和学习目标从项目库中选择项目。在这样的学习环境中，学生为自己的学习负责，并建构意义。

在基于项目的学习中，导师需要通过多种方式确保学生在项目过程中得到了支持，这些方式包括记录时间、监督学生的进度、与学生单独会面以核对他们的进度。因此，在学校实施基于项目的学习不可能是"最少的指导"。同时，赖格卢特还采取项目空间与教学空间相结合的方式来弥补传统基于项学习中存在的不足。在项目空间中,学生参与真实世界的跨学科项目以完成他们的学习目标。同时,在教学空间中,学习者通过自定步调、基于计算机、教学工具(如导师、教育游戏、模拟等)以帮助他们弥补知识的差距。学生可以灵活地来回于项目空间和教学空间:当他们在项目空间遇到问题时,就可以进入教学空间进行深入学习。一旦掌握了解决项目问题所需的知识或技能后,就可以进入项目空间以继续完成任务。

项目内容涉及广泛,供学生根据自己的兴趣和学习目标选择。有的项目来源于专门的项目库,有的由导师或其他专业人员根据标准设置。尽管项目内容不同,但是所有的项目都关注来源于真实世界的问题。这些真实的学习经验和解决问题的技能,能有效地增强学生积极参与项目的动机。大多数基于项目的学习需要广泛的合作,学生必须一起计划自己团队的行动,如拟定学习计划、描述项目完成时的最终产品,这些产品可以是利用多媒体进行的陈述,也可以是手工制品、档案袋、播客等。一般来说,每个项目都有一个驱动问题,它既是对整个任务或项目学习的目标陈述,又能激起学习者的学习动机,让学习者发现其意义并积极参与。有些项目需要实地学习,即进入与项目相关的社区实践场地,而大部分都在学校内部通过模拟真实场景或计算机虚拟场景进行。Web2.0有助于项目学习顺利完成,学习者不仅可以通过网络获取信息,而且有助于进行合作交流、创造知识、解决问题。

美国现有的一些新技术中学,如得克萨斯州的马农新技术高中(manor new tech high school)、加利福尼亚州的 KATHERINE SMITH 学校,几乎百分百地使用基于项目学习的教学方式。深层次学习网络(deeper learning network)包含了 10 种这样的学校模式,涉及全美范围内 500 多所学校。Facebook 创始人扎克伯格认为个性化的学习体验不仅可以给孩子更优质的教育,还会实现教育公平。众多学校实践证明,基于项目的学习是区别于传统教育模式最重要的特点。

2. 基于掌握标准的评价

在学习者中心范式下,基于年级分层的方式已经不再能满足不同智力、背景和学习风格的学生需求。因而,新范式采用基于达标的进度,在达标的过程中每位学生的学习进度都不同,一旦学生达到了标准的掌握水平,导师就可以对他进行评价,评价的依据是其投入到项目学习中的时间和项目完成后最终的产品。新范式采用个性化学习和基于项目的学习两种方式,学习者的学习内容和达标情况都不一样,因此基于掌握进度的评价方式是最好的选择。

　　在基于掌握的学习中,学生以不同的速度达到掌握水平,并继续进行下一单元的学习。然而,某些学生毫无疑问比另外一些学生进展速度要快一些。因此,还需要使用形成性评价和总结性评价。形成性评价用于判断学生的进展情况,总结性评价则用于评价学生是否达到掌握程度。两者共同结合,促进学生的学习。尤其是基于表现的形成性评价,它支持基于掌握的学习进度,用于追踪学习者的学习进展,并不断积累学习的证据以提供反馈和达标的证明,保证学习者的学习不偏离预先设定的学习目标。

　　此外,在学习者中心范式中,标准化测试用于测试学术性科目的学习结果,主要用于检测基本知识和技能的掌握情况,在国家政策的要求下,这一部分避免不了。但是在新范式中,标准化测试只是评价系统中的一部分,而不是全部。评价不是将学生的缺点打上标签,而是明确他们的强项并展示具体的方式,对缺点进行改良。此外,教学方式的更新需要评价方式也随之变化。基于项目的学习是学习者中心范式最主要的教学方式,因而新范式最主要的评价方式是基于项目过程中表现的评价和项目结束后的标准参照评价。

　　3. 实现支持终身学习的学校组织

　　学校要成为"灵活的学习组织",这意味着学校要以一种灵活的方式进行设计,并可以进行持续的变革。新范式取消科层体制和中央集权,州教育部门与学区董事会之间,合伙团队、学习中心与导师、家长及学生之间,都有合作与共享。学校管理的主要任务是促进系统如何发挥作用而不是如何控制。为了真正达到学习者中心的教学和评价,赖格卢特指出学校要成为一个具有关爱性的环境。学习中心将会取代教室,用以为不同的学习主题提供教学机会。在这样的环境中,学生和教师之间才能保证有更好的相互作用和关系。

　　新范式还强化了家庭服务功能。学校提供的家庭服务包括医疗保健、保育服务及提高家庭文化素养。学生的 6 个发展阶段中,0～3 岁是第一阶段,此时学习者还处于婴幼儿阶段,学习主要发生在家里,该阶段内导师和家庭服务专家的主要任务是根据家长的需求提供建议和资源,包括掌握育儿技能、对家庭教育提出建议、协助儿童家庭保育、帮助解决健康和福利问题等。这也是新范式的特色之一。而在传统的学校范式下,学生在入学之前,学校教师与家长几乎没有任何形式的互动。除此,在其他发展阶段,合伙团队的社会工作者和保健工作者也会提供各种有助于学生身心发展的服务,家长或社区成员可以去教学楼内咨询,也可以由工作者提供上门服务。

185

相比于工业时代系统,信息时代的教育范式更需要广泛的技术支持。在新范式下,利用技术设计"个性化综合教育系统"(PIES)。PIES 是一个多功能的学习管理系统,用于帮助导师持续记录每位学生的学习情况、制定个性化的学习合约、提供项目学习的教学支持、管理项目及开发新的项目,还可以及时地评价学生的学习情况并提供反馈。专业学习社区、网络的普及将教育者连接起来,有助于分享高质量的项目,鼓励教师反思。与此同时,学习者中心范式的教学也进一步强调了学习者的信息技术素养,即教会他们如何利用获取的信息和信息技术工具解决问题。新范式下的个性化学习综合系统用于持续跟踪学习者的学习进展,最后以综合的方式报告个体学生的表现。新技术的使用节省了大量人力物力,提高了教学与评价的效率。评价的结果不是用于决定学生是否通过,而是作为形成性的评价,用于根据需求选择合适的教学。

第二节 实施学习者中心范式面临的挑战

学校正慢慢地从先前大型的、没有人情味的、工厂模式的组织向以人为中心的空间转型。特许学校是此类转型变革的早期实施者,它们有着自治权以实施非传统的教育方式,如明尼苏达新乡村学校、印第安纳州的布卢明顿项目学校、宾夕法尼亚州的中心学习社区。当然,它们在取得不错进步的同时,仍旧面临着各种挑战。

一、学生如何适应自导式的学习模式

实施学习者中心教学最大的挑战是学生学习方式的转变——由消极的、教师指导的学习转向积极的自我指导的学习。学生通常习惯于传统的学校经验,而对于这个完全不同的学习环境需要一段较长的适应时间。学生先前经常接受教师指导"不要这样做""必须要这样做",而新范式完全是自己决定学什么,该如何学。在这个转换中,学生不知道该做什么、该如何做,他们需要一个适应的过程,这就需要导师进行指导。有一些学生很快会适应,还有一些学生需要几个月甚至是几年才能完全进入这样的学习状态。

学生不仅要学会选择,他们还要学会如何对自己的学习负责。基于项目的学习给予学生更多的自由和选择,而另一方面,学生还需要承担更多的责任。学习者思考自己的未来,追求自己的兴趣,选择学习内容,制定学习合约,并在规定时间内完成任务。当项目遇到问题时,还需要积极地寻求帮助以解决问题。不是所有的学生都能为自己承担学习责任,有些人遇到困难会选择逃避,有些人不能做出正确的选择,有些人不能在自己规定的时间内按期完成任务。此外,自导式的学习需要更多的元认知技能,如自我调整、自我监控、自我规划,这些都是学生取得成功的关键,但是很多学生缺乏这样的技能和思维方式。因此,帮助学生培养学习的责任感及相关的元认知技能也是导师的挑战之一。

二、导师如何判断学生达到了掌握标准

在实际教学中,导师判断学生是否达到了某个掌握标准,这也是一个挑战。在新范式下,学生混龄编组,因此同一个项目中,学生的年龄层次不一样,相应的掌握标准也就不同。比如,对一个 6 年级的学生和 11 年级的学生来说,判断掌握的标准就不可能一样。对 11 年级的学生来说,他们在完成研究报告的时候,需要学会分析数据,判断研究结果的正误,寻找相关的主题来证实,最后要求完成份十多页纸的研究报告,而同样的项目,6 年级的学生就不需要达到这些标准。此外,当学生完成项目时,根据学生的表现判断其达到了哪些标准也有一定的难度。新范式中的项目一般都是跨学科为主的,导师不可能对所有的内容都熟悉。当项目不在导师的学科范围内时,掌握标准就更难把握了。并且,不同导师之间也会出现不同的意见。

评价主要根据学生的项目进度及其最后的作品,这带有很大的主观性。在新范式的实践中,如果评价的是大型项目,一般会让多个评价者一起参评,而小规模的评价主要由导师自己定,这就会出现不同的导师意见不一致的情况。同样一个项目,一个导师以这样的方式评价,而另一个导师可能会以另外的方式处理。此外,在评价过程中,还会出现学习结果与学习时间之间的矛盾。通常情况下,投入的时间越多,学生完成项目的情况越好,但是也有些时候,尽管项目所用的时间不多,但最终的产品却非常出色,因此导师在评价的时候不得不考虑学生投入的时间和项目产品的质量到底哪个更重要,两者之间该如何平衡。

三、导师应该如何应对新的教育范式

新范式对导师素质及其所花的时间都是一个极大的挑战。每位导师大约

有 10～15 位学生,每位学生又可以有多个项目同时进行。在某些情况下,导师可能会没有足够的时间指导每位学生。在个性化学习计划中,每位学生的项目都不同,而导师必须随时跟踪项目的进展情况,及时解决他们遇到的问题,指导他们下一步该做什么。很多项目往往是跨学科的,导师不可能熟悉学生遇到的所有问题,因此,他们就需要花费额外的时间去寻找解决办法。另外,跟学习者中心的教学一样,学习者中心的评价同样也需要大量的时间,导师需要查看学习者投入项目的时间,还要评价项目最后的产品质量。

并且,导师还要有更宽的视野,具备问题解决能力和合作能力,能较快地接受新的事物和理念,还要定期与学生家长、社区成员沟通,关心每位学生情感和态度的发展。因此,在新范式中,导师不仅是学生的指导者和促进者——帮助学生准备个人学习合约并促进其学习不断取得进步,而且首先必须是个学习者——既要和学生一起学习,也要为学生学习。除此,在新范式学校中,导师作为合伙团队和学习中心的所有者和管理者,还要共同制定决策以维持学校的正常运行和管理。

此外,很多家长及更广泛的社区成员也存在自身的问题。在制定学习合约时,可能会忽略学习现有的技能、兴趣和能力,或者对未来变化预计不足,这样就会干扰决策制定,甚至会打击学生参与学习的信心。以上三个方面是实施学习者中心范式时会面临的主要问题。赖格卢特等人也对明尼苏达新乡村学校的实践经验进行了总结,学校如果要实施范式变革,就需要帮助学习者接受一个完全不同的教育理念,还需要引进先进的工具以节约导师监督学生项目工作的时间。

第三节　新学校系统变革展望

教育变革一直是个棘手的话题。尽管当前已处于信息时代的快速发展阶段,然而现有的大部分学校仍处在学校工厂范式之下。当学校存在的状况与社会发展的需求不符时,学校就面临着压力。一方面学校要确保并证明所有学生都能达到更好的水平;另一方面学校要满足不断变化的需求和要求,如社会和文化的多样性,不断变化的学生、家长和雇主的期望,不断扩大的经济不平等及地域上的分化。因此,在变革的过程中,也会遇到一些两难困境。

一、变革的长期过程与即时效应

富兰说:学校和学校系统变革不是随机的、线性的、不停顿的。变革是一个过程,而不是一个事件。这个过程不是有序的也不可能准确预测,在前进的过程中会遇到很多问题,迷茫、彷徨甚至还会向后退。可以用一幅曲线图(图 6-1)来表示,A 点是现有的学校状况,B 点是学校变革后的状态,从 A 到 B 之间就是变革的过程。当然,B 点只是一个暂时的终点,变革可以再次启动。

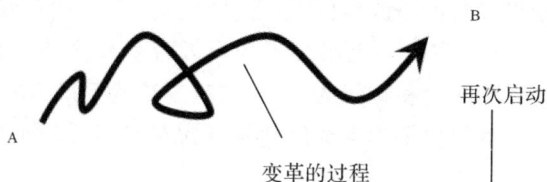

图 6-1　变革的过程

教育系统变革是指在目标、结构和功能方面都发生了变化,都需要重新设计。因此,教育变革通常也是一种设计性的变革,是一个创造性的过程,是一个长期的过程,这就不仅仅需要各个利益相关者的共同合作和公众的大力支持,更要转换他们原有的思维,接受新的教育理解。根据社会发展特征设计并实现一个新系统,这本身就是一个创新的过程,需要各个利益相关者们一同合作才能完成。然而大部分的政策制定者和教育变革领导者都希望看到变革实施的即时效应,希望能在短时间内显露变革的效果,这就是系统变革面临的最大的困境之一。

此外,罗杰斯在"创新的扩散"中表明,对于新观念的采纳,有些人能很快地接受,有些人是跟随者,还有些会反对变化,具体可以分为五类:革新者占2.5%,早期采纳者占 13.5%,早期的大多数占 34%,后期的大多数占 34%,滞后者占 16%。[①] 这也是变革是一个长期过程的原因。并且,正因为系统变革带来的彻底性,致使整个过程中会产生消极、不配合甚至是反对的声音。这就更需要各个利益相关者变革转变有关教育的思维模式,不断地学习新的知识和技能。当然,有些人会担心变革的失败,担心会给学生带去伤害,也会对上级强制其变革而产生怨恨。但是,无论怎样,只要各个利益相关者共同合

---

① 埃弗雷特·罗杰斯.创新的扩散[M].辛欣,译.北京:中央编译出版社,2002:245.

作,朝着理想的蓝图不断努力,系统变革迟早都会取得成功。

二、标准化和定制化教学

自联邦政府正式干预教育以来,一直试图在统一国家标准。2001 年,《一个都不能少》法案出台,其主要目的是确保所有儿童有"公平、公正和重要的机会"来获得高质量的教育,并至少达到国家学业达标标准和国家学业评价标准的最低水平。2010 年 6 月 2 日,全美州长和各州教育厅长协会正式推出了国家统一课程和各州共同核心课程标准,至此,已有 45 个州和华盛顿特区实施了这些标准。[①] 这在一定程度上限制了各个教育变革实施的范围和程度,最起码在采用这些标准的州和特区的公立学校,变革就不得不考虑标准的采用。《一个都不能少》法案强化了学生成绩达标状况的评价,共同核心标准也是基于达标的理念。

然而,教育标准反映了有关教育目标的价值观和知识观、教与学的本质,因而也饱受争议。标准化根源于机械生产,如汽车、电脑。工厂模式的学校基于标准化,采用一刀切的课程,学生则通过标准化测试接受评价。这就与新范式定制式教学的理念产生了冲突。定制式教学要求学校根据学生的需求和兴趣量身定制教学内容和教学方式,学生可以根据自己的学习步调和学习偏好调整学习进度,导师在评价的时候注重学生在完成项目过程中的表现及最后的项目产品。然而,如果一味进行标准化教学,教师迫于压力要让学生在测试中取得好成绩,就势必把大量的时间和精力用于教授、复习并不断让学生练习测试科目和内容,这样就减少其他内容的学习,学生选择的机会就会少很多。

问题不在于探讨是不是需要标准,没有标准的学校也行不通。在标准时代,专业机构和州教育部门开发了大部分学术科目的内容标准。标准重新定义每个领域的核心知识——在整个基础教育阶段学生应该学些什么、能做些什么。标准的制定有助于评价学生是否达到了内容标准,或者在多大程度上达到了标准。有关学习的研究建议在开发标准的时候应该考虑成就的多面性,并且还要考虑学生学习的进展——在某一门学科的学习过程中学生应该达到的一系列目标顺序。传统的评价认为学生要在同一时间内达到标准,现在开始趋向不同的学习者有不同的学习进度。教育的"多样化"和"复杂性",

---

① 赵勇.就业?创业?从美国教改的迷失看世界教育的趋势[M].周珊珊,等译.北京:教育科学出版社,2014:26.

决定教育必须制定多元化的"课程标准",必须制定多元化的"评估标准"。没有一个统一的"课程标准"和"评估标准"能够适用于所有学校、所有教师和所有学生。因此,教育要"有教无类",要"因材施教",要"和而不同",这些最朴实、最基本、最自然的教育理念,从本质上决定了仅仅用统一的标准进行教学是行不通的。

此外,信息技术在新范式中占了很重要的位置,然而学习管理系统与个性化综合教育系统从本质上说都是标准化的产品,而这些标准化产品的设计是服务于非标准化的使用者,包括导师和学习者。导师来自不同的学科领域,有着不同的教育哲学和教学风格,而学习者也有自己的知识和文化背景,有不同的学习偏好和风格,因此,在采用和实施这些系统的过程中也要避免标准化的倾向。

三、学校选择和教育公平

一方面,美国政府不断强调学校选择。特许学校可以免受州或地方的某些法规和制度约束,比一般的公立学校更灵活和自主。自1991年明尼苏达州第一个立法创建特许学校之后,各个州便推广开来,在2012—2013学年间有42个州和哥伦比亚特区通过了相关法案。从1999—2000学年到2012—2013学年间,特许学校由1500所发展至6100所,在所有学校的总数中所占比例从1.7%上升到6.2%。至少从数量增长上看,特许学校还是受到越来越多家长的欢迎。教育券也一样,根据教育变革中心统计,目前在8个州和3个特区有15个教育券项目,在2011—2012学年,有80000多学生参与教育券项目,大约有50亿美元。

然而,就像在教育券项目最密集的印第安纳州规定的,一家四口收入在62000美元以上的家庭才有资格申请教育券项目。也就是说,低收入家庭还是被排除在外。特许学校创立的初衷是让更多的当地人参与学校事务,包括教师、学生和家长。学校向所有学生开放,鼓励课程与教学创新,为教师专业发展提供更多的自主机会,最终提高学生在州标准测试中的学业表现。但20年的发展却多少背离了初衷,特许学校多为私人教育管理机构创办,并且由于名额有限,很多学校在录取学生的时候会考虑种族、阶层和能力的因素,这就导致了不平等的因素。

从总体上看,特许学校比一般的公立学校更能接受新的教育思想,实施新的教学方式,因此也更容易接受学校系统变革的理念。在学校自由选择的背景下,特许学校的发展,一定程度上给公立学校的发展带来了压力,公立学校也只有不断向前发展才能受到家长和社区的欢迎。当然,特许学校的变革与发展,采用的新教学方式和管理模式,也为公立学校提供了借鉴的框架。

结　语

改革开放以来,在以为社会主义现代化建设服务为核心的教育方针指导下,我国基础教育不断地深化改革,实现了跨越式的教育现代化发展。1983年,邓小平提出"教育要面向现代化,面向世界,面向未来",成为改革开放后教育改革的战略指导思想。1999年,中共中央、国务院发布了《关于深化教育改革全面推进素质教育的决定》,指出"全面实施素质教育,促进学生全面发展"。2010年,《国家中长期教育改革和发展规划纲要(2010—2020年)》正式提出了"到2020年,基本实现教育现代化,基本形成学习型社会,进入人力资源强国行列"的战略目标。2019年,中共中央、国务院颁布《中国教育现代化2035》"到2035年,总体实现教育现代化,迈入教育强国行列"。在一系列国家政策支持和历代教育人的共同努力下,基础教育开始由"基本均衡"转入"优质均衡"发展阶段,新课程、新教材和教育评价改革全面实施,初高中考试招生制度改革顺利施行……可以说,中华民族实现了教育强国的百年梦想,中国教育正从面向现代化走向了总体现代化。

顾明远先生指出,教育现代化是以现代信息社会为基础,以先进教育观念为指导,运用先进信息技术的教育变革的过程,是传统教育向现代教育转变的过程。因此,实现教育现代化需要把握时代背景,接受新教育思想与观念,将教育外在的物质条件和技术资源更好地服务教育教学改革,这是一个持续的过程,因此,学校变革也是一个持续的过程,是当前教育领域的一种常态。从整体上看,国内学校变革相关的研究主题逐渐多元且相对集中,研究方法、研究工具也不断发展和丰富,并从单纯思辨逐渐转向实证。但是,基于教育人口众多,变革团队难以形成深度研究的合力,周期性、连续性、有影响力的学校变革案例缺乏,尤其是有升学压力的学校仍陷于应试教育的泥淖,学校变革阻力很大、动力不足,可供借鉴的思想资源也不足。若要系统、持续、深入地实现变革蓝图,各利益相关者需要深度合作,在学习借鉴新理念新经验的基础上不断地实践探索,甚至是挑战教育常规与传统。

第一，大中小学合作共同推进学校整体变革。在大学与中小学合作的 US 模式以及此基础上发展的 UGS、UGSS 模式（"U"指大学，"G"指政府，"S"指中小学）中，大学专家是促进者和指导者，根据学校发展目标为教师和学校的发展提供切实有效的帮助，中小学教师是变革的主体，要具有自主变革创新的意识和较强执行力，学校需要为教师开展变革研究提供组织、物质及文化的支持。早在 19 世纪末 20 世纪初，杜威在芝加哥大学和哥伦比亚大学任教期间，创办实验学校，发挥大学教育学研究的优势，进行新教育理念下学校改革实验。学习者中心范式学校变革的成功，赖格卢特、达菲及其印第安纳大学变革团队的支持是核心力量，国内的如华东师大叶澜教授领导的新基础教育团队和朱永新教授领导的新教育团队。这些变革团队进入中小学，用清晰的理论体系直接指导和监督学校教学，更新教育观念系统，在进入学校现场后，也更能针对性地解决变革过程中出现的问题。

第二，变革梯队寻求差异化共生。在学校变革过程中，要重视校长变革领导力的提升，重视变革骨干的成长，重视变革主体理念与行为的更新转化。校长及其核心团队都是变革过程中最重要的力量，是变革的第一梯队。他们需要根据学校的特色与品牌，科学规划学校愿景，制定行动方案，推进组织变革，重构课程体系，优化教师队伍，并能将变革的成果进行巩固与推广。第二梯队是学校中层，包括教务处、教研室、教师发展中心、年级组长、学科带头人等。变革核心团队要梳理总结前期经验，赋权放手，改革组织制度，实现管理重心下移。第三梯队是其余全体人员，包括教师和后勤保障人员，还可以包括家长等其他利益相关者，即激发更多成员积极投身变革。三支变革梯队和大学专家一起，差异共生，从孤立走向合作，从封闭走向开放，把改革经验通过制度转化为日常新常规，从而在变革创新和新秩序之间形成一种动态平衡，并逐渐形成社会影响力，而不是将"新秩序"慢慢消解甚至反弹回原来的状态。

第三，学校变革重心兼顾"找寻长板"与"补齐短板"。将现有的系统转换为新的范式是一个复杂的过程，不可能一次性完成。在学校变革中，变革的出发点和最终目标都是学生，因此，所有的变革设计都需要面向学生。当前，学生学业负担过重是个普遍现象，许多中小学生陷入无穷尽的题海与考试之中，学校评估标准化，"千校一面"，学生选择性小，其学习和发展都面临"一刀切、同步走"的问题。但是，真正的教育平等不再指学校教学内容和办学目标的平等，而是针对不同背景和需要的平等。在新范式下，我们可以看到学校改成了小型规模的"合伙团队"与"学习中心"，学生可以按自己的学习状况选择导师并制定学习合同,"年级分班"转向"混龄编组"并由同一个导师指导多年,评价方式由"常模测验"转向"标准测验"。教师则根据学生的学习进度实施"找寻长板"(适合学生的学习方式)与"补齐短板"(学生还未掌握的学习内容)相结合的教学,在保证学生对每一个学习内容都能达到掌握标准的同时又不会浪费时间。短板学习法和长板学习法结合起来运用,体现了"两者兼顾"而不是"两者择一"的目的,凸显了教育的人文关怀,保障了教育的公平与效率,也是真正贯彻了"坚持以人为本,推进素质教育"的战略主题。

第四,变革场域转向人工智能时代。2017年,国务院印发《新一代人工智能发展规划》,"利用智能技术建立以学习者为中心的教育环境,提供精准推动的教育服务,推动人工智能在教学中的全流程应用"成为教育研究中新的风向标。没有人能够在智能时代不用数字技术就能解决复杂问题或有效地思考,当前的学校变革中应充分认识到这一点。当然,信息化和智能化不是昂贵的设备,不是华而不实的技术,更不是画蛇添足的作秀,而是要真正提升教育教学效率,提升学生个性化学习支持水平。具体来说,在学习时间和空间上,技术使得远程教育得以可能,现实学习空间与虚拟学习空间相结合,不受时空限制,实现教育资源的便捷获取和智能推送;在教学方式上,翻转课堂、微视频教学、自适应学习等方式,使基于讲授和操练的学习范式受到冲击,催生了教学流程再造;在教学内容上,技术不仅提供更具智能、更具个性的教学内容和辅助学习工具,而且可以实现更加精准、更加耐心的智能导学,重构学习内容,创新知识呈现;在评价方法上,教育大数据可采集、可分析,逐渐让教育评价发生革命性变化。另一方面,人工智能时代相关的知识和技能,如人工智能的基础概念、数字素养、数据素养、人工智能编程、系统搭建等等,以及有关人工智能伦理的态度和价值观,都需要将其纳入现有的课程和教育中,通过学校进行教授和培养。

此外,在全球趋势下,一方面,气候变化、自然资源枯竭,另一方面,科学知识不断创造新的机会和解决办法、丰富生活的同时,也带来根本性的变革,特别是生物技术和人工智能领域前所未有的创新,引发了人是什么的根本问题;而数据的大规模创建、使用和共享,在带来扩展、增长和提高效率的希望的同时,也增加了新的网络安全和隐私保护问题。此外,由人口问题引起的移民、城市化以及社会和文化多样性,正不断重塑着国家和社区,新冠疫情、冲突与战争更是持续存在。毫无疑问,教育实践无形中就被卷入了这个更广泛的变化中,教育目标和人才培养受到了根本性挑战,我国也不能独善其身。因此,学校教育更应该跳出"学科中心""知识中心",走向更广阔的真实世界,鼓励学生去尝试解决现实问题,让他们能创造新价值、勇于担责任、学会破难题,最终实现幸福生活。

参考文献

[1] 艾科夫. 优化设计——如何化解企业明日的危机[M]. 刘宝成,译. 北京:中国人民大学出版社,2009.

[2] 埃克. 有效的学习型学习——提高学生成就的最佳实践[M]. 聂向荣,等译. 北京:中国轻工业出版社,2005.

[3] 奥恩斯坦. 教育基础[M]. 南京:江苏教育出版社,2003.

[4] 巴兰坦. 教育社会学——一种系统分析法(第五版)[M]. 朱志勇,译. 南京:江苏教育出版社,2005.

[5] 邦克. 世界是开放的:网络技术如何变革教育[M]. 焦建利,译. 上海:华东师范大学出版社,2011.

[6] 鲍尔. 教育改革——批判和后结构主义的视角[M]. 侯定凯,译. 上海:华东师范大学出版社,2002.

[7] 波达林. 教育改革的限度[M]. 刘承辉,译. 重庆:重庆出版社,1991.

[8] 伯克,格罗夫纳. 我喜欢的学校:通过孩子们的心声反思当今教育[M]. 朱莉丽,张娜,译. 北京:中国轻工业出版社,2006.

[9] 布鲁巴克. 教育问题史[M]. 单中惠,王强,译. 济南:山东教育出版社,2012.

[10] 达林. 理论与战略:国际视野中的学校发展[M]. 范国睿,主译. 北京:教育科学出版社,2002.

[11] 德鲁克. 大变革时代的管理[M]. 上海:上海译文出版社,1999.

[12] 杜威. 民主主义与教育[M]. 王承绪,译. 北京:人民教育出版社,1990.

[13] 杜威. 学校与社会·明日之学校[M]. 赵祥麟,译. 北京:人民教育出版社,2005.

[14] 段敏静,裴新宁,等. 教育系统的范式转变——对话国际教学设计专家 Charles M. Reigeluth 教授[J]. 中国电化教育,2009(5).

[15] 方蒸蒸,程晋宽. 反思与批判:新自由主义思潮影响下的西方教育重

建[J].外国中小学教育,2012(1).

[16] 弗里德曼.资本主义与自由[M].张瑞玉,译.北京:商务印刷馆,1986.

[17] 富兰.变革的力量——透视教育改革[M].中央教育科学研究所,加拿大多伦多国际学院,译.北京:教育科学出版社,2004.

[18] 富兰.变革的挑战:学校改进的路径与策略[M].叶颖,等译.北京:北京大学出版社,2013.

[19] 富兰.变革的力量——深度变革[M].中央教育科学研究所,加拿大多伦多国际学院,译.北京:教育科学出版社,2004.

[20] 富兰.教育变革新意义[M].赵中建,等译.上海:华东师范大学出版社,2004.

[21] 古德莱德.一个称作学校的地方(修订版)[M].苏智欣,译.上海:华东师范大学出版社,2013.

[22] 郭法奇.学校改革是教育改革的中心?——杜威学校教育思想探究[J].华东师范大学学报(教育科学版),2011(03).

[23] 哈里楠.教育社会学手册[M].傅松涛,等译.上海:上海教育出版社,2005.

[24] 郝克明.面向21世纪我的教育观(综合卷)[M].叶澜.把个体精神生命发展的主动权还给学生.广州:广东教育出版社,1999.

[25] 贺武华.新自由主义主导下的学校重建研究[M].北京:光明日报出版社,2008.

[26] 霍尔,霍德.实施变革:模式、原则与困境[M].吴晓玲,译.杭州:浙江教育出版社,2004.

[27] 靳涌韬.教育学视域下我国现代学校变革有效性研究[D].辽宁师范大学,2012.

[28] 克雷明.学校的变革[M].单中惠,等译.上海:上海教育出版社,1994.

[29] 柯林斯,哈尔弗森.技术时代重新思考教育:数字革命与美国的学校教育[M].陈家刚,程佳铭,译.上海:华东师范大学出版社,2013.

[30] 库恩.科学革命的范式[M].金吾伦,译.北京:北京大学出版社,2003.

[31] 李希贵.学校转型:北京十一学校创新育人模式的探索[M].北京:

教育科学出版社,2014.

[32] 李希贵.新学校十讲[M].北京:教育科学出版社,2013.

[33] 李云星.学校变革中的冲突与观念生成[D].华东师范大学,2013.

[34] 李云星.学校变革中的冲突与观念生成[D].华东师范大学,2013.

[35] 联合国教科文组织国际教育发展委员会.学会生存——教育世界的今天和明天[M].华东师范大学比较教育研究所,译.北京:教育科学出版社,1996.

[36] 刘国艳.学校变革中的若干问题与合作型学校的构建[J].广西师范大学学报(哲学社会科学版),2006(2).

[37] 刘菊,钟绍春,解月光.教育研究中的系统科学进展与应用[J].远程教育杂志.2011(01).

[38] 卢海弘.美国重建教育运动述评[J].基础教育参考,2004(7).

[39] 麦克·F·D·扬.知识与控制——教育社会学新探[M].谢维和,朱旭东,译.上海:华东师范大学出版社,2002.

[40] 梅多斯.系统之美:决策者的系统思考[M].邱昭良,译.杭州:浙江人民出版社,2012.

[41] 孟繁华.学校发展论[M].北京:教育科学出版社,2011.

[42] 莫兰.复杂性理论与教育问题[M].陈一壮,译.北京:北京大学出版社,2004.

[43] 诺斯豪斯.领导学:理论与实践[M].吴荣先,等译.南京:江苏教育出版社,2002.

[44] 潘晨光.中国人才发展60年[M].秦剑军,梅哲,译.人才强国战略的理论与实践探索.北京:社会科学文献出版社,2009.

[45] R.A.瑞泽.教学设计和技术的趋势与问题[M].王为杰,等译.上海:华东师范大学出版社,2008.

[46] 圣吉.第五项修炼:学习型组织的艺术与实践[M].张成林,译.北京:中信出版社,2009.

[47] 盛群力,余诗诗.教学设计要有新视野——美国赖格卢特教授访谈[J].全球教育展望,2003(7).

[48] 盛群力,余诗诗,等.面向时代需求,实现范式转变——赖格卢特论信息时代视角下的教学理论演进[J].当代教师教育,2010(1).

[49] 斯蒂芬·J.鲍尔.教育改革:批判后结构主义的视角[M].侯定凯,

译.上海:华东师范大学出版社,2002.

[50] 斯托尔,芬克.未来的学校——变革的目标与路径[M].柳国辉,译.北京:北京大学出版社,2010.

[51] 孙翠香.学校变革主体动力研究[D].华东师范大学,2010.

[52] 坦纳 D,坦纳 L.学校课程史[M].崔允漷,等译.北京:教育科学出版社,2006.

[53] 藤田英典.走出教育改革的误区[M].张琼华,许敏,译.北京:人民教育出版社,2001.

[54] 托夫勒.第三次浪潮[M].黄明坚,译.北京:中信出版社,2006.

[55] 王建民.2013 中国战略人才发展报告[M].王昌海,孙紫岚.人才强国战略与人才工程建设.北京:北京师范大学出版社,2014.

[56] 王梦.学校重构设计观——布朗森的上限假设、S 曲线和学校改革创意[J].远程教育杂志,2009(05).

[57] 王星霞.学校发展变革研究[D].西北师范大学,2007.

[58] 王有升.理念的力量:基于教育社会学的思考[M].北京:教育科学出版社,2007.

[59] 沃恩.夏山学校的百年故事[M].沈兰,译.北京:教育科学出版社,2011.

[60] 武法提,李彤彤.技术视角下的教育范式变革[J].现代远程教育研究,2012(2).

[61] 吴康宁.从利益联合到文化融合:走向大学和中小学的深度合作[J].南京师大学报(社会科学版),2010(5).

[62] 武云斐.合作共生共赢[D].华东师范大学,2012.

[63] 谢海波,林书兵.系统科学对教育与教育科研的影响及启示[J].高教探索,2009(05).

[64] 薛二勇,盛群力.新教育图景设计:教育改革中的宏观教学设计视野[J].远程教育杂志,2009(5).

[65] 薛二勇,盛群力.教学设计的宏观专项[J].教育发展研究,2009(8).

[66] 雅斯贝尔斯.什么是教育[M].邹进,译.北京:生活·读书·新知三联书店,1991.

[67] 杨天平,张水玲.学校组织变革与发展策略:构建学习型学校[J].当代教育论坛,2004(4).

[68] 叶澜."新基础教育"论:关于当代中国学校变革的探究与认识[M]. 北京:教育科学出版社,2006.

[69] 叶澜,李政涛,吴亚萍.学校转型性变革中的评价改革——基于"新基础教育"成型性研究中期评估的探究[J].教育发展研究,2007 (07).

[70] 叶澜.试论当代中国学校文化建设[J].教育发展研究,2006(15).

[71] 叶澜.实现转型:新世纪初中国学校变革的走向[J].探索与争鸣, 2002(07).

[72] 叶澜.当代中国教育变革的主体及其相互关系[J].教育研究,2006 (08).

[73] 叶忠海.人才学基本理论及应用[J].中国人才,2007.

[74] 伊利雷斯.我们如何学习:全视角学习理论.孙玫璐,译.北京:教育科学出版社,2010.

[75] 约翰逊.学校的持续变革:超越差异,关注品质[M].陈海燕,译.北京:中国轻工业出版社,2006.

[76] 查有梁.系统科学与教育[M].北京:人民教育出版社,1993.

[77] 湛恳华.普利高津与耗散结构理论[M].沈小峰,编译.西安:陕西科学技术出版社,1982.

[78] 张红霞.在变动中寻求秩序[D].华东师范大学,2009.

[79] 张平.学校变革视野下校长领导力研究[D].华东师范大学,2010.

[80] 张人杰主编.国外教育社会学:基本文选(修订版)[M].上海:华东师范大学出版社,2009.

[81] 张兆片.学校变革与发展的理论和策略分析[J].教育发展研究, 2004(11).

[82] 赵勇.就业?创业?从美国教改的迷失看世界教育的趋势[M].周珊珊,等译.北京:教育科学出版社,2014.

[83] 郑太年.教学范式转型是否可能——《教学设计的理论与模型:教学理论的新范式(第2卷)》解读[J].现代远程教育研究,2012(1).

[84] 周洪宇.第三次工业革命与中国教育变革[M].长沙:湖北教育出版社,2014.

[85] 朱治国.当下社会转型时期的学校再造研究[D].南京师范大学,2014.

［86］佐藤学.课程与教师［M］.钟启泉,译.北京:教育科学出版社,2003.

［87］佐藤正夫.教学原理［M］.钟启泉,译.北京:教育科学出版社,2001.

［88］An, Y., REIGELUTH, C. M.. Creating Technology-Enhanced, Learner-Centered Classrooms: K-12 Teachers' Beliefs, Perceptions, Barriers, and Support Needs ［J］. Journal of Digital Learning in Teacher Education, 2011, 28(2): 54-62.

［89］ASLAN, S., HUN, Y., LEE, D., et al. The Role of Personalized Integrated Educational Systems in the Information-Age Paradigm of Education［J］. Contemporary Educational Technology, 2011, 2(2): 95-117.

［90］ASLAN, S., REIGELUTH C. M., THOMAS, D.. Transforming Education with Self-Directed Project-Based Learning: The Minnesota New Country School ［J］. Educational Technology, 2014(3): 39-42.

［91］BANATHY, B. H.. Systems Design of Education: A Journey to Create the Future ［M］. Englewood Cliffs, NJ: Educational Technology Publications, 1991.

［92］BANATHYARBER, B. H.. A Systems View of Education: Concepts and Principles for Effective Practice ［M］. Englewood Cliffs, NJ: Educational Technology Publications, 1992.

［93］BANATHYARBER, B. H.. Instructional Systems ［M］. Palo Alto, CA: Fearon, 1968.

［94］BANATHYARBER, B. H.. Developing a Systems View of Education: The Systems-Model Approach ［M］. CA: Lear Siegler/Fearon, Belmont, 1973.

［95］BANATHYARBER, B. H.. Designing Social Systems in a Changqing World, Plenum, New York, 1996.

［96］BARELL, J.. Problem-based Learning: The Foundation for 21st Century Skills. In J. Bellanca & R. Brandt (Eds.), 21st Century Skills: Rethinking How Students Learn ［M］. Bloomington, IN: Solution Tress Press, 2010.

［97］BALL, D. L., FORZANI, F. M.. What Makes Education Research "Educational"? [J] Educational Research, 2007, 36(9), 529-540.

[98] BLOOM, B. S., Learning for Mastery [J]. Evaluation Comment 1968, 1(2): 1-12.

[99] BRANSON, R.. Why Schools Can't Improve: The Upper Limit Hypothesis [J]. Journal of Instructional Development, 1987, 10 (4): 15-26.

[100] BOAK, George.. A Complete Guide to Learning Contracts [M]. Hampshire: Gower Publishing Limited,1998.

[101] BRIDGELAND, J. M., DILULIO, J. J., MORISON, K. B.. The Silent Epidemic: Perspectives of High School Dropouts [M]. Washington,DC: Civic Enterprise, 2006.

[102] CAINE, R. N., CAINE, G.. Education on the Edge of Possibility [M]. Alexandria, VA: ASCD,1997.

[103] CORNELIUS-WHITE, J. H. D., Harbaugh, A. P.. Learner-Centered Instruction: Building Relationships for Student Success [M]. Thousand Oaks,CA: Sage, 2009.

[104] CARR, A. A., Reigeluth, C. M.. The Case for Systemic Restructuring as a Key to Information Technology Integration in Education [J]. Teaching Education, 1994, 6(1): 155-159.

[105] CARR, A. A., Reigeluth, C. M.. Community Participation in Systemic Restructuring: Member Selection Procedures [J]. Educational Technology, 1993, 33(7): 36-46.

[106] CLINCHY, E.. Needed: A New Educational Civil Rights Movement[J]. Phi Delta Kappam, 2001, 82(7): 493-498.

[107] COBB, P., Bowers, J.. Cognitive and Situated Learning Perspectives in Theory and Practice [J]. Educational Researcher, 1999, 28(2): 4-15.

[108] CUBAN, L., USDAN, M. (Eds).. Powerful Reforms with Shallow Roots: Improving America's Urban School [M]. New York: Teachers College Press, 2003.

[109] DARLING-HAMMOND L.. Reframing the School Reform A-

genda: Developing Capacity for School Transformation. In E. Clinchy (Ed.), Transforming Public Education: A new Course for America's Future [M]. New York: Teachers College Press, 1997.

[110] DARLING-HAMMOND, L.. The Right to Learn: A Bluesprint for Creating Schools That Work. San Francisico: Jossey-Bass, 1997.

[111] DARLING-HAMMOND, L.. Reinventing High School: Outcomes of the Coalition Campus Schools Project [J]. American Educational Research Journal, 2002, 39(3): 639-673.

[112] DARLING-HAMMOND, L.. Achieving Our Goals: Superficial or Structural Reforms? [J] Phi Delta Kappan, 1990: 286-295.

[113] DAVIS, T.. Weary Feet, Rested Souls: A Guided History of the Civil Rights Movement [M]. New York: Norton, 1998.

[114] DAY, C., HARRIS, A., HADFIELD, M., TOLLEY, H., & BERESFORD, J.. Leading Schools in Times of Change [M]. Buckingham: Oxford University Press, 2000.

[115] DEAL, T. E., PETERSON, K. D.. Shaping School Culture: The Heart of Leadership [M]. San Francisco: Jossey-Bass, 1999.

[116] DEMAREST, ELIZABETH J.. A Learning-Centered Framework for Education Reform: What Does it Mean for National Policy? [M]. New York: Teachers College Press, 2010.

[117] DIMMOCK, CLIVE A. J.. Design the Learning-Centered School: a Cross-Cultural Perspective [M]. New York: Falmer Press, 2000.

[118] DUNLEAVY, M., HEINECKE, W. F.. The Impact of 1:1 Laptop Use on Middle School Math and Science Standardized Test Scores [J]. Computers in the Schools, 2007, 24: 7-22.

[119] DUTTA, P.. Implementing Learner-Centered Educational Strategies: The Bloomington Project School [J]. Education Technology, 2013(3):43-47.

[120] DUFFY, F M. , ROGERSON, L. G. , BLICK, C. . Redesigning America's Schools: A systems Approach to Improvement [M]. Norwood, Massachusetts, 2000.

[121] DUFFY, F. M. , ROGERSON, L. G. , BLICK, C. . Redesigning America's Schools: A Systems Approach [M]. Norwood, MA: Christopher-Gordon Publishers, 2000.

[122] DUFFY, F. M. . Courage, Passion, and Vision: A Guide to Leading Systemic School Improvement. Lanham, M: Scarecrow Press, 2003.

[123] DUFFY, F. M. . Dream! Create! Sustain! Mastering the Art and Science of Transforming School Systems. Lanham M: Rowman & Littlefield Education, 2010.

[124] EGOL, M. . The Education Revolution: Spectacular Learning at Lower Cost (1st ed.) [M]. Tenafly, NJ: Wisdom Dynamics, 2003.

[125] ENLINK, P. M. , REIGLUTH, C. M. , CARR, A. A. , et al. Facilitating Systemic Change in Public Schools [J]. Tech Trends, 1996, 41(1): 21-30.

[126] GITTELL, J. H. . The Southwest Airlines Story: Using the Power of Relationships to Achieve High Performance [M]. New York: McGraw-Hill, 2003.

[127] GLADWELL, M. . The Tipping Point [M]. New York: Little, Brown, 2000.

[128] GLADWELL, M. . Blink: The Power of Thinking Without Thinking [M]. New York: Little, Brown, 2005.

[129] GLASSER, W. . Choice Theory in the Classroom [M]. New York: HarperCollins, 1988.

[130] GOLEMAN, D. . Emotional Intelligence: Why It Can Matter More Than IQ [M]. New York: Bantam Books, 1995.

[131] GOLEMAN, D. , Boyatzis, R. , & McKee, A. . Primal Leadership: Realizing the Power of Emotional Intelligence [M]. Boston: Harvard Business School Press, 2002.

[132] GOODLAD, J. I. Retrospect and Prospect. In J. I. Goodlad & P. Keating(Eds.), Access to Knowledge: The Continuing Agenda for Our Nation's Schools [M]. New York: College Entrance Examination Board, 1994.

[133] GOODWIN, D. K.. Team of Rivals: The Political Genius of Abraham Lincoln [M]. New York: Simon & Schuster, 2005.

[134] HAWLEY, C.. Systemic Change in Education: A Road Map [J]. Educational Technology, 1997, 37(6): 57-64.

[135] JENLINK, P. M., REIGELUTH, C. M., CARR, A. A., et al. Guidelines for Facilitating Systemic Change in School Districts [J]. Systems Research and Behavioral Science, 1998, 15 (3): 217-233.

[136] JOSEPH, R.. Formative Research on a Design Theory to Facilitate Systemic Change in Public School Districts [D]. Bloomington: Indiana University, 2003.

[137] JOSEPH, R., Reigeluth, C. M. Formative Research on an Early Stage of the Systemic Change Process in a Small School District [J]. British Journal of Educational Technology, 2005, 36 (6): 937-956.

[138] JOSEPH, R., JENLINK, P. M., REIGELUTH, C. M., et al. Banathy's Influence on the Guidance System for Transforming Education [J]. World Futures: The Journal of Evolution, 2002, 58(5-6): 379-394.

[139] JOSEPH, R., REIGELUTH, C. M.. The Systemic Change Process in Education: A Conceptual Framework [J]. Contemporary Educational Technology, 2010, 1(2): 97-117.

[140] NODDINGS, N.. Teaching Themes of Care [J]. Phi Delta Kappam, 1995, 76(9): 675-679.

[141] JOHNSON, D. W., JOHNSON R. T.. Learning together and alone: Cooperative, Competitive, and individualistic learning(3rd ed.) [M]. Englewood Cliffs, NJ: Prentice-Hall, 1991.

[142] KELLER, J. B., REIGELUTH, C. M.. Revolutionizing

School Reform for Educational Transformation [J]. Educational Technology, 2004, 44(5): 17-23.

[143] LARMER, J. , MERGENDOLLER, J. R.. Essentials for Project-Based Learning [J]. Educational Leadership, 2010, 68(1): 34-37.

[144] LEE, I. , REIGELUTH, C. M.. Empowering Teachers for New Roles in a New Educational System [J]. Educational Technology, 1994, 34(1): 61-72. [JP]

[145] LASKA, J. , JUAREZ, T.. Grading and Marking in American Schools: Two Centuries of Debate [M]. Springville,IL: Charles C. Thomas, 1992.

[146] LEIDING, D.. 1943-Rebuilding Schools for Students: Let the Change Begin [M]. Lanham: Rowman & Littlefield Education,2014.

[147] LENGEL, J G.. Education 3.0: Seven Steps to Better Schools, New York: Teachers College Press, 2012.

[148] MATHISON S. , WAYNE, E. R.. Battlegroud: School [M]. Greenwood Publishing Group, Inc, 2008.

[149] MCCOMBS, B. L.. A Framework for the Redesign of K-12 Education in the Context of Current Educational Reform [J]. Theory into Practice, 2003, 42(2): 163-167.

[150] MISHRA, P. , KOEHLER, M. J.. Technological Pedagogical Content Knowledge: A Framework for Teacher Knowledge [J]. Teachers College Record, 2006, 108(6): 1017-1054.

[151] MCCOMBS, B. L. , WHISLER, J. S.. The Learner-Centered Classroom and School: Strategies for Increasing Student Motivation and Achievement (1st ed.) [M]. San Francisco: Jossey-Bass, 1997.

[152] MEHTA J. The Allure of Order: High Hopes, Dashed Expectations, and Troubled Quest to Remake American School [M]. Buckingham: Oxford University Press, 2013.

[153] MUEPHY, J. , BECK, L. G.. School-Based Management as

School Reform: Taking Stock [M]. Thousand Oaks, CA: Corwin Press, 1995.

[154] National Research Council. National Science Education Standards [M]. Washington, DC: National Academy Press, 1996.

[155] NORRIS, C. A., REIGELUTH, C. M.. Themes for Change: A Look at Systemic Restructuring Experiences [J]. Educational Horizons, 1991, 69(2): 90-96.

[156] ORRILL, C. H.. Building Learner-Centered Classrooms: A Professional Development Framework for Supporting Critical Thinking [J]. Educational Technology Research and Development, 2001, 49(1): 15-34.

[157] OLSON J. R., RYAN D. F., REIGELUTH C. M.. Public School Restructuring: A Selected Bibliography [M]. Englewood Cliffs, NJ: Educational Technology Publications, 1996.

[158] POLLY, D., MIMS, C.. Designing Professional Development to Support Teachers' TTPACK and Integration of Web 2.0 Technologies [C]. In T. T Kidd & I. Chen(Eds.). Wired Foe Learning: Web 2.0 Guide for Educators. Charlotte. NC: Information Age Publishing, 2009: 301-306.

[159] PRENSKY, M.. The World Needs a New Curriculum [J]. Educational Technology, 2014, 54(4): 3-15.

[160] REIGELUTH, C., GARFINKLE, R. J. (Eds.). Systemic Change in Education [M]. Englewood Cliffs, NJ: Educational Technology Publications, 1994.

[161] ROGOFF, B.. The Cultural Nature of Human Development [M]. New York: Oxford University Press, 2003.

[162] REIGELUTH, C. M., STINSON, D.. The Decatur Story: Reinvention of a School Corporation-Collaboration: Developing Partners in Education [J]. The Indiana School Boards Association Journal, 2009, 53(3): 13-15.

[163] REIGELUTH, C. M., STINSON, D.. The Decatur Story: Reinvention of a School Corporation-LeaderShip and Empowerment

in Decatur's School Transformation [J]. The Indiana School Boards Association Journal, 2007, 53(2): 13-15.

[164] REIGELUTH, C. M.. The Imperative for Systemic Change [C]. In C. M. Reigeluth & R. J. Garfinkle (Eds.), Systemic Change in Education. Englewood Cliffs, NJ: Educational Technology Publications, 1994: 3-11.

[165] REIGELUTH, C. M., An, Y.. Theory Building [C]. In C. M. Reigeluth A. A. Carr-Chellman (Eds.), Instructional-Design Theories and Models: Building A Common Knowledge Base, Volume III. Oxford: RoutledgeFalmer, 2009: 385-386.

[166] REIGELUTH, C. M., & STINSON, D.. The Decatur Story: Reinvention of a School Corporation-Mission and Values for Decatur's School Transformation [J]. The Indiana School Boards Association Journal, 2007, 53(1): 17-19.

[167] REIGELUTH, C. M., ASLAN, S., CHEN, Z., et al. Personalized Integrated Educational System: Technology Functions for the Learner-Centered Paradigm of Education [J]. Journal of Educational Computing Research, 2015, 53(3): 459-496.

[168] REIGELUTH, C. M., WATSON, W. R., WATSON, S. L., et al. Roles for Technology in the Information-Age Paradigm of Education: Learning Management Systems [J]. Educational Technology, 2008, 48(6): 32-39.

[169] REIGELUTH, C. M.. Impressions of NASDC's Design Conference for Inventing a New Generation of American Schools [J]. Educational Technology, 1991, 31(10): 8-10.

[170] REIGELUTH, C. M.. The Imperative for Systemic Change [J]. Educational Technology, 1992, 32(11): 9-13.

[171] REIGELUTH, C. M.. Principles of Educational Systems Design [J]. International Journal of Educational Research, 1993, 19(2): 117-131.

[172] REIGELUTH, C. M.. A Conversation on Guidelines for the Process of Facilitating Systemic Change in Education [J]. Sys-

tems Practice，1995，8(3)：315-328.

[173] REIGELUTH，C. M.. Educational Standards：To Standardize or to Customize Learning? [J] Phi Delta Kappan，1997，79(3)：202-206.

[174] REIGELUTH，C. M.. Visioning Public Education in America [J]. Educational Technology，1999，39(5)：50-55.

[175] REIGELUTH，C. M.. A Chaos Theory Approach to Systemic Change [J]. Tech Trends，2006，50(2)：45-46.

[176] REIGELUTH，C. M.. A Leveraged Emergent Approach to Systemic Transformation [J]. Tech Trends，2006，50(2)：46-47.

[177] REIGELUTH，C. M.. A Vision of an Information-Age Educational System [J]. Tech Trends，2006，50(2)：53-54.

[178] REIGELUTH，C. M.. General Influences of Supra Systems on Systemic Change [J]. Tech Trends，2006，50(2)：26-27.

[179] REIGELUTH，C. M.. The Guidance System for Transforming Education [J]. Tech Trends，2006，50(2)：42.

[180] REIGELUTH，C. M.，BEATTY，B. J.. Why Children Are Left Behind and What We Can Do About it [J]. Educational Technology，2003，43(5)：24-32.

[181] REIGELUTH，C. M.，DUFFY，F. M.. Trends and Issues in P-12 Educational Change [C]. In R. A. Reiser & J. V. Dempsey (Eds.)，Trends and Issues in Instructional Design and Technology (2nd ed.). Upper Saddle River，New Jersey：Pearson，Merris Prentice Hall，2007.

[182] REIGELUTH，C. M.，JOSEPH，R.. Beyond Technology Integration：The Case for Technology Transformation [J]. Educational Technology，2007，42(4)：9-13.

[183] REIGELUTH，C，M，，WATSON，W. R.，WATSON，S. L.，et al. Nov.-Dec. Roles for Technology in the Information Age Paradigm of Education：Learning Managemeng System [J]. Educational Technology，2008，48(6)：32-39.

[184] REIGELUTH，C. M.，WATSON，W. R.，WATSON，S. L..

Personalized Integrated Education Systems: Technology for the Information-Age Paradigm of Education in Higher Education [C]. In S. P. Ferris(Ed.), Teaching, Learning, and the Net Generation: Concepts and Tools for Reaching Digital Learners. Hershey, PA: IGI Global. 2012: 46-60.

[185] RICHTER, K., REIGELUTH, C. M.. A Systemic Change Experience in Decatur Township [J]. Tech Trends, 2006, 50(2): 35-36.

[186] SALISBURY, D. F., REIGELUTH, C. M., SOULIER, J. S.. A Professional Development Program in Educational Systems Design [J]. Educational Technology, 1994, 34(1): 73-80.

[187] SCHLECHTY, P. C.. Schools for the 21st Century: Leadership Imperatives for Educational Reform [M]. San Francisco: Jossey-Bass, 1990.

[188] SCHLECHTY, P. C.. Inventing Better Schools: As Action Plan for Educational Reform [M]. San Francisco: Jossey-Bass, 2001.

[189] SENGE, P., et al. Schools That Learn: A Fifth Discipline Fieldbook [M]. New York: Doubleday, 2000.

[190] SPADY, W. G.. Outcome-Based Education: From Instructional Reform to Paradigm Restructuring [C]. In J. H. Block, S. T. Everson & T. R. Guskey(Eds), School Improvement Progtams: A Handbook for Educational Leaders. New York: Scholastic, 1995: 367-98.

[191] SQUIRE, K. D., REIGELUTH, C. M.. The Many Faces of Systemic Change [J]. Educational Horizons, 2000, 78(3): 143-152.

[192] TIENKEN, C. H., ORLICH, D. C.. The School Reform Landscape: Fraud, Myth, and Lies [M]. Rowman & Littlefield Education, 2013.

[193] TRILLING, B., HOOD, P.. Learning, Technology and Education Reform in the Knowledge Age [J]. Educational Technology, 1999, 39(3): 5-18.

[194] WATSON, W. R., WATSON, S. L. Reigelut, h C. M.. A System Integration of Technology for New-Paradigm Education [J]. Educational Technology. 2012, (5): 25-29.

[195] WATSON, W. R., LEE, S., REIGELUTH, C. M.. Learning Management Systems: An Overview and Roadmap of the Systemic Application of Computers to Education [C]. In F. M. Neto & F. V. Brasileiro (Eds.), Advances in Computer-Supported Learning. Hershey, PA: Information Science Publishing, 2007.

[196] WATSON, S. L., REIGELUTH, C. M.. The Learner-Centered Paradigm of Education [J]. Educational Technology, 2008, 48(5): 42-48.

[197] WATSONA, W. R., WATSONA, S. L., REIGELUTH, C. M.. Education 3.0: Breaking the Mold with Technology [J]. Interactive Learning Environments, 2015, 23(3): 332-343.

[198] WAYNE, J. U., JENNINGS, L. W.. American Education: A History [M]. New York: Routledge, 1996.

[199] WIXSON, K. K., DUTRO, E., ATHAN, R. G.. The Challenge of Developing Contest Standards [C]. In R. E. Floden (Ed.), Review of Research in Education. Washington, DC: American Educational Research Association, 2003: 69-107.

[200] WRIGLEY T.. Changing Schools: Alternative Ways to Make a World of Difference [M]. New York: Routledge, 2012.

后　记

　　从 2013 年跟着恩师盛群力教授开始翻译赖格卢特教授《重塑学校——吹响破冰的号角》一书,2015 年留美写博士论文,到 2022 年成书出版,历经 9 年之久。我总是在思考:国内的学校教育与美国的学校教育差异之大,本书的意义到底何为? 我带着 10 岁的儿子亲历了美国小学教育,也跟着赖格卢特教授和艾丽森·A.卡尔-切尔曼教授见证了美国学校的系统变革,从最初的新奇、惊讶、了然,到最后心里就剩下疑问:这样的系统变革,国内学校能否变? 如何变? 何时变?

　　2022 年,是我国进入基础教育课程改革的第 21 个年头,也是基础教育高质量发展的时代转型期。从"双基"到"三维目标"再到"核心素养",从"素质教育"到"终身学习"再到"个性化学习",教育思想和理念不断突破创新,学校变革也以各种方式和路径进行着实践。这些过程中,尽管问题不断,但终归是在破旧迎新,让人看到了教育的未来,或许,本书中的系统变革也会有实践的那一天。

　　本书提出的新学校教育系统聚焦于学习者及其学习,即学习者中心范式。以之为目标的教育系统变革则意味着学习者及其学习的表现和过程是所有变革策略和进程的焦点。教育系统的各个方面,如学校组织、管理、教学、评价、技术等,都围绕着学习者及其学习进行,其最终目标促进每位学习者完全发挥其学习的潜能,能适应未来的社会生活和工作。以目前的现状,要实施系统变革,学校领导者、教师和家长首先需要从应试教育思想的重压下挣脱出来,接受全新的教育观念与革新实践的洗礼,教育技术也需要为重新设计学校课堂、学习环境与资源提供支撑,此外,还有其他的相关者都需要为变革提供保障。由此可见,真正的学校变革是教育观念与体制的系统变革,这是一个持久的过程。因此,"如何变? 何时变?"无法定论。只有顺应社会发展的趋势和教育演变的潮流,并审慎思考教育传统,当下和未来的学校变革,才能长远有效。

　　最后,非常感谢我的导师盛群力教授,从《重塑学校——吹响破冰的号角》到本书的出版,一直在引导、鼓励和支持;感谢赖格卢特教授和艾丽森·A.卡尔-切尔曼教授,让我切实体会,深有感触,才能落笔成文;感谢浙江师范大学教育学院及周跃良院长给予出版经费的支持。在此谨致谢忱!

方向